글로벌시대의
문제해결방법

GLOBAL

ERA OF PROBLEM SOLVING METHOD

글로벌시대의
문제해결방법

이순배

공명숙

강성주

남윤정

지 음

(주)교 문 사

현대사회 변화는 빛의 속도로 가속화되고 있다. 세계의 흐름 속에서 기존사회 구조의 틀을 깨고 흑백논리의 구분을 논하며, 지형학적으로 국경의 의미를 무색하게 만드는 사회다. 제2차 세계대전 이후 1950년대 후반부터 미국과 소련의 우주 전쟁은 대량무기생산 경쟁으로 돌입하며, 세계는 미국을 중심으로 자본주의와 공산주의의 15개 연방국의 맹주인 소련이 대립하는 냉전체제를 40여 년간 유지하였다. 어제의 적이던 러시아와 미국이 손을 잡고 공산주의 국가인 자본주의와 민주주의 국가인 사회주의 국가들이 자연스럽게 교류를 하면서 세계는 이제 '글로벌시대'에 맞는 사회체제를 구성하게 되었다.

이 시대는 과학의 발달로 인해 통신, 에너지, 교통, 정보 분야가 급속히 성장하면서 세계는 일일 생활권으로 진입하였다. 이제는 언제, 어디서나 누구와도 대화하고 정보를 교환할 수 있는 유비쿼터스 시대가 되었으며 매스미디어의 발달로 세계 반대편에서 일어난 일도 실시간으로 알 수 있게 되었다. 한 국가의 상황이 전 세계의 정치, 경제, 사회에 영향을 주는 상호통합성의 원리를 통해 이제 세계는 서로의 가치를 인정하지 않고는 살아갈 수 없는 '지구촌 한 국가' 시대 속에서 공존공생하며 성장하여야 한다.

이 책은 크게 3부로 구성되어 있다.

1부에서는 글로벌시대의 이해를 다루었다. 1장에서는 글로벌시대의 배경, 등장 및 국제기구, 그리고 기대에 미치는 효과에 대해 초점을 맞추었다. 2~3장은 글로벌시대의 다문화의 배경 및 다문화 정책과 대중문화의 이해와 전망에 대하여 다루었다.

2부에서는 글로벌시대의 미래 전망에 대해서 살펴보았다. 4~8장에서 글로벌시대의 경제, 경영, 정보기술, 환경, 교육에 대한 각 분야별로 미래 전망에 대하여 주안점을 두었다. 3부에서는 글로벌시대의 문제해결방법에 대해 다루었다. 9~12장 글로벌시대의 문제인식, 갈등관리 전략, 문제해결방법, 성공핵심전략을 제시하였다.

이 책을 탈고하면서 하나의 보잘것없는 서적이 아닌지 부끄러움을 느낀다. 그러나 미래 경쟁력의 핵심으로 강조되고 있는 다양한 분야에서의 문제해결을 통하여 리더십의 역량을 높이고, 사회와 기업이 필요로 하는 21세기형 인재양성에 조금이나마 기여할 수 있으면 한다.

이 책은 글로벌시대에 부응하는 다양한 관점을 가지고 깊이 있는 내용을 저술하려고 많은 애정과 관심을 기울였다. 그러나 범위가 매우 광범위하여 충분히 기술하지 못한 점과 내용상의 미진한 부분은 향후에도 수정·보완해 나가고자 한다. 다양한 독자의 충고와 아낌없는 조언을 부탁한다. 끝으로, 이 책을 출판하게 된 것을 기쁘게 생각하며 여러 의견과 격려를 해주신 선배, 동료, 그리고 후학들에게 고마움을 표하고 싶다. 또한 아낌없는 지원을 해주신 (주)교문사 류제동 사장님, 양계성 전무님을 비롯한 편집부 관계자 여러분께 심심한 감사의 뜻을 전한다.

2014년 2월
저자 일동

Contents

Part **2**

글로벌시대의 미래 전망

Part 3
글로벌시대의
문제해결

Part 1

글로벌시대의
이해

1 >>> Chapter

글로벌시대의 배경

1 글로벌시대의 등장

1) 글로벌시대의 개념

제2차 세계대전 후 자본주의를 대표하는 미국과 공산주의의 맹주인 구소련이 서로 대립하며 세계를 이념적으로 양분하던 냉전시대 체제가 지속되었다. 그러나 1985년 소비에트연방공화국 USSR: Union of Soviet Socialist Republics의 미하일 고르바초프의 개혁정책과 개방정책의 실책, 1989년 베를린 장벽의 붕괴, 1990년 소비에트연방 공화국의 독립분리운동, 고르바초프와 옐친의 정치적 갈등, 악화되는 내수경제, 그리고 미국과 구소련의 전략무기감축협정에 의한 군비축소로 인해 소련은 붕괴되면서 냉전시대는 역사 속으로 사라지게 되었다.

탈냉전시대에는 자본주의에 입각한 경제력이 국가의 경쟁력을 상징하게 되었고 정보, 통신, 교통, 그리고 IT 산업의 발달로 지형학적 국가 간의 경계는 의미를 잃으면서 글로벌시대는 세계화라는 '국제통합international integration'을 겪게 되었다. 이는 문화, 국경, 인종을 넘어 하나가 되는 '지구촌'의 성격을 가지고 있으며 공산주의 몰락과 자본주의 팽창에 따라 이념적 갈등에 의한 국제 간의 치열한 경제 전쟁이 시작되면서 우수기업보유에 따라 강국으로 부상하며 국가발전과 국민의 삶을 책임지는 가장 중요한 핵심요소이다.

글로벌시대란 '지구촌 시대'이며, 이 '지구촌 시대'란 인류가 하나의 '지구공동체'를 이루고 살아가는 시대를 말한다. 또한 글로벌화globalization는 '지구가 인간사고의 기본 범위가 되고 삶의 최소 영역이 되며 인류가 점차 하나의 공동체를 구현해

가는 과정'을 의미한다. 다시 말해, 글로벌의 보편적 의미는 '서로 다른 문화, 사회, 그리고 경제 시스템의 통합'을 의미하기도 한다.

글로벌시대란 '국가 간의 국경이 사라지는 시대'를 말하며, 국경은 존재하지만, 경제적인 국경은 점차 사라지는 추세로 국가 간의 장벽이 없어져 인적·물적 이동이 자유로움을 의미한다. 예를 들면, 1993년 28개국의 회원국으로 설립된 유럽연합UN은 회원국 간에 비자 없이 여행이나 구직이 가능하고 유로화라는 공통화폐를 사용한 유럽통합은 좋은 예로 볼 수 있다. 한 국가의 문제는 이제 더 이상 미시적인 문제가 아닌 세계경제에 영향을 주는 거시적인 문제가 되었다. 2011년 그리스 경제문제가 유럽과 미국 주식시장을 하락시키고 한국경제에도 지대한 영향을 끼친 것도 또 다른 예로 볼 수 있다.

이런 세계적인 추세로 볼 때 글로벌시대에는 전 세계적으로 무한한 경쟁력을 강화시키는 것이 도전하고 극복해야 할 시대적 관심사가 되었다고 할 수 있다.

2) 글로벌시대의 도래

본격적인 글로벌시대의 개막은 21세기로서 공산주의 몰락과 자본주의 팽창에 따라 이념적 갈등에 의한 국제간의 치열한 경제 전쟁으로 시작되었다. 이 시기는 텔레비전이 보편화되고 미국과 소련의 인공위성 발사경쟁에 이어 달 탐사가 본격화되기 시작한 우주경쟁과 미·소 간의 대륙 간 탄도미사일 경쟁이 치열해지기 시작하던 시기이다. 사람들은 인공위성을 통해 텔레비전 시청으로 지구 반대편에서 일어나는 상황들을 실시간으로 볼 수 있게 되었다. 이러한 계기로 국가 간의 국경이 무너지기 시작하면서, 국가 간 정체성에 대한 도전과 과학기술 및 통신 등이 급속도로 발달하고 시·공간이 좁혀지면서 세계화는 가속화되었다. 이 시대의 도래를 예측한 학자들도 많았다. 그중 지구촌 global village이라는 용어를 처음 사용한 사람은 마샬 맥루한 Marshall Mcluhan이다. 캐나다 출신 커뮤니케이션 학자였던 그는 『구텐베르그 은하 The Gutenberg Galaxy』라는 저서에서 지구촌 시대의 도래를 예측하였다. 그는 텔레비전이 인간으로 하여금 이동하지 않고도 개인의 경험을 폭발적으로 증대시킴으로써 시간과 공간의 개념이 무너질 것이라고 주장하였다. 그의 예측대로 사람들은 미국의 이라크 침공 작전을 안방에서 CNN을 통하여 실시간으로 볼 수 있게 되었다. 미 국방부 수뇌부가 콜로라도에 있는 지하벙커 지휘소에서 인공위성을 이용하여 이라크 공격 작전을 통제하는 것도 그 본보기들이다. 1980년대에 이르러 컴퓨터와 인터넷을 이용한 시·공간을 초월하는 시대의 도래가 현실화된 것이다.

또한 지리학자 데이비드 하비 David Harvey는 근대 후기의 조건은 '시공의 압축 time, space compression'으로 특징지어질 것이라고 내다보았다. 그의 예상대로 근대 후기에 이르러 항공여행이 대중화되고, 시간과 장소에 관계없이 도처에 전화기, 인터넷, 팩스, 이메일 등을 이용한 커뮤니케이션은 화상회의나 전자상거래까지 가능하게 함으로써 인간 이동의 필요성을 최소화시켰다. 9·11테러, 이라크전쟁, 아프리카의 기근과 에이즈 AIDS, 북한의 기아, 중국의 조류독감과 황사, 아마존 강 밀림의 훼손 등이 더 이상 그들만의 문제가 아닌, 전 세계에 있는 모든 사람들의 문제가 된 것이다. 이 모든 문제는 국가와 국경, 민족과 종족, 그리고 문화를 초월하여 지구촌에 살고 있는 모든 사람들에게 '장벽 없는 세계', '글로벌 공동체'의 선구자를 꿈꾸게 하였다. 영국의 애덤 스미스는 『국부론』에서 중상주의와 영토 침략 정책을 비판하면서 산업발전과 국제 교역이 국부의 원천이며 공존의 길이라고 주장하였다. 독일의 칸트가 주장했던 『영구평화론』도 UN이나 국제사법재판소, WB, IMF, WTO와 같은 국제기구들을 통해 현실화되어 가고 있다. UN이나 국제사법재판소, WB, IMF, WTO와 같은 국제기구들은 미래의 실현 가능한 영구평화의 인프라가 될 수 있다.

이 시대의 도래 요인은 지극히 복합적이다. 우리는 조선시대에 서구제국주의 세력과 문물 앞에서 쇄국정책을 선택해 멸망했고, 그 후에도 외세침략에 의한 분단국이 되어 오늘날까지 이르고 있다.

3) 기대효과

글로벌시대는 국가 간 무한경쟁 또는 자유경쟁 체제를 갖추며 경쟁력을 갖추게 된다. 이 시대의 긍정적 기대효과를 살펴보면 다음과 같다.

첫째, 국민의 생활수준 향상이다. 생산성 향상은 외부 효과와 전문화로 인해 발생한다. 자본, 기술 집약적 산업의 경우 노동력의 생산성과 희소성이 낮은 후진국에서는 낮은 가격으로 유지되지만 가격을 올리면 경쟁력이 떨어진다.

둘째, 국가의 영향력 약화이다. 국민 경제를 이끌어 갈 충분한 조세, 금융, 재정 정책에 미치는 국가의 영향력이 약화되었다. 국가 간의 무역이익관계에서 경쟁력 없는 산업은 도태된다. 이러한 상호의존적인 상태에서 국가 간, 지역 간, 기업 간, 계층 간의 격한 경쟁을 통해 효율의 극대화를 불러올 수 있고 경쟁이나 특화를 통해 자본 및 노동자원의 최적 배분을 초래시키는 역할을 한다. 글로벌시대가 국가 간의 교역이기 때문에 운송비용 및 통신비용을 줄여 기술을 향상시킬뿐 더러 국가 간의 무역은 소비자에게 이득이 된다.

그러나 이와 반대로 세계화에 대한 부정적 측면을 지적하는 사람들도 있다.

첫째, 세계화가 진행되면 될수록 민족 국가의 종말이 다가올 것이라는 견해이다.

둘째, 세계화는 현재의 부국과 빈국의 관계를 더욱 악화시켜 국가 간 '20 대 80'[1]의 심화로 이어질 것이라는 견해도 있다.

셋째, 세계화는 세계경제에 대한 일부 선진국의 패권적 지배, 경제 주체의 대외 의존도 심화, 국가 및 계층 간 소득의 양극화 등의 부작용을 지적하는 학자들도 있다.

이와 같이 세계화는 그것을 견인하는 국가라고 하더라도 긍정적 효과만이 발생되는 것만은 아니며 문제점도 나타날 수 있는 것이다. 특히 세계화의 부정적 측면은 세계화에 마지못해 끌려가는 나라에서 훨씬 더 심각한 정치적·경제적·사회적·문화적 문제로 거론될 수 있다. 국민소득이 늘어나면서 환경에 대한 관심 또한 크다. 특히 환경오염은 거의 모든 인간에게 피해를 준다는 점에서 외부 불경제로 인한 시장실패의 경우 환경오염에 대한 가격을 지불하기를 꺼려한다. 즉 경제 성장 과정에 있어서 에너지 소비율이 늘어나 환경오염은 점점 더 심각해질 것이다.

21세기의 한국기업들은 포화 상태인 내수시장에만 매달릴 것이 아니라 경쟁력을 가지고 글로벌 시장에 진출할 수 있는 글로벌 전략을 마련해야만 할 것이다. 왜냐하면 이 시대의 기준에 맞지 않는 상품과 서비스는 이제 더 이상 존재가 불가능하며 시대의 변화에 의한 창의적인 아이디어와 구조적인 관점에서의 글로벌시대의 전략이 필요하기 때문이다.

---

1 20 대 80의 사회(파레토 법칙): 19세기 이탈리아 경제학자 파레토(Pareto, V.)가 주장한 인간 사회의 한 법칙이다. 그는 "전체 결과의 80%는 전체 원인 중 20%에서 비롯된다."고 주장했다. 즉, 20 대 80이란 20%의 원인으로 80%의 결과를 거둔다는 뜻이다. 이 원리를 '파레토의 법칙' 혹은 '최소 노력의 법칙'이라고도 한다.

2 국제기구

이 시대는 '지구촌'을 하나로 하는 시대로 변하고 있다. 국제교류의 관계가 활발해진 지금 경쟁을 넘어 '화합과 협력'을 위한 글로벌시대의 국제기구에 대해 알아보고자 한다.

1) 국제기구의 개념

국제기구(國際機構) International Organization는 국제기관·국제조직·국제단체라고 하며 이것은 국가, 즉 정부를 구성단위로 하기 때문에 '정부간기구 IGO: Inter-Governmental Organization'라 불리기도 한다. 국제적 민간단체인 '국제비정부기구 NGO: Non-Governmental Organization'와는 구별되며, 국제연합(UN)은 제2차 세계대전 후 세계 평화·안보 유지, 국제 선린관계의 증진, 경제적·사회적·문화적·인도적 문제해결을 위한 국가 간 협력 및 인권과 기본적 자유의 존중 등을 목적으로 창설된 국제기구이다. 19세기는 '국제회의의 세기'라고 일컬으며, 20세기는 '국제기구의 세기'라 하였다. 국제기구는 그 기본조약에 의해서 일정한 목적을 가지는 기능적 존재로서 그 자체는 국가와 같은 권력적 존재는 아니다. 복수국가의 결합에 있어서도, 연방이나 국가연합과 구별된다. 단, 국가연합을 국제기구에 포함시키는 학자도 있다. 또한 국제기구는 국제법상 독자적인 위치에 있는 의사주체로서 이를 구성하는 기관과는 구별된다. 즉 국제연합은 국제기구이지만 그 총회, 안전보장이사회, 경제사회이사회 등은 그 보조적인 기관이지 국제기구는 아니다. 또한 국제재판소 등의 사법적 국제기구는 별도로 논의되는 경우가 많다.

오늘날 국제연합은 평화유지 면에서 지역적 국제기구와 국제협력 면에서 전문적 국제기구와 밀접한 기능적·조직적 관계를 설정하고 있다.

2) 국제기구의 종류

세계국제기구의 종류에는 한국과 관련된 많은 국제기구가 있다. 국제기구는 그 구성원이 세계 여러 나라를 포함하고 있는 일반적 국제기구인 국제연합이나 국제연합 교육과학문화기구 UNESCO, 국제노동기구 ILO와 같은 전문기구로 구성되어지며, 지역적 국제기구로는 북대서양조약기구 NATO, 미주기구 OAS, 유럽연합 EU, 아시아개발은행 ADB 등의 전문기구가 있다. 일반적 국제기구는 보통 총회·이사회·사무국이라고 하는 시스템으로 구성되어 있다.

국제기구는 그 목적과 임무가 평화유지나 경제사회협력도 포함하며 종합적이냐, 아니면 전문적·개별적이냐에 따라 구분하는데 종합적 국제기구로는 국제연합, 미주기구, 아랍연맹, 아프리카통일기구 OAU 등으로 나누고, 전문적·개별적 국제기구는 국제연합 교육과학문화기구, 국제노동기구 등의 전문기관, 아시아개발은행 등으로 나누어진다.

다음은 세계국제기구에 관련된 국제기구들을 분류한 것이다.

표 1-1 세계국제기구

구 분	국제기구	
한국 관련 주요 세계국제기구	• 국제연합(UN) • 아시아태평양경제협력기구(APEC) • 국제사법재판소(ICE) • 국제노동기구(ILO) • 국제개발협회(IDA) • 국제금융공사(IFC) • 국제민간항공기구(ICAO) • 국제전기통신연합(ITU) • 국제무역기구(ITO)	• 세계무역기구(WTO) • 경제협력개발기구(OECD) • 국제연합교육과학문화기구(UNESCO) • 국제부흥개발은행(FAT) • 국제통화기금(IMF) • 만국우편연합(UPU) • 세계기상기구(WMO) • 정부간해사협의기구(IMCO) • 유엔아동기금(UNICEF)
유엔사무국 산하	• 유엔사무국 평화유지활동국(DPKO) • 유엔 제네바사무소(UNOG) • 아시아태평양 경제사회위원회(ESCAP) • 유엔아프리카 경제위원회(ECA) • 유엔 이라크프로그램사무소(OIP) • 유엔사무국 공보실(DPI) • 유엔사무국 인도적문제조정실(OCHA) • 유엔사무국 총회회의운영국(DGAACS) • 유엔유럽경제위원회(ECE) • 유엔사무국 법률실(OLA) • 유엔난민고등판무관실(UNHCR)	• 유엔사무국 정무국(DPA) • 유엔사무국 감사실(OIOS) • 유엔서아시아 경제사회위원회(ESCWA) • 유엔중남미경제위원회(ECLAC) • 유엔사무국 경제사회국(DESA) • 유엔사무국 관리국(DM) • 유엔 나이로비사무소(UNON) • 유엔인권고등판무관실(OHCHR) • 유엔사무국 군축국(DDA) • 유엔 비엔나사무소(UNOV)

(계속)

구 분	국제기구	
유엔산하기구	• 세계식량계획(WFP) • 유엔인간정주위원회(HABITAT) • 유엔마약통제 및 범죄예방사무소(ODCCP) • 루완다국제형사재판소(ICTR) • 유엔대학(UNU) • 국제해양법재판소(ITLOS) • 유엔무역개발회의(UNCTAD) • 유엔아동기금(UNICEF) • 유엔 팔레스타인 난민구호 사업기구(UNRWA) • 국제무역센터(ITC) • 유엔직원합동연금기금(UNJSPF)	• 유엔환경계획(UNEP) • 유엔마약통제계획(UNDCP) • 구유고국제형사재판소(ICTY) • 유엔인구기금(UNFPA) • 국제공무원위원회(ICSC) • 유엔사막화방지협약사무국(UNCCD) • 유엔합동감사단(JIU) • 유엔개발계획(UNDP) • 기후변화에 관한 유엔 기본 협약(UNFCCC) • UN System Staff College(UNSSC)
유엔전문기구	• 유엔식량농업기구(FAO) • 국제민간항공기구(ICAO) • 국제노동기구(ILO) • 세계보건기구(WHO) • 국제농업개발기금(IFAD) • 세계기상기구(WMO) • 만국우편연합(UPU)	• 유엔교육과학문화기구(UNESCO) • 국제통화기금(IMF) • 세계지적재산권기구(WIPO) • 유엔공업개발기구(UNIDO) • 국제해사기구(IMO) • 국제전기통신연합(ITU) • 세계은행(World Bank)
유엔독립기구	• 세계무역기구(WTO)	• 국제원자력기구(IAEA)
정부간기구	• 포괄적핵실험금지조약기구(CTBTO) • 대서양참치보존위원회(ICCAT) • 아시아개발은행(ADB) • Sierra Leone 특별재판소 • 세계관광기구(UNWTO) • 국제수역기구(OIE)	• 경제협력개발기구(OECD) • 화학무기금지기구(OPCW) • 국제열대목재기구(ITTO) • 국제이주기구(IOM) • 국제형사법원(ICC) • 바세나르체제(WA)

3) 국제기구의 역할

(1) 국제기구의 분류

국제무역이 늘어나면서 국가 간의 교류는 서로 협력과 경쟁을 통해 더 이상 다른 나라가 아닌 '지구촌'의 개념으로 문제들을 평화적으로 해결하고 있다. 다음은 중재자의 역할을 필요로 하는 국제기구의 역할에 대해 분류하였다.

표 1-2 국제기구의 분류

회원자격의 요소에 의한 분류	
정부간기구	• 정부간협정에 의하여 설립되지 않은 국제기구는 모두 비정부 간 국제기구로 간주 • 정부간기구와 비정부간기구 간의 구분기준제시인 경제사회 이사회
초국가적기구	• 비정부간 기구, 참여하는 행위자들 중의 한 행위자가 정부 또는 국제기구의 대행자가 아닌 상황 속에서 둘 이상의 이러한 행위자들의 관계가 공동이익을 추구할 목적으로 공식적이고 지속적인 구조로 제도화될 때 설립. 회원중 최소한 하나정도의 비국가적 행위자 • 종류로는 순수한 비정부간 기구, 혼합적인 비정부간 기구, 초정부적 기구
회원의 자격범위에 의한 분류	
지역주의	• 지역은 국가집단의 관행이나 정치가의 발언, 또는 국가 집단 간의 조약, 협정 등과 관련하면서 용어사용이 관례화된 결과의 공간적 구역 • 지역주의의 문제로는 사회적 문화적 동질성, 태도와 행태, 정치적 상호의존, 경제적 상호의존, 지리적 인접성 • 냉전체제에서는 지역방위, 현재는 경제적인 이유에서 지역주의 유행
보편주의	• 세계 평화와 번영의 불가분성, 세계의 부유한 지역과 빈곤지역의 연계, 집단안전보장제도 등을 기초로 분류
목표와 활동에 의한 분류	
	• 그 기구의 기본문서에 의해 규정, 기구 활동은 진술된 목표의 이행으로 간주
제도상의 구조와 권력에 의한 분류 루터의 정치적 분류방법	
목적별 분류기구	• 일반적 기구는 정치, 경제, 사회 등 모든 분야에 걸친 일반적인 목적을 위하여 설치된 기구 • 특수기구는 목적이 특수 임무에만 국한된 기구
권한별 기구	• 권한의 크기로 강력한 권한을 가진 기구, 미약한 기구
규모별 기구	• 관할 범위와 가입절차의 규모에 따라 분류 • 보편적 기구와 지역적 기구로 구분 • 가입 절차와 형식의 차이에 따라 기구 분류

(2) 국제기구에서 하는 일

국제기구는 설립을 통해서 평화를 유지하려는 사상으로 경제적, 사회적, 문화적 분야로부터 시작하였다. 산업 혁명기를 거쳐 19세기 중반부터 우편, 통신, 행정적, 기술적 전문분야에서 국가공통의 규칙을 설정하는 조약을 체결하였다. 국제전기통신연합(ITU, 1865), 일반우편연합(1874, 후에 만국우편연합: UPU, 1878) 등은 국제행정연합으로 불리며 이 연합에서 상설 국제사무국을 설치하였다.

표 1-3 국제기구 직원의 분류와 역할

구분	주요 내용
전문직 직원	• 사무총장(Secretary-General)　　• 사무부총장(Deputy-Secretary-General) • 사무차장(Under-Secretary-General)　• 사무차장보(Assistant-Secretary-General) • D-2(Directors): 국장급　　　　　• D-1(Principal Officers): 부국장급 • P-5(Senior Officers): 과장급　　　• P-4(First Officers): 과장급 • P-3(Second Officers): 실무직원　　• P-2(Associate Officers): 실무직원 • P-1(Assistant Officers): 실무직원
필드 전문가	• 일정기간 주로 개도국에 파견되어 기술원조 및 지도 • UN, UNIDO, FAO, ILO, WHO, UNESCO 등 국제기구는 개도국에 대한 기술원조 사업의 일환으로 특정 기술 분야의 전문가를 원조 요청국의 요청에 따라 3개월에서 3년 정도 파견 • 필드 전문가는 해당 전문분야에 대한 광범위한 지식 및 경험 보유가 필수 • 전문직 직원과 직급 및 급여제도 차이 • 유엔의 경우 Level 7-Level 1 구분 • L-7은 D-2에, L-6은 D-1 해당
기능직 직원	• 비서, 타이피스트, 운전수 등으로 현지 채용 원칙에 적용

국제기구에 소속되어 공무를 수행하는 직원을 국제기구 직원, 또는 국제공무원이라고 한다. 이들은 크게 직무 내용에 따라 전문직 직원, 필드 전문가, 기능직 직원으로 구성된다.

(3) 국제기구의 역할

많은 세계국제기구가 있지만 한국과 관련된 기구들을 몇 가지만 살펴보고자 한다.

① UN 국제연합

전쟁방지와 평화유지를 위해 설립된 국제기구 UN: United Nations로 모든 분야에서 국제협력을 증진하는 역할을 하는 국제기구이다. 활동은 크게 평화유지활동·군비축소활동·국제협력활동으로 나뉘며, 주요기구와 전문·보조기구로 구성되어 있다.

표 1-4 UN의 개요

구분	주요 내용
로고	
설립 연도	• 1945년 10월 24일
목적	• 전쟁방지, 평화유지 • 정치·경제·사회·문화 등 모든 분야에 국제협력 증진
활동	• 평화유지활동, 군비축소활동, 국제협력활동
참여국	• 193개국(2013년도 기준)
본부	• 미국 뉴욕
역할	• 국제평화와 안전을 유지하고 군비축소, 경제적·사회적·문화적 교류와 협력, 국제법 개발 등을 위한 활동
내용	• 국제평화와 안전유지세계대전과 전쟁방지, 국지전에 개입분쟁조정 • 1950년 11월 '평화를 위한 단결결의안'이 채택 • 총회도 2/3 이상 찬성의 안전보장 회원국들에게 집단행동 권고 • 제51조의 북대서양조약기구·바르샤바조약기구 등 군사동맹 출범 • 국제연합의 PKO(Peace-Keeping Operation): 평화유지활동 1956년 수에즈운하의 국제긴급군, 1960년 콩고의 국제연합군, 1964년 키프로스의 유엔평화유지군, 1974년 중동의 국제연합군, 1978년 레바논의 유엔감시군 등이 보유, 1993년 평화유지활동지역은 캄보디아·유고·소말리아·모잠비크·앙골라 등 13곳, 크로아티아·유고슬라비아공화국·시에라리온 등은 1999년까지도 평화유지군이 주둔(평화유지군은 1988년 노벨평화상 수상) • 한국은 1999년 10월 인도네시아 동티모르에 국제연합 국제평화유지군(PKF)으로 특전사 1대대, 의료 및 공병요원 일부가 혼합 편성된 상록수부대 419명 파병 • 군비축소는 1946년 국제연합 원자력위원회를 발족 • 원자폭탄을 비롯한 대량살상무기와 군비 및 무장병력 제한에 합의하고 결의안을 채택 1952년 원자력위원회와 일반군축위원회가 군비축소위원회로 합치, 원자력을 평화적으로 이용하자는 국제원자력기구가 1957년 성립 • 1961년에는 핵무기의 사용이 국제법과 유엔헌장, 그리고 인도주의 원칙에 위배되는 범죄행위임 선언 • 1963년에 핵실험금지조약 • 1968년 핵확산방지조약을 부분적 체결 • 1971년 해저비핵화조약 발효 • 1972년 생물·독소무기금지조약 • 1976년 환경개변기술금지조약 • 1980년 특정재래식무기금지조약 등 군축3조약 체결

(계속)

구분	주요 내용
내용	• 1972년과 1979년의 미국과 소련의 SALT(전략무기제한협정) • 1991년과 1993년의 START(전략무기감축협상) 등 군비 축소 • 1999년 NATO와 유고의 군사기술협정의 체결 • 1999년 일본 도쿄에서 열린 군축회의 논의 • 국제협력은 경제적·사회적·문화적·인도적 차원에서 교류와 협력 • 1965년 국제연합개발계획(UNDP)을 발족 • 1997년 개발도상국에 대한 자금 공여총액은 약 175억 달러 • 그 밖에 『세계경제연구』, 『통계연감』, 『인구연감』, 『인권연감』 등 책자 발행

표 1-5 대륙별 UN 가입국

구분	주요 내용
아시아 43개국	• 아프가니스탄, 바레인, 방글라데시, 부탄, 브루나이, 캄보디아, 중국, 북한, 인도, 인도네시아, 이란, 이라크, 이스라엘, 일본, 요르단, 카자흐스탄, 쿠웨이트, 키르기스스탄, 라오스, 레바논, 말레이시아, 몰디브, 몽골, 미얀마, 네팔, 오만, 파키스탄, 필리핀, 카타르, 대한민국, 사우디아라비아, 싱가포르, 스리랑카, 시리아, 타지키스탄, 태국(타이, 타일랜드), 동티모르(티모르공화국, 티모르 로로사에), 터키, 투르크메니스탄, 아랍에미리트(U.A.E), 우즈베키스탄, 베트남, 예멘
유럽 47개국	• 알바니아, 안도라, 아르메니아, 오스트리아, 아제르바이잔, 벨로루시, 벨기에, 보스니아-헤르체고비나, 불가리아, 크로아티아, 키프로스(사이프러스), 체코, 덴마크, 에스토니아, 핀란드, 프랑스, 그루지야, 독일, 그리스, 헝가리, 아이슬란드, 아일랜드, 이탈리아, 라트비아, 리히텐슈타인, 리투아니아, 룩셈부르크, 몰타, 몰도바, 모나코, 몬테네그로, 네델란드, 노르웨이, 폴란드, 포르투갈, 루마니아, 러시아, 산 마리노, 세르비아, 슬로바키아, 슬로베니아, 스페인, 스웨덴, 스위스, 마케도니아, 우크라이나, 영국
아프리카 54개국	• 알제리, 앙골라, 베냉, 보츠와나, 부룬디, 부르키나 파소, 카메룬, 카보베르데, 중앙아프리카공화국, 차드, 코모로, 콩고 민주공화국, 코트디 부아르(아이보리 코스트), 콩고, 지부티, 이집트, 적도 기니, 에리트레아, 에티오피아, 가봉, 감비아, 가나, 기니, 기니 비사우, 케냐, 레소토, 라이베리아, 리비아, 마다가스카르, 말라위, 말리, 모리타니아, 모리셔스, 모로코, 모잠비크, 나미비아, 니제르, 나이지리아, 르완다, 상투메 프린시페, 세네갈, 세이셸, 시에라, 리온, 소말리아, 남아프리카 공화국, 수단, 스와질란드, 토고, 튀니지, 우간다, 탄자니아, 잠비아, 짐 바브웨
북중미 & 카리브연안 23개국	• 앤티가 바부다, 바하마, 바베이도스, 벨리즈, 캐나다, 코스타리카, 쿠바, 도미니카 연방, 도미니카 공화국, 엘-살바도르, 그레나다, 과테말라, 아이티, 온두라스, 자메이카, 멕시코, 니카라과, 파나마, 세인트 키츠 네비스, 세인트 루시아, 세인트 빈센트 그레나딘, 트리니다드 토바고, 미국(U.S.A)
남미 12개국	• 아르헨티나, 볼리비아, 브라질, 칠레, 콜롬비아, 에콰도르, 가이아나, 파라과이, 페루, 수리남, 우루과이, 베네수엘라(베네주엘라)

(계속)

구분	주요 내용
오세아니아 14개국	호주, 피지, 키리바시, 마셜 제도, 미크로네시아, 나우루, 뉴질랜드, 팔라우, 파푸아뉴 기니, 사모아, 솔로몬 제도, 통가, 투발루, 바누아투로
총 가입국	2013년도 기준 193개국 해당

② 경제협력개발기구

경제협력개발기구 OCED: Organization for Economic Cooperation and Development는 개방된 시장경제와 다원적 민주주의라는 가치관을 공유하는 국가 간 경제사회 정책협의체로서, 경제사회 부문별 공통의 문제에 대한 최선의 정책방향을 모색하고 상호의 정책을 조정함으로써 공동의 안정과 번영을 도모하는 기구이다.

표 1-6 경제협력개발기구의 개요

구분	주요 내용
로고	OECD BETTER POLICIES FOR BETTER LIVES
목적	• 세계 2차 대전 뒤 유럽은 미국의 유럽부흥계획을 수용하기 위함
정책 방향	• 고도의 경제성장과 완전고용을 추진하여 생활수준의 향상 도모 • 다각적이고 무차별한 무역·경제 체제를 마련하기 위해 노력 • 저개발 지역에의 개발 원조 촉진
본부	• 프랑스 파리
1996년	• 한국은 12월 회원으로 가입
1948년	• 16개 서유럽 국가를 회원으로 유럽경제협력기구(OEEC)를 발족
1950년	• 미국·캐나다를 준회원국으로 받아들임 • OEEC의 18개 회원국 등 20개국 각료와 당시 유럽공동체(EEC: 유럽 경제공동체), 유럽석탄철강공동체(ECSC), 유럽원자력공동체(EURATOM)의 대표가 모여 경제협력개발기구조약(OECD 조약)에 서명함으로써 OECD가 탄생
1961년	• 20개국을 회원국으로 한 경제협력개발기구로 확대·개편
1990년	• 한국, 멕시코, 헝가리, 폴란드, 슬로바키아 등 비선진국까지 회원국 가입
2002년	• 회원국 30개국

(계속)

구분	주요 내용
2013년 기준	• 현재 회원국은 34개국
조직	• 최고의결기관 회원국 대표들로 구성, 이사회가 전원합의제로 운영 • 각료이사회와 상주대표이사회 • 행정·기술적 사항을 심의하는 집행위원회와 예산위원회·특별집행위원회가 있으며, 이사회의 특수정책 사업을 운영하기 위한 보좌기구로서 별도 위원회와 자문 기구들 사업집행기구로서 23개 위원회가 있음 • 사업을 추진하기 위해 약 140개의 사업별 작업반을 설치·운영 • 각 이사회의 사업을 행정적·전문적으로 지원하는 하부기구로 사무국 • 사무총장 1인과 14개국 • 경제정책회의(EPC)에서 세계경제동향을 연 2회 종합 점검하여 『OECD Economic Outlook』 발간 • 회원국의 경제운영에 대한 상호지원과 비회원국의 경제발전에 대한 지원 사업

③ 아셈

아셈 ASEM: Asia-Europe Meeting은 중국을 포함한 아시아 시장 공략의 후발주자로서, 아시아 시장에 대한 정치경제적 영향력을 제고하고자 유럽연합의 의도나 유럽의 자본기술을 도입하여 경제성장을 이끌고자 하는 아시아 각국의 의도가 맞물려 창설된 지역 간 대화기구이다. 또한 지역 차원에서의 협력모색 과정에서 형성되었으며, 냉전 이후 세계 질서형성 과정에서 미국의 독주를 견제하는 측면도 있으나, 미국이 추구하는 다자주의적 접근에 호응하는 면도 있기 때문에 중상주의, 지역주의, 다자주의라는 기본적인 인식을 공유하고 있는 지역 간 대화기구라고 할 수 있다.

표 1-7 아셈의 개요

구분	주요 내용
로고	 **Asia-Europe Meeting**
1994	• 동남아시아국가연합(ASEM: Association of South East Asian Nations) • 싱가포르, 세계경제인 포럼(WEF: World Economic Forum) 주관 • 개최한 아시아·유럽연합(EU: European Union) 회의에서 구상

(계속)

구분	주요 내용
참가국	• 2008년 현재 아시아에서는 브루나이·중국·인도네시아·일본·필리핀·싱가포르·말레이시아·한국·타이·베트남·라오스·미얀마·캄보디아 해당 • 유럽에서는 유럽연합(EU: European Union) 27개국이 해당 자유무역 촉진, 양 지역의 무역과 투자 확대, 국제연합(UN: United Nations)의 개혁 촉진, 환경문제 개선, 약물·화폐위조·국제범죄·테러에 대한 협력강화
제1차 회의	• 1996년 3월 1~2일에 타이 방콕에서 개최 • ASEAN 회원국 및 한국·중국·일본 등 10개국과 EU 15개국의 성상, EU 집행위원장이 한자리에 모여, ASEM의 방향 설정과 정치·경제·문화 등 포괄적인 문제들 논의
제2차 회의	• 1998년 4월 3~4일 영국 런던
제3차 회의	• 2000년 10월 20~21일 서울 개최
제3차 회의 및 성과	• 정치·안보 분야 회의에서 남북정상회담과 남북화해와 협력의 과정을 전폭적으로 지지, 한편 '한반도 평화에 관한 서울선언'을 채택 • 경제·재무 분야 회의에서는 '유라시아 초고속 정보통신망'을 구축 • 두 지역 간 과학·기술 협력을 더욱 강화하기로 합의 • 사회·문화 분야 회의에서는 'ASEM 장학사업'을 출범 • 신규 사업으로 채택한 '세계화에 관한 ASEM 라운드테이블' 선진국과 개도국 간의 이해를 높이는 데 기여할 것으로 전망
2010년 기준	• 48개국이 해당

④ 아펙

아펙 APEC: Asia-Pacific Economic Cooperation은 아시아 태평양 경제 협력체이고, 1989년에 시작된 아시아 지역 18개 국가의 연합체이다. 우리나라는 1989년 APEC 출범 시, 12개 창설 회원국 중 하나로서 아펙에 참가하였다. 우리나라가 참여하고 있는 지역경제협력체로서 우리의 무역·투자 자유화 촉진, 새로운 시장 확대에 크게 기여하고 있다.

표 1-8 아펙의 개요

구분	주요 내용
로고	 **Asia-Pacific Economic Cooperation**
약칭	• APEC
목적	• 아시아태평양지역은 세계인구의 36.6%, 국민총생산의 51.7%, 교역량의 48.7%를 차지 • 태평양 국가라는 공통점을 제외하고는 역사·문화·경제발전단계 등이 모두 다름 • 지역의 경제 협력과 무역자유화 촉진
1989년	• 제1차 회의 11월 캔버라에서 한국·미국·일본·오스트레일리아·캐나다·뉴질랜드와 동남아시아국가연합(ASEAN: Association of South-East Asian Nations) 6개국 등 12개국이 참여
1994년	• 미국 대통령 클린턴이 제안한 신태평양공동체(NPC: New Pacific Community), 유럽연합(EU: European Union), 북미자유무역협정(NAFTA: North America Free Trade Agreement) 등 배타적 움직임을 견제하면서 자유로운 국제교역질서 형성
조직	• 비공식 회의, 각료회의, APEC자문위원회, 회계, 예산운영위원회, 무역투자위원회, 경제위원회 등으로 구성
1991년	• 제3차 서울회의에서 중국·대만·홍콩
1993년	• 시애틀회의에서 멕시코·파푸아뉴기니가 가입
2006년	• 현재 21개국이 참여
2001년	• 제9차 회의 10월 중국 상하이(上海)에서 '새 세기의 새로운 도전에의 대응'이라는 주제로 열렸다. 제9차 회의는 2001년 미국대폭발 테러사건 이후의 아시아에서 열린 첫 다자간 회담으로, 반테러 성명과 세계무역기구(WTO)의 뉴라운드 출범 등 논의

⑤ 국제통화기금

국제통화기금 International Monetary Fund은 국제적인 통화 협력, 금융 안전성 확보, 국가 간 무역의 확대, 고용 및 지속 가능한 경제성장의 촉진 등을 목표로 한다. IMF의 주요한 업무는 재화와 서비스의 국제적 거래에 필요한 환율 및 국제결제시스템의 안정성 확보이다. 이러한 국제통화시스템의 안정성은 지속 가능한 경제성장, 생활수준의 향상, 빈곤 감소를 달성하는데 매우 중요한 요소이다.

표 1-9 국제통화기금의 개요

구분	주요 내용
로고	
설립 연도	• 1945년
목적	• 국제통화 협력강화, 환율안정, 국제수지 불균형 억제, 그리고 국제무역의 확대 및 균형적 성장촉진과 회원국의 고용 및 실질소득 증대
활동	• 세계무역의 안정된 확대를 통하여 가맹국의 고용증대, 소득 증가, 생산자원 개발에 기여, 외환시세 안정, 외환제한 제거, 자금 공여
가입국	• 188개국(2011년도 기준)
본부	• 미국 워싱턴
역할	• 국제평화와 안전을 유지하고 군비축소, 경제적·사회적·문화적 교류와 협력, 국제법 개발 등을 위한 활동
내용	• 1944년 체결된 브레턴우즈협정에 따라 1945년에 설립 • 1947년 3월부터 세계은행(IBRD: International Bank for Reconstruction and Development)과 함께 업무 개시한 국제금융기구(이 두 기구를 총칭하여 브레턴우즈기구라고도 함) • 약칭은 IMF(International monetary Fund, 국제통화기금) • 2009년 6월 코소보가 가입하여 186개국 • 2011년도 기준으로 총 188개국 • 총회·이사회·사무국과 그밖에 20개국 재무장관위원회, 잠정위원회, 개발위원회 등 해당 • 최고기관인 총회는 각 가맹국이 임명한 대표 1인과 대리 1인 구성 • 회합은 연차회합과 임시의 특별회합 • 100억 달러로 출발해 여러 차례 증자를 통해 1970년 10월부터 총액 289억 510만 달러 • 가맹국은 일정한 할당액에 따라 25%를 금으로, 75%를 자국 통화로 납입하도록 되어 있었으나 1978년 4월 신 협정에 따라 금에 의한 납입은 특별인출권(SDR: Special Drawing Rights)[2]으로 납입 • IMF가 인정할 경우, 다른 회원국 통화 또는 자국 통화 납입 • 할당액은 각 가맹국이 IMF의 자금 이용 시 대출한도 제한
활동	• 외환시세 안정 • 외환제한 철폐 • 자금공여 • 운영자금

---

2 특별인출권(特別引出權, SDR: Special Drawing Right)은 국제통화기금(IMF)에서 승인하는 자금의 특별인출권한을 가리키는 용어로 페이퍼 골드(paper gold)라고도 한다. 금·달러에 이어 제3의 세계화폐로 지목되고 있다.

⑥ 그린피스

그린피스Greenpeace는 핵실험 반대 및 자연보호운동을 목적으로 1970년 캐나다에서 결성된 국제적 단체이다.

표 1-10 그린피스의 개요

구분	주요 내용
로고	 **GREENPEACE**
지부	• 유럽 여러 나라와 미국·캐나다 등 • 1995년 31개국, 2011년 기준으로 40개국 해당
본부	• 네덜란드 암스테르담
목적	• 프랑스의 핵실험을 반대하기 위하여 발족 • 그 후 원자력발전의 반대, 방사성 폐기물의 해양투기에 대한 저지운동, 고래의 보호 단체
1985	• 그린피스의 이름이 세계적으로 더욱 널리 알려져 7월에 일어난 레인보 워리 어호 (Rainbow Warrior號) 폭파사건 • 대표적 선박은 그린피스에 소속된 레인보 워리어 호는, 히로시마 원폭투하 40주년인 8월 6일을 기하여 프랑스의 핵실험기지인 폴리네시아의 모루로아 환초 일대를 시위 항해하기 위하여 뉴질랜드의 오클랜드 항에 정박 중이던 7월 10일 자정 폭파·침몰
내용	• 포르투갈 출신 사진가 F.페레라가 희생 • 다른 11명의 승무원은 긴급히 피신 • 폭파 원인의 조사에 따라 프랑스 대외안전국(DGSE) 구성 • 미테랑 프랑스 대통령도 묵인, 미테랑 정부를 국내외적으로 최대의 위기, 이 사건의 책임을 지고 C.에르뉘 국방장관 사임 • 그린피스는 선박 2척을 무루로아 섬으로 출항시켜 프랑스의 핵실험에 대한 항의시위, 그린피스 환경조사팀은 한국의 자연보호 실태를 알아보기 위해 1994년 4월 소유선박 그린피스호 편으로 한국 방문

⑦ 국경없는 의사회

국경없는 의사회 Doctors Without Borders는 '중립·공평·자원'의 3대 원칙과 '정치·종교·경제적 권력으로부터의 자유'라는 가치 아래 전쟁·기아·질병·자연재해 등으로 고통 받는 세계 각지 주민들을 구호하기 위해 설립한 국제 민간의료구호단체이다.

표 1-11 국경없는 의사회의 개요

구분	주요 내용
로고	MEDECINS SANS FRONTIERES DOCTORS WITHOUT BORDERS
약칭	• MSF
본부	• 스위스 제네바
설립 목적	• 1968년 나이지리아 비아프라 내전에 파견된 프랑스 적십자사 소속 베르나르 쿠시네(Bernard Kouchner)를 비롯한 의사, 언론인 12명이 1971년 파리에서 '중립·공평·자원'의 3대 원칙과 '정치·종교·경제적 권력으로부터의 자유'라는 기치 아래, 전쟁·기아·질병·자연재해 등으로 고통 받는 세계 각 지역의 주민들을 구호하기 위하여 설립
활동	• 세계 20개국에 사무소를 둔 세계 최대의 비군사, 비정부간 긴급 의료구호단체로 발전 • 매년 3,000명 이상의 자원봉사자들이 전 세계 80여 개국 참여 MSF 설립 이념에 따라 인종·종교·정치적 신념을 떠나 차별 없는 구호활동 • 소말리아·보스니아-헤르체고비나·나이지리아·콩고·에티오피아·코소보·동티모르 등 전쟁·재해 지역, 그리고 1999년에는 사상 최대의 지진 피해를 입은 터키와 대만 등지에서 의료 활동
1991년	• '유럽 인권상'과 미국 필라델피아시가 주는 '자유의 메달' 수상
1995년	• 국제비정부기구인 NGO(Non-Governmental Organization)로는 처음으로 프랑스·벨기에·네덜란드 의사들로 구성된 연합의료팀을 북한 수해현장에 투입하여 전염병 예방과 의약품·의료장비 지원 활동, 1996년과 1998년에도 북한에 들어가 활동
1997년	• 북한에서 구호활동을 벌인 공로로 서울특별시가 제정한 '서울평화상'을 수상 • 세계 각지의 분쟁·참사 지역에 들어가 구호활동으로 인도주의 실현
1999년	• 노벨평화상

1. 국제기구의 사전적 의미는 '특정한 목적을 위해 국제조약에 의해 설립된 정부 간 조직체' 이다. 국제적 민간단체인 '국제비정부기구(NGO: Non-Governmental Organization)'와는 구별된다. 우리가 알고 있는 국제기구는 대부분이 'UN시스템' 안에 포함된다. UN시스템이란 유엔헌장이 명기한 6개 주요 기관(총회, 안전보장이사회, 경제사회이사회, 사무국, 국제사법재판소, 신탁통치위원회) 및 산하기구, 전문기구, 관련기구를 일컫는 말이다. OECD(경제협력개발기구)와 같은 독자적 기구도 있지만 이런 기구들 역시 UN 전문기구 또는 관련기구 형태로 넓은 의미의 UN시스템 영역에 포함된다.

글로벌시대에 많은 대학생이 세계무대를 중심으로 활동하기 위하여 국제기구 진출을 열망한다. 국제적인 명성을 지닌 조직에서 각 나라의 다양한 문화와 계층의 사람들과 함께 차별 없는 대우를 받으며 자신의 역량을 발휘하는 기회는 상당한 매력이 있다. 특히 2006년 반기문 UN 사무총장과 한국계 미국인 김용 세계은행 총재가 선출되면서 국제기구는 많은 젊은이들의 로망이 되었다.

먼저 자신이 지원하고자 하는 국제기구와 분야에 대해 올바른 이해와 소명의식, 그리고 자신이 그 일을 정말로 즐길 수 있는 자를 자문해야 한다. 그리고 두려워하지 말고 도전해야 한다. "○을 이루는 것은 자신의 열정과 몰입이다." 즉, 지원하기 위한 철저한 준비(Prepare), 인내심(Patience), 그리고 인터뷰를 위한 부단한 연습(Practice)이 필요하다.

① 국제기구의 인재상과 진출에 필요한 자격 조건은 무엇이며, 국제기구에 진출할 수 있는 경로에 대하여 알아보자.
② 자신의 소질과 적성에 맞는 국제기구(NGO 포함)를 선택하여 그 기구의 활동과 목적, 최신 활동자료가 있으면 조사하고, 선택한 이유, 자신의 참여 활동계획을 서술하여라.

2. 미국의 외교전문지 『포린폴리시(Foreign Policy)』는 2008년 6월에 전 세계적으로 막강한 영향력을 미치는 '세계 최강의 비정부기구(NGO)' 5곳을 선정하였다. 이들은 방글라데시 농촌발전위원회(BRAC), 미국의 빌 & 멜린다 게이츠 재단(Bill & Melinda Gates Foundation), 세계적인 기독교 자선단체인 월드비전(World Vision), 국제구호단체인 옥스팜(Oxfam), 스위스 제네바에 본부를 둔 국경없는 의사회(MSF)로 개발도상국 정부보다도 영향력이 상당한 NGO들이다. 이들 5개 국제 NGO의 활동을 조사하고, 많은 NGO의 위상정립을 위한 긍정적인 면과 부정적인 면이 무엇인지 조사하여 보자.

2 >>> Chapter
글로벌시대의 다문화 이해

1 다문화시대의 배경

1) 다문화의 개념

21세기에 들어와서는 정보산업의 발달로 국경과 경계를 뛰어넘는 가상세계인 사이버 세계의 시대가 열렸으며 교통의 발달로 지구를 일일 생활권이 되는 글로벌시대가 되어 소위 '다문화 시대 Multi Culture'가 되었다. 인간의 생활유형과 생활주기가 문화이며 우리는 그동안 수많은 문화를 형성하였다. 문화는 한 민족의 생활양식의 총체적 표현이며 다른 민족과는 구분되는 귀속감을 갖는다. 세계화가 가속화됨에 따라 우리는 단일 문화를 탈피하고 다문화 시대를 맞이하고 있는 것이다.

다문화주의는 다양한 문화적 배경을 가진 사람들 간의 상호작용을 이끌어 내는 소통의 장이며 일련의 행동규범 또는 원칙 및 접근방법으로 사람들의 가치, 지식, 신념, 태도, 행동에 영향을 미친다. 또한 다문화라는 용어는 여러 문화가 서로 밀접한 관계를 맺는 가운데 하위문화 간에 또는 주 문화와 하위문화 간에 생기는 충돌이 가시화되면서 문화 간에 생기는 여러 유형의 문제를 조화롭게 극복하고자 하는 의도에서 만들어진 용어이다. 따라서 다문화란 각 나라의 문화를 연결시키고, 반영하고, 적용하는 것으로써 근본적으로는 각 문화의 차별화를 강조하고 문화의 다양성을 추구하는 것이다.

다문화의 분류는 지역 간, 세대 간, 계층 간의 다문화와 같은 넓은 의미에서의 다문화와 국제결혼에 따른 이주 여성 및 외국인 노동자의 유입, 탈북자 출신의 새터민의 증가 등 한국 사회 내에 대한민국이 아닌 다른 문화권으로 이루어진 가정의 생성과 좁은 의미의 다문화로 나눌 수 있다. 다문화의 발생 요인은 세계화로 인해 서로 다른 문화가 부딪치고 영향을 주고받는 기회가 증가되면서 각 문화를 연결시키고 조화롭게 적용하고자 하는 사회적 필요성에 의해 생겨난 것이다. 이처럼 사회적 변화 및 필요에 따라 세계는 다문화 사회로의 전환이 가속화되고 있다.

세계화는 지구를 하나의 공동체로 보고 더불어 살 수 있는 환경을 만들기 위한 하나의 노력이며, 그 노력에는 자신에 대한 정체감뿐만 아니라 타인에 대한 편견 없는 이해를 포함한다. 또한 다문화는 전 세계가 하나의 전체가 되는 것으로, 다양한 문화와 사회 속에서 자신의 것을 그대로 유지하며 다른 여러 민족, 국가와 공동으로 인류의 역사를 세워 나가는 것을 의미한다. 이처럼 다문화는 종족이나 계층 간뿐만 아니라 지식 및 정보, 생활양식 및 가치관 등에서 다양함과 독특함이 공존하는 시대적 배경을 의미한다.

2) 다문화시대의 목표

다문화시대는 시민으로서의 자질, 능력, 그리고 태도의 계발 배양과 가치와 지식, 기술의 습득을 상호개발하면서 그 성과를 살려 이해하려는데 목표를 둔다.

표 2-1 다문화시대의 목표

구분		주요 내용
지식/이해 목표		
다문화 공생	문화 이해 문화 교류	• 세계에는 다양한 문화가 존재하지만, 인류 공통의 문화도 있다. • 문화는 다른 문화와의 교류를 통해 끊임없이 변화하고 창조되는 것이다.
	다문화 공생	• 상이한 문화를 이해하는 것은 때때로 용이하지 않고, 문화 마찰과 문화 대립이 발생하는 경우도 있지만, 상이한 문화를 서로 인정하고 더불어 살아가고자 하는 것이 중요하다.
글로벌 사회	세계와의 연결	• 우리 생활은 다양한 형태로 세계 사람들과 연결되어 있다. • 세계에서 벌어지는 일들은 우리 생활에 영향을 미치며 우리 생활은 세계 사람들에게 영향을 미치고 있다.
	정보화	• 교통과 통신망의 발달로 인해 우리는 방대한 정보에 둘러싸여 있는데, 정보를 적절하게 선택하고 판단하는 것이 중요하다.

(계속)

구분		주요 내용
지식/이해 목표		
지구적 과제	인권환경 평화개발	• 세계에는 직접적 폭력(폭력, 분쟁 등)과 구조적 폭력(빈곤, 억압, 환경 파괴 등)에 의해 안전과 인권을 위협받고 있는 사람이 존재한다. • 누구나가 인간으로서의 존엄을 존중 받고, 안전하고 행복한 생활을 할 수 있는 사회를 만들기 위해 다양한 활동이 이루어지고 있다.
기능 목표		
커뮤니케이션 능력		• 다문화 사회 안에서 다른 생각과 문화를 갖는 사람들과 언어 등을 통해 커뮤니케이션할 수 있다.
미디어 리테라시		• 정보화 사회 안에서 정보를 적절히 수집·선택·판단하고, 자신의 생각을 발신할 수 있다.
문제해결 능력		• 복잡한 현대사회가 직면하고 있는 문제를 정확하게 파악하고, 최선의 해결방법을 선택하기 위해서 그 근거에 대해 명확하고도 논리적으로 사고할 수 있다.
태도 목표		
인간으로서의 존엄		• 지역과 사회 안에서 개인으로서 자기 및 타자의 인격과 인권을 존중하려고 한다.
관용/공감		• 다문화 사회 안에서, 지역과 세계 안에서 상이한 문화를 지니는 사람들이나 상이한 상황에 놓인 사람들의 존재를 인정하고, 이해하며, 배우려 한다.
참가/협력		• 지역과 사회를 보다 바람직한 방향으로 변화시키기 위해 사회 일원으로서 행동하고, 사람들과 협력하려고 한다.

3) 한국 다문화사회의 현상

(1) 다문화사회 진입

한국사회가 다문화사회로 진입하는 데는 무엇보다 글로벌한 시대적 흐름의 영향이 컸다고 할 수 있다. 동서진영의 대립, 이데올로기의 붕괴로 국제관계는 경제적 이해에 따라 새롭게 재조정되었고, 세계시장의 형성과 함께 교통과 통신수단의 발달, 자본과 물자 교류 확산 등으로, 인적 자원이 국경을 넘는 일이 더욱 빈번해지게 되었다. 이러한 글로벌화 추세에 힘입어 한국 사회에도 외국인 이주민들이 크게 증가하고 있다. 물론 이주민의 급속한 증가는 단순히 글로벌 세계추세만 그

원인이 있는 것은 아니다. 국내적 원인 또한 크게 작용하여 수출 주도적 경제 시스템을 가진 한국은 국내 노동시장의 인력난 해소를 위해 외국인의 노동력을 받아들일 수밖에 없게 되었다.

국내 인구이동이나 국제 인구이동은 인구 변화에 영향을 끼칠 뿐 아니라, 사회, 경제, 환경적 변화의 원인이자 결과로 작용한다. 지리적인 이동이란 인간 인구의 모든 유형의 이동을 포함하는 개념이다. 이주란 일반적으로 항구적이거나 장기적인 이동을 의미한다. 국내 이동과 국제 이동 또한 구분된다. 국가 내로 유입되는 국제적 이동을 이입이라 하는 반면, 국가 밖으로 유출되는 국제적 이동을 이출이라 한다. 이동의 목적에 따라 이동의 유형을 분류하는데, 예를 들어 노동 이동, 난민 이동, 계절성 이동이 있다. 국내 이동이나 국제 이동은 범세계적 경제 발전과 지리적으로나 사회적으로 연계되어 있다.

(2) 이주노동자 현황

안전행정부가 발표한 '2013년 지방자치단체 외국인주민 현황(2013. 1. 1. 기준)'에 따르면(**그림 2-1**), 한국에 거주하는 장기체류 외국인귀화자와 외국인주민자녀는 모두 144만 5,631명인 것으로 나타났다. 이는 우리나라 전체 주민등록인구 5천 94만 8,272명 대비 2.8%에 해당하는 것으로서 지난해(1,409,577명) 조사 때보다는 36,054명(2.6%)이 더 늘어났다.

체류 외국인 현황을 보면, 13년 국내거주 외국인 주민은 1,445,631명으로 주민등록인구의 2.6%를 차지하고 있다. 외국인주민 현황은 지난 2006년 첫 조사 이후

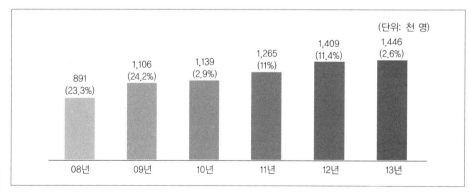

그림 2-1
외국인주민
변동추이

자료: 안전행정부(2013). 지방자치단체 외국인주민 현황.

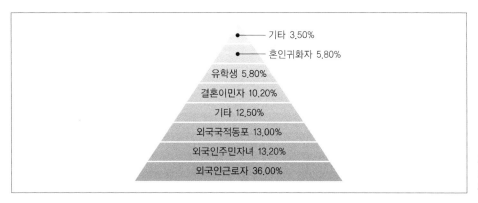

그림 2-2
외국인주민
유형별 현황

매년 20% 이상 증가하다가 2010년에는 글로벌 금융위기 여파 등으로 2.9% 증가했으며, 2011년, 2012년에는 경제회복 등의 영향으로 매년 11%씩 증가했다.

2013년 외국인주민 현황을 유형별로 살펴보면(그림 2-2), 한국국적을 가지지 않은 사람이 1,120,599명(77.5%), 한국국적을 가지고 있는 사람은 325,032명(22.5%)이며, 한국국적을 가지지 않은 사람 중 외국인근로자는 520,906명으로 전체 외국인주민의 36%, 결혼이민자 147,591명(10.2%), 유학생은 83,484명(5.8%), 외국국적동포는 187,616명(13%), 기업 투자자 등 기타 181,002명(12.5%) 순이었다. 그리고 한국국적을 가지고 있는 사람 중 국적 취득자가 133,704명(9.3%), 이중 혼인귀화자는 83,929명(5.8%), 기타 사유 취득자 49,775명(3.5%), 이밖에 외국인주민자녀 191,328명(13.2%) 등으로 집계되었다.

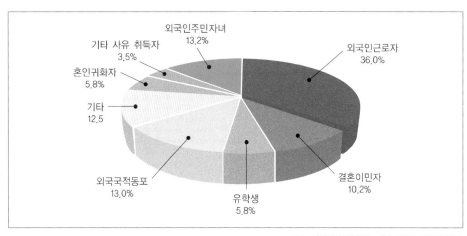

그림 2-3
외국인주민
유형별 현황

자료: 안전행정부(2013). 외국인주민 유형별 현황.

또한 그림 2-3에 의하면 국적별로는 한국계 중국인을 포함한 중국 국적 자가 775,474명(53.7%)으로 가장 큰 비중을 차지하고 있으며, 이어서 베트남 176,988명(12.2%), 미국 69,704명(4.8%), 파키스탄, 스리랑카 등 남부아시아 69,288명(4.8%), 필리핀 57,148명(4.0%) 순이었다.

안전행정부는 외국인주민들의 생활편의를 위해 안전행정부 홈페이지에 '다국어 반상회보 발간, 한국생활 가이드 모바일 어플 개발·보급' 등 행정서비스를 확대해 가며 외국인주민 지원을 위한 환경개선사업 등을 추진해 나갈 계획이라고 발표했다.

표 2-2를 보면, 2020년에는 다문화가족 인구는 985,820명으로 증가할 것으로 예측하고 있다. 지속적인 국가 간 교류의 확대, 세계 시장 경제체제의 가속화, 글로벌 이주의 증가 및 저출산·고령화 현상 등으로 한국 사회의 이주민은 지속적으로 증가할 것으로 예측된다. 특히 다문화 혼인의 증가는 다문화 인구의 증가에 큰 영향을 줄 것으로 보인다.

미래에 자리매김을 위하여 국민의식과 협력하며 전 세계가 걸어가야 할 역사를 고려해야 한다. 그리고 한 사회의 일원으로 의식과 존재와의 관계를 발견하고 21세기 글로벌시대를 위한 새로운 양상의 다양한 문화로 공존해야 하는 것이 현실적인 추세이다.

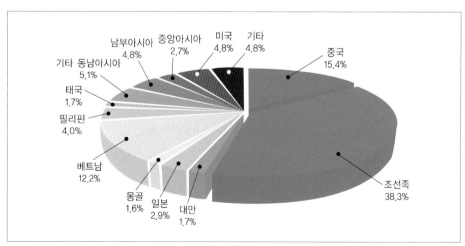

그림 2-4
외국인주민 국적별
분포 현황

표 2-2 다문화가족 인구 추이 전망(2011~2020년)   (단위: 명)

구 분	2011년	2015년	2020년
결혼이민자	205,352	267,775	350,862
배우자	194,468	253,583	332,266
자녀	151,154	201,92	302,692
계	550,974	723,300	985,820

자료: 설동훈(2009). 다문화가족의 중장기 전망 및 대책 연구. 보건복지부.

2 글로벌시대의 다문화

글로벌의 다문화시대를 대응하려면 국제적 이해관계로 21세기를 맞이할 준비를 하여야 한다. 이것은 급변하는 다문화의 공생시대에 사회적 요구 또한 높아지고 있기 때문이며, 상황변화를 적응하기 위해 세계 여러 나라의 다양한 문화를 간략히 살펴보고자 한다.

1) 세계의 언어

(1) 배경

언어는 한 국가를 단결시키는 가장 효과적인 방법이다. 언어는 모든 인간 행동의 기초이고, 명백하고 일관된 문화의 특징이기 때문이다. 현재 전 세계에 전해지고 있는 언어 수는 학자들의 주장에 따라 대략 2,500~3,500개로 추정하며, 「1980년 유엔 보고서」에 의하면 지구상 언어는 7,424개로 파악되기도 하였다. 또 2005년의 공식적인 언어 수는 6,809개 언어로 파악되었다. 이중 2,500개 언어가 사용인구 1천명 이하로 점점 퇴화되고, 553개 언어는 사용자가 50~60명 미만으로 소멸위기에 있다고 알려져 있다. 또한 유네스코가 추정한 언어 범위가 6,000~7,000개라는 것도 이미 지적하였지만, 이들 언어가 멸종 위기의 상황에 있으며 최악의 경우는 10~20%의 언어만이 살아남을 것이라고 추정된다. 그 이유는 '말이 있고 글자가 없는 무문자어'이기 때문이다.

(2) 세계 언어의 종류와 사용인구

세계의 모든 민족은 각자 고유의 언어를 가지고 서로 소통하며, 그것이 민족 집단을 하나의 국가·국민으로 통합하는 매개체 구실을 하고 있다. 현재 전 세계에는 수천 개의 언어집단이 있으며, 같은 국가 안에서도 여러 민족이 살고 있어서 복잡한 언어를 구성하고 있다. 표 2-3은 계통적으로 분류한 각 언어의 명칭이다.

공용어를 쓰는 사용자는 영어 약 14억, 중국어 약 10억, 힌디어 약 7억, 스페인어 약 2억 8천, 프랑스어 약 2억 2천만, 아랍어 약 1억 7천만, 러시아어 약 1억 7천만, 포르투갈어 약 1억 6천만, 말레이어 약 1억 6천만, 뱅갈어 약 1억 5천만, 일본어 약 1억 2천만 명 등의 순이다. 그리고 문자는 말로 하는 언어를 표기하는 도구이다. 메소포타미아 문자 등 인류 최초의 문자가 탄생한 지 5,000년이 지난 현재 사용되고 있는 문자의 대부분은 중국의 갑골문자와 이집트의 상형문자로부터 분화된 것이다.

6,000~7,000개의 언어에서 문자를 가지고 있는 경우는 약 100개에 불과하다. 그중에서도 사용되고 있는 문자는 30개 정도 밖에 되지 않는다. 따라서 서로 다른 언어임에도 불구하고 같은 문자를 쓰는 경우가 많다.

표 2-3 세계 언어의 종류와 사용인구 (단위: 명)

언어명	모국어 사용인구(명)	주요 사용지역
중국어(한어, 중어)	10억 8,000만	• 중국, 대만, 홍콩, 마카오, 싱가포르
힌디어(인도어)	3억 7,000만	• 인도(전국 공용어), 피지
스페인어(서반아어)	3억 5,000만	• 스페인, 중남미 국가들(브라질, 가이아나, 수리남, 바하마, 바베이도스, 벨리즈, 자메이카, 도미니카 연방, 세인트크리스토퍼네비스, 세인트루시아, 세인트빈센트그레나딘, 그레나다, 엔티가바부다 제외), 미국 남서부, 적도기니
영어	3억 4,000만	• 미국, 영국, 캐나다, 오스트레일리아, 뉴질랜드, 아일랜드, 인도, 남아프리카 공화국, 기타 옛 영국과 미국의 식민지들
아랍어	2억 5,500만	• 사우디아라비아, 오만, 예멘, 아랍에미리트, 카타르, 바레인, 쿠웨이트, 이라크, 시리아, 레바논, 요르단, 이집트, 리비아, 알제리, 튀니지, 모로코, 수단, 모리타니, 지부티, 에리트레아, 니제르, 소말리아, 서사하라, 팔레스타인

(계속)

언어명	모국어 사용인구(명)	주요 사용지역
포르투갈어	2억 300만	• 포르투갈, 브라질, 앙골라, 카보베르데, 기니비사우, 모잠비크, 상투메프란시페, 마카오, 동티모르
벵골어	1억 9,600만	• 인도(서벵골), 방글라데시
러시아어(노어)	1억 4,500만	• 러시아, 카자흐스탄, 우크라이나, 벨로루시, 키르기스스탄
일본어(일어)	1억 2,600만	• 일본
펀자브어	1억 400만	• 인도(펀자브)
독일어(독어)	9,100만	• 독일, 오스트리아, 스위스, 리히텐슈타인
베트남어	8,200만	• 베트남
자바어	7,200만	• 인도네시아
한국어(조선어)	7,100만	• 대한민국, 북한
텔루구어	7,000만	• 인도(안드라프라데시)
터키어	7,000만	• 터키, 북부 키프로스
마라티어	6,800만	• 인도 중서부
타밀어	6,800만	• 인도(타밀나두)
프랑스어(불어)	6,700만	• 프랑스, 옛 프랑스 식민지들(알제리, 튀니지, 모로코, 시리아, 레바논 제외), 캐나다(퀘벡)
페르시아어(이란어)	6,100만~7,100만	• 이란, 아프가니스탄, 타지키스탄
우르두어	6,100만	• 인도(잠무-카슈미르)
이탈리아어	5,800만	• 이탈리아, 스위스, 산마리노, 바티칸
태국어(타이어)	4,800만	• 태국
구자라트어	4,600만	• 인도(구자라트)
우크라이나어	4,200만	• 우크라이나
폴란드어	3,800만	• 폴란드

2) 세계의 종교

(1) 세계 주요 종교의 특징

인간은 근원적으로 종교적인 존재, 곧 종교적 인간이다. 다만 인간은 다른 종교의 전통과 가치를 승인하지 않는 독단에 빠짐으로써 종교 담론이 있어야 할 자리를 종교로써 인간의 삶으로 재현된다.

세계적인 종교인 수는 통계에 의하면 많은 편차를 가지고 있어 정확한 통계는 알 수 없지만 그 특징은 다음과 같이 설명한다.

① 불교

불교는 기원전 500년경에 인도에서 창설되었다. 불교 전통에 의하면, 고타마 싯다르타라는 이름의 한 인도 왕자가 불교를 창시하여 그 깨달음을 얻은 후에 부처(붓다)로 알려지게 되었다. 불교는 힌두교에서 기원하여 불교의 가르침은 여러 면에서 힌두교의 가르침과 비슷하다. 불교에 의하면, 존재란 재생과 사망의 끝없는 순환이며, 힌두교와 같이 현생에서의 각 사람의 신분은 전생에서 한 행위들에 의해 결정된다고 한다. 불교의 내세관에서 존재란 최종 목표인 열반 즉 반복되는 재생과정으로부터의 해탈에 이르지 않는 한 영원이며 열반은 단지 존재하지 않는 상태, 즉 개개인의 존재를 초월한 '불사의 경지'를 의미하는 것으로 되어 있다. 『웹스터 신대학생용사전』에 의하면, 열반은 '근심이나 고통을 느끼지 못하는 경지나 상태 혹은 영원한 실재'라고 정의되어 있다.

② 이슬람교

이슬람교에서 이슬람이란 알라에 대한 '복종,' '굴복' 혹은 '서약'을 뜻한다. 한 역사가에 의하면, "모하메드의 설교에 귀를 기울이는 사람들이 지닌 마음속 깊은 곳의 태도를 나타내는 것"이라고 말했다. '모슬렘'이란 말은 '이슬람교를 신봉하는 사람'을 뜻한다. 모슬렘은 자기들의 믿음이 충실한 히브리인들과 옛날의 그리스도인들에게 주어진 계시의 절정이라고 믿고 있다. 이스라엘의 아버지 아브라함은 거의 4,000년 전에 이미 참 하나님을 숭배하고 있었다. 아브라함과 맺은 씨에 관한 계약의 주된 씨가 무하마드 즉 '알라'라는 것이다. 인류를 구원할 메시아로 믿는 종교로 알려져 있다.

③ 유대교

기독교의 모태인 유대인의 민족종교로서 이슬람과 유사하다. 자체 내에도 교파가 많은데 이는 민족의 이산과 관련된다. 유럽, 북아프리카, 남부아라비아에 확산되었다가 19세기에서 20세기 초까지 미국으로 이민을 많이 갔다. 유럽에서는 나치의 대량학살(600만 명)로 수효가 극감하였다. 오늘날 1,400만 명의 신도가 있고 그 절반이 미국에 거주하고 있다. 30%는 유럽과 서부 러시아에 거주하며 이스라엘에는 20%가 산다. 일찍이 도시에 거주하여 게토 Getto 를 형성하였다. 솔로몬 시대 후 이스라엘과 유대왕국으로 국가가 나뉘어졌다.

④ 그리스도교(기독교)

기독교는 유대교에 뿌리를 두고 발전하였으며 하나님을 섬기는 첫 조상 아담부터 시작된다(창세기). 아담이 반역하자 씨에 관한 계약을 통해 회복 마련을 하심으로 인간 역사 6,000년의 기간 동안 참 하나님을 믿는 종교로 발전한 것이다. 히브리어 성경에 의하면, 유대인의 종교의 뿌리가 4,000년 정도 역사를 거슬러 올라가 1세기 유대인, 예수에 의해 창시된 그리스도교는 히브리어 성경에 그 뿌리를 두고 있다. 예수 그리스도를 통해 6,000년 전에 잃었던 에덴과 같은 낙원을 회복하는 것이 인류의 구원이며 하나님의 목적으로 널리 알려져 있다.

⑤ 힌두교

힌두교는 인도의 토착종교이며 인도교라고도 한다. 인더스 강에서 시작하여 예수가 나타나기 약 1,500년 전에 시작하였다. 펀자브 Punjab 에서 유래되어 인더스와 갠지즈 유역을 거쳐 인도반도 전역으로 확산된 종교로써 약 5억 5,000만 명의 신도수를 가진다. 고대의 가장 성스러운 경전인 베다들이 성립된 때부터 지금까지 나타난 신앙과 제도의 총체라고도 한다.

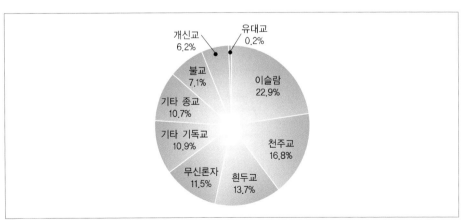

그림 2-5
세계 종교 현황

자료: 세계 종교 현황(2013).

표 2-4 세계 4대 종교의 비교

구분	불교	유교	기독교	이슬람교
발생 시기	• 기원전 563년	• 기원전 551년	• 기원전 4세기	• 서기 619년
대표 인물	• 석가모니	• 공자	• 예수 그리스도	• 무하마드
대표적 국가	• 중국, 한국	• 중국, 한국	• 유럽 전역	• 중동 전역
시대적 배경	• 고대인도 마갈 타왕국 카필라 왕국에서 기원	• 중국춘추시대 노나라에서 출생	• 고대 유대에서 출생 유대교에서 기원	• 아라비아 반도 중부일대에서 유래
핵심 교리	• 자비	• 인 • 효행	• 사랑 • 인간 중심	• 이슬람은 알라 이외에 다른 신은 없다고 믿는 유일신 종교 • 이슬람 교리는 이만(6가지 종교적 신앙)과 이바다(5가지 종교적 의무) 기본 • 6신(信) 5행(行)

힌두교에는 3억 3천만의 신이 있다고 한다. 인더스 유역은 현재 주로 파키스탄과 인도에 위치해 아리아 민족은 그곳에서부터 갠지스 강 유역의 평야들로 들어갔으며 인도 전역으로 퍼졌다. 일부 또 다른 전문가들에 의하면, 그 이주자들의 종교 사상이 고대 이란인과 바빌로니아(바벨론)인의 가르침에 근거하고 있었다고 전해진다. 표 2-4에서는 세계 4대 종교의 발생시기와 교리의 순위를 살펴보았다.

2) 세계의 인종

세계에는 여러 인종과 민족으로 나누어져 있다. 인종은 체질이나 유전적인 신체의 특징에 따라 구분된 것으로 그 분류방법은 다음과 같은 기준에 따라 이루어진다.

첫째, 형태적 기준으로는 피부의 빛깔, 머리카락의 형태와 빛깔, 눈빛과 생김새 등에 따라 다르다.

둘째, 계측적 기준으로는 키·머리모양·코·혈액형·지문 등에 따른다. 일반적으로는 머리모양 외의 것은 개인차가 크기 때문에 보조적으로만 이용된다. 현재 세계의 인종은 아시아·유럽·아프리카·아메리카·말레이 등 5대 인종으로 구별하고 있다.

셋째, 안면계수Facial Index 기준으로는 이마 넓이, 미간 거리, 인중 거리 등 얼굴 형태를 갖고 분류한다.

넷째, 편두지수Cranial Index 기준으로는 두개골 형태에 의한 분류이다.

실제로 각 인종 간에는 혼혈이 많아 엄밀히 분류하기에는 어렵다. 현재 세계의 인종은 황인종Asian people, 흑인종Black people, 백인종White people으로 피부색으로 분류하지만, 인류학적으로는 코케이선 백인Caucasoid, 몽골로이드Mongoloid, 흑인Negroid으로 분류, 흑인종은 다시 2종으로 분류된다. 오스트레일리안 등 남태평양상 흑인Congoid race, 아프리카 남부지역토종흑인Capoid race으로 구분한다. 오스트레일리안 원주민Australoid 남태평양 폴리네시안 원주민 등으로 구분한다. 이들의 주요 분포지역과 인종적 특징은 표 2-5와 같다.

하지만 UN이 인종 차별에 대한 경각심을 키우기 위해 매년 3월 21일을 '세계인종차별 철폐의 날'로 지정할 정도로 세계 곳곳에서 여전히 인종차별문제가 일어나고 있다. 그것은 백색인종이 유색인종을 차별하는 데서 발생한 것으로, 세계 2차 대전 후 아시아와 아프리카의 많은 국가들이 독립하면서 해소되고 있으나 오

표 2-5 분포지역과 인종적 특징

구 분	내 용
아시아 인종 (몽골인종, 황색인종)	• 동아시아·몽골·동시베리아·인도차이나·남서아시아·소(小)아시아·중앙아시아·헝가리·핀란드 등지에 분포 • 피부는 주로 황색이나, 일부는 담갈색, 넓은 이마, 낮은 코, 단두(短頭), 흑색 직상모(直上毛), 적은 체모(體毛) • 신장(身長)은 중신 또는 단신
유럽 인종 (인도유럽 인종, 백색인종)	• 유럽 전역과 북아프리카·아라비아반도·아프가니스탄·북부 인도·남북아메리카 등지에 분포 • 피부는 흰색이나, 일부는 갈색, 넓은 이마, 높은 코, 장두(長頭), 파상모(波狀毛), 청갈색이나 검은 눈, 많은 체모, 신장은 장신 또는 중신
아프리카 인종 (니그로 흑색인종)	• 아프리카 중부 이남 지역과 미국 등지에 분포 • 피부는 구리빛이나 흑갈색, 입술이 두껍고, 낮은 코, 장두, 고수머리, 검은 눈, 적은 체모, 신장은 장신 또는 중신
아메리카 인종 (아메리카 인디언)	• 북아메리카·남아메리카·북극해 연안에 분포, 피부는 구리빛이나 갈색, 머리털과 눈은 아시아 인종과 비슷
말레이 인종 (해안도서 인종)	• 인도네시아·필리핀·뉴기니·멜라네시아 등지에 분포, 피부는 갈색 • 그 밖에는 아시아 인종과 흡사

스트레일리아·미국·남아프리카의 여러 나라에서는 지금까지도 인종차별의 벽이 존재한다. 유엔은 인종차별 문제를 극복하기 위해 1966년 '모든 형태의 인종차별 철폐에 관한 국제협약 CERD: International Convention on the Elimination of All Forms of Racial Discrimination'을 대한민국은 1979년에 채택한 바 있다. 인종차별을 '인종, 피부색, 계통 또는 민족이나 종족의 기원에 근거를 둔 어떠한 구별, 배척, 제한, 우선권을 주는 것으로, 이는 정치, 경제, 사회, 문화 또는 기타 어떠한 공공생활의 분야에 있어서든 평등하게 인권과 기본적 자유의 인정, 향유 또는 그 행사를 무효화시키거나 침해할 목적 또는 효과를 가지는 경우'로 규정하고, 국가뿐만이 아닌, 개인이나 집단에 의한 차별대우 역시 금지하며 시민·정치적 권리와 경제적·사회적·문화적 권리의 보장을 핵심 내용으로 하고 있다.

3 다문화정책의 개선방안

국내에는 급속한 다문화가정의 증가로 인하여 사회적으로 적지 않은 혼란과 문제가 발생된다. 상호작용주의 관점에서 본 다문화사회의 문제점은 1990년대 이후, 한국은 국제결혼이 성행하고, 외국인 근로자의 유입이 지속적으로 늘면서 다인종, 다문화 사회구조의 특성을 갖게 되었다. 국제결혼이 보편화되어 가고 있고, 현재 국내 거주 외국인이 120만 명을 돌파하였다. 이제 한국사회가 문화적 다양성에서 어떤 관점으로 다른 문화를 어떻게 대처할 것인가에 관해 고민할 때이다.

이 시대의 급격한 변화는 사회와 인간의 인식변화로 한국문화 고유의 정체성을 잃고 가족의 의미와 기능은 점차 변화되어 현재 사회문제로 다루어질만큼 심각한 상황에 직면하고 있다. 이러한 상황에서 서로 다른 문화의 정체성을 가지고 있는 가족 구성원들은 그 사회에 적응하고자 노력함에도 불구하고 많은 가족들이 사회에서 도태되고 있는 실정이다. 따라서 다양한 가정의 형태에서 생겨날 수 있는 문제와 더불어 한국의 다문화정책의 개선방안을 제시해 보고자 한다.

첫째, 이주노동자를 다문화정책의 대상으로 포함하는 것이 다문화정책의 중요한 과제이다. 이주노동자는 다문화정책의 영역에서 사실상 배제되어 있으며 다문화가정지원법이 다문화가족의 범위를 국제결혼가족으로 한정하면서 외국국적인 이주노동자 가족, 난민가족 등을 다문화정책의 대상에서 제외시켜 버린 결과이다.

둘째, 이주노동자의 체류 허가기간 초과나 사업장 변경 과정에서 발생하는 불법 체류자의 인권 침해 문제를 해결하는 것이 시급한 정책과제이다. 고용허가제의 각종 규제는 이주노동자들을 불법 체류자로 전락하게 만드는 측면이 있다. 사업장 변경과 가족 초청을 제한하는 고용허가제와 불법체류자 단속을 둘러싼 문제는 우리 정부가 유엔인종차별철폐위원회로부터 매년 지적을 받는 원인이기도 하다.

인권운동가들은 현행 제도로는 이주 노동자의 인권 문제를 근본적으로 해결하기 힘들다고 주장한다. '미등록 체류자' 문제가 그러하다. 인권 운동가들은 형사상의 범죄자로 오인하게 하는 불법체류자 대신에 행정절차 위반이라는 의미로 '미등록 체류'라는 용어를 사용한다. 현행 제도를 구조적으로 개선하고 미등록이더라도 교육권, 의료접근권 등 최소한의 기본적인 권리는 보호받도록 해줘야 한다는 주장이 제기되고 있다. 고용허가제를 근본적으로 바꾸거나 사업장 변경 제한, 구직기간 3개월 제한 등 요건을 완화할 필요가 있다.

셋째, 결혼 이주여성은 귀화 전까지 체류 신분으로 불안한 입장에 있기 때문에 국적법을 개선하는 것이 필요하다. 문제는 결혼 이주여성이 영주권이나 국적 취득 신청 시 배우자의 신원보장이 있어야 한다. 따라서 배우자의 신원보장을 없애고 결혼이주여성이 스스로 영주권이나 국적을 신청할 수 있도록 해야 한다는 주장이 제기되고 있다.

1. 우리나라는 국제화·세계화에 따른 인적·물적 교류로 국가 내 인종적, 민족적, 문화적 다양성이 증가됨에 따라 급속히 다문화사회로 진입하고 있다. 이념, 계층, 출신 지역, 인종과 같은 서로 다른 사회 구성원이나 집단 간의 문화나 가치관의 차이, 편견과 차별에 따른 사회적 갈등이 존재한다. 이와 같은 갈등의 바탕에는 상대 집단에 대한 편견이 자리하고 있다. 편견으로 인해 발생하는 집단 간 긴장과 갈등은 사회 불안을 초래한다. 또한 편견은 공적 의사결정 과정을 편향되게 만들고, 차별 받는 집단 구성원의 잠재된 능력이 발휘될 가능성을 사장시킴으로써 장기적으로 사회의 발전 가능성을 저해하는 요인이다. 다문화 가정에 대한 편견의 근원과 극복방안을 구체적인 사례를 중심으로 서술하여라.

2. 2010년 4월 벨기에 하원이 공공장소에서 부르카(burka: 전신을 가리는 무슬림 여성 전통 의상)를 포함, 신원을 확인할 수 없게 하는 옷이나 두건 등의 착용을 금지하는 법안을 통과시킴에 따라 유럽국가에서의 부르카 착용을 금지에 대한 논란이 가속화되고 있다. 프랑스도 2011년 4월 11일부터 시행 중인 부르카 착용 금지법에 국내외에서 거센 반발을 사고 있다. 이 법은 니콜라 사르코지 대통령이 주장해 도입한 것으로 그는 부르카가 여성 인권을 억압하는 상징물이라고 비난해 왔다. 부르카 착용 금지법은 부르카 착용 여성에겐 벌금 150유로를 부과하고, 여성에게 부르카 착용을 강요한 사람에겐 3만유로의 벌금과 징역형을 받는다. 프랑스의 이러한 행동에 대해 인권단체, 무슬림 종교단체들은 부르카 금지법이 시행되자 무슬림 여성들의 종교의 자유를 침해하고 인종 차별을 조장하는 악법이라며 시민 불복종운동을 전개하고 있다. 무슬림 여성들의 부르카 착용 금지 법안은 모든 여성의 인권 존중이라는 보편 가치를 보호한다는 이유인지, 다양한 민족적, 종교적 특수 가치를 무시한다는 이유에서 부당한 것인지 각자의 생각을 서술하여라.

3. 외국인 120만 명 시대이다. 한국 내 인종차별이 발생하는 원인은 무엇이며 극복하기 위한 합리적인 정책대안은 무엇인가?

3 >>> Chapter
글로벌시대의 대중문화

1 대중문화에 대한 이해

대중사회를 기반으로 하는 대중문화는 엘리트들의 고급문화에 대해 일반 대중들을 위한 문화로서 상업적 성격을 갖고 기계적으로 대량생산된다는 특성을 가지고 있다. 환경에 따라 혹은 사회흐름에 따라 바뀌는 대중문화는 자유주의 정치경제학자 애덤 스미스Adam Smith, 1723~1790 [3]의 경제이론에 등장하는 '보이지 않는 손'처럼 보이지 않는 대중의 호응을 전제로 보기 때문에 사회적 유행과 계층별 성향에 민감하게 반응하게 된다. 대중문화는 그 사회가 이루는 주체이다. 글로벌시대 대중문화의 이해와 대중매체 변화의 속성에 대하여 살펴보고자 한다.

1) 우리나라 대중문화의 특성

(1) 대중문화의 개념

대중문화mass culture에 대한 개념은 학자의 관점에 따라 각각 차이가 있다. 허버트 갠스Hebert Gans는 '세련되지 못한 다수가 수용하는 문화mass kultu', 드와이트 맥도널드Dwight MacDonald는 '시장에 팔기 위한 가공된 문화', 마이클 릴Michael R. Real은 '대중매체를 통해 전달되는 문화'라고 정의한다. 또한 사전적 의미는 '이윤창출을 목적으로 대량 생산되며, 대량으로 소비되는 상업주의 문화로 인식한다. 즉 대중문화는 개인보다는 다수의견이 존중되는 대중사회mass society에서 대중들이 즐기는 문

---

3 '자유방임(laissez-faire)'을 주장한 18세기 영국의 대표적인 고전파 경제학자이다.

화'라고 정의했다.

대중문화는 대중이 형성하는 매스컴의 발달 따위를 기반으로 이루어지며, 대량 생산과 대량 소비를 전제로 하기 때문에 문화의 상품화 경향이 생기는 경우가 많다. 현대 사회는 서구 대중문화의 무분별한 수용으로 인하여 대중문화가 급속히 발전하고 있다. 현대의 대중문화는 이전 단계에서 볼 수 있던 일부 엘리트만의 고급문화와 기층(基層)에 있는 토착적인 민속 문화와의 사이에 나타난 중간문화를 이르기도 한다. 대중문화는 종래 문화의 지극히 한정된 일부 계급계층 사이에서 문화화 하였으나, 현재는 생활수준의 향상, 교육의 확대에 따른 문화향상과 커뮤니케이션의 발달은 문화의 자유스러운 대중문화 성립의 기반이 되었다.

이제 대중사회와 문화와의 관계는 대중매체나 인터넷을 통해 형성되는 군중심리로써 가치체계의 전달형태, 사회화의 기능, 레크리에이션이나 긴장처리의 기능 등을 분석함으로써 밝혀진다.

(2) 대중문화의 변천과정

근세 이전의 봉건주의 계급사회에서는 신분에 따라 활동이 제약되었다. 귀족들과 서민들의 생활방식은 물론 삶에 대한 가치관도 달라 한 사회 여러 계층문화가 존재했다. 당시 지배층의 문화는 전문예술인에 의해 만들어지고 그들만이 참가하고 즐기는 소수만의 문화였고 그들은 문화자체를 신분으로 나타내는 하나의 상징으로 이용하기도 했다. 왕족과 귀족들의 세습신분과 부의 연결고리가 끊어지기 시작한 것은 영국혁명을 통해 절대왕권의 전제정치가 사라지고 새로운 신분이 등장하던 입헌군주제가 시작되던 때부터이다. 귀족 대신 시민들이 새로운 사회계층으로 부각하면서 그동안 눌려져 왔던 서민문화들이 대중화되기 시작하였다.

산업혁명을 통해 도시에 인구과밀화 현상이 일어나고 사회적 가치가 경제적 기준으로 바뀌면서 대중문화는 개인 또는 소수의 사람들이 은밀히 즐기던 것에서 대중들이 공공장소에서 즐기는 문화로 바뀌어 갔다. 대량생산, 교통과 정보통신의 발달은 사람들의 생활패턴을 바꾸어 놓았고 이에 서민문화도 '대중화'라는 틀을 잡기 시작했다.

냉전시대가 시작되던 제2차 세계대전 이후 세계는 오랜 전쟁으로 인해 휴머니스틱 사상과 자연에 회귀하려는 붐이 일게 되었고, 1960년대 베트남전에 미국이 참전하면서 미국 청년들은 기득권층의 가치관과 사회제도를 부정하고 전쟁에 대해 반대하며 자연으로 돌아가자는 '히피문화'가 대세를 이루었다. 이 문화는 노래와 대중매체를 통해 전 세계로 급속히 퍼져 나갔고 우리나라에도 영향을 미쳤다.

광복 이후 미군정시절부터 휴전 때까지(1945~1953년) 미국문화에 접근하게 된 한국 사회는 영어와 초콜릿으로 대변되는 '미군문화'에 익숙해져 팝송과 제임스 딘의 '에덴의 동쪽', '이유 없는 반항', 그리고 '자이언트'와 같은 영화에 한국 고유문화는 자리를 빼앗기기 시작하였다. 이러한 서양문화 열풍 속에서 한국문화는 대중주간지의 홍수를 맞게 되었으며, 1964년 「주간한국」, 1968년 「주간중앙」, 「주간조선」, 「선데이 서울」에 이어서 라디오와 TV같은 대중매체를 통해 대중문화는 여과 없이 서민 속으로 그 역량을 미쳤다.

1960년대 군사정권이 들어서면서 모든 사회기준이 '경제발전'을 위한 수출로 대표되었고 사회는 급작스런 변화에 의해 성윤리에 대한 가치의 문란, 도덕적 문란과 같은 사회적 가치관의 아노미 현상[4]이 지배하게 된다. 이와 때를 같이하여 1960년도 이후 급속하게 발전된 상업주의적 문화산업과 매스미디어를 통하여 전파되는 쾌락과 소비 지향적 문화내용이 문화적 아노미를 더욱 보강시키는 작용을 하였다.

이와 같은 문화지체현상[5]에서 문화적 아노미를 채워 줄 수 있는 새로운 창조적 문화형성이 필요했다. 당시 문화를 정책적으로 담당하고 있는 정부는 문화를 대국민 홍보정책의 차원에서 다루었다. 즉 매스미디어를 문화매체로 생각하지 않고 홍보매체로만 인식해 혁명정부에 대한 정통성의 확립과 경제건설을 추진하기 위한 국민적 통합을 위한 '홍보' 및 '선전'이었던 것이다. 1960년대 이후의 대중가요의 양상은 '건전가요'와 검열을 통한 문화통제를 하여 한국문화는 침체되었고 문화인들은 언더그라운드에서 울분을 삭이기 위한 수단과 사회각성을 위한 저항문화를 시작했다. 1970년대 당시 한국에서는 청년들을 중심으로 한 청바지, 장발, 그리고 통기타와 같은 '낭만문화'가 주류를 이루면서 사회는 현실적인 문제보다는

---

4 아노미 현상(anomie phenomenon)은 사회적 병리 현상의 하나로 급격한 사회변동의 과정에서 종래의 규범(規範)이 약화 내지 쓸모없게 되고, 아직 새로운 규범의 체계가 확립되지 않아서 규범이 혼란한 상태 또는 규범이 없는 상태로 된 사회 현상을 말한다.

5 문화지체현상(文化遲滯現像, cultural lag)은 물질문화의 급속한 변동에 비해 비물질 문화의 완만한 변화가 상대적으로 뒤처지는 현상 문화변동 과정에서 물질문화는 발명과 발견, 전파의 과정을 통하여 쉽게 발전하는 반면, 비물질 문화는 제도, 관념, 의식, 가치관 등을 포함하기 때문에 빠르게 발전하지 못한다. 이 때문에 물질문화의 변동이 앞서가고 비물질 문화의 변동이 상대적으로 지체되는 현상이 발생한다. 즉, 물질문화와 비물질 문화 간의 변동속도 차이로 나타나는 부조화 현상이라고 할 수 있다.

이상적인 것을 찾고 문제를 해결하기보다는 회피하려는 현상이 일어났다. 1980년대 격동의 시절 10.26 박정희 대통령 저격, 10.29 민주화 선언, 5.18 민주화 항쟁 등에서는 '저항문화'가 대세를 이루었다. 민주화운동이 일어나면서 정치에 관심을 갖게 된 대학생과 30대 직장인을 중심으로 한 새로운 사회계층은 '운동권'이라는 신조어를 탄생시키면서 대중문화의 주류를 이루었다.

컴퓨터가 일반화되고 휴대폰이 일상화된 밀레니엄 시대에 접어들면서 단체보다는 개인 중심의 게임문화, 직접 참가하는 것이 아닌 보면서 즐기는 관전문화, 그리고 영향력 있는 기획사에 의해 대중의 아이콘으로 등장한 아이돌을 중심으로 발달한 '팬덤 fandom' 문화가 대세를 이루고 있다.

이처럼 대중문화는 사회 변화와 민중의 요구에 의해서 진화되고 변화되었으며, 서민들은 문화를 통해 세상과 소통하였다. 21세기의 서민문화의 주류는 대중에서 상업적 권력을 가진 대형 기획사, 매스컴, 그리고 영화 제작자들이 문화를 창조하고 유행시키는데 큰 영향력을 발휘한다.

2) 우리나라 대중문화의 현실

(1) 대중문화의 순기능

대중문화의 순기능으로 볼 수 있는 것은 누구든지 창작자가 될 수 있다는 것이다. 특정계층이 점유하고 있는 문화가 아닌 만큼 사회 구성원은 누구나 대중문화의 일원이 되기도 하고 창작자가 되기도 한다. 대중문화는 단순히 즐기는 오락용 문화가 아니라 사회를 비판하고 경고하는 역할도 한다. 대중은 더 이상 군림당하고 수동적으로 제도권에서 소외된 계층이 아니기 때문에 능동적으로 사회현상에 대해 비판하고 참여하면서 즐긴다. 예를 들면, 대선 때 투표 인증사진을 찍으며 투표를 독려하는 것은 그 어떤 홍보 광고보다도 더 좋은 투표참여 결과를 보여 줄 수 있고, 이들 또한 정치도 하나의 문화부산물로 여긴다는 것을 알 수 있다.

(2) 대중문화의 역기능

대중문화의 역기능은 대량 생산과 유통이 가능한 조직에서 문화를 조작할 수 있다는 것이다. 개인의 취향이나 문화적 배경은 고려하지 않고 상업화된 문화를 매체를 통해 비판 없이 받아들이고 그것을 유행시키는 역할을 자신도 모르게 한다는 것이다. 또한 기획되고 획일화된 문화로 사회전체에 창의성을 무시하여 문화가 질적으로 떨어지며, 문화의 유통기간이 짧아지는 문제는 매스컴과 인터넷의 발달로 점점 심각한 양상을 띠고 있다. 시간이 흐를수록 전통문화는 더욱 쇠퇴해지고, 문화 창조는 이윤과 연계되어 대중문화를 사업수단으로 변질되어 아직 비판능력과 의식이 없는 청소년층들은 잘못된 문화를 그들 삶의 한 부분으로 여기면서 많은 사회문제로 대두되고 있다.

3) 우리나라 대중문화의 해결방안

한국 대중문화의 현주소는 질적인 면에서는 폭력성과 저질성에 시달리고 참여자 측면에서 보면 소수의 거대권력에 의해 창조되고 유행되기 때문에 한국고유의 전통문화는 빛을 잃고 무엇이 한국적인지 주체성과 정체성이 헷갈리는 지경에 이르렀다. 특히 아날로그 기성세대와 디지털시대인 자녀들 간의 세대갈등은 심각한 문화의 이질화 현상을 일으키고 있다. 한국적 대중문화가 하루빨리 자리 잡기 위해서는 대중이 주체가 되는 문화가 되어야 하며 문화를 비평하고 수용하는 적극적인 자세를 가져야 한다.

현재 한국 대중문화 보급의 중심인 매스컴이 중심을 잡아야 한다. 시청률을 올리기 위해 질이 저하되는 드라마나 선정적인 연예 프로그램들을 거리낌 없이 방영하는 주체자를 감시하고 규제할 수 있는 시민운동이 일반화되어야 한다. 또한 대중들도 이제 선정성에 휘둘리지 말고 진정한 문화의 의미를 이해할 수 있도록 수준을 높여야 할 것이다.

이제 대중문화도 물밀듯 밀려오는 외국문화와 토착 한국 대중문화의 특성을 잘 고려하여 중성화시키는 역할을 해야 한다. 인터넷의 발달로 국경 없는 글로벌시대가 된 현재 상황에서 외국문화는 누구나 쉽게 접근하고 체험할 수 있다. 실시간으로 제공되는 다양한 정보는 대중들에게 신선함과 이국적인 낯선 호기심을 자극하여 젊은 세대들은 연예인들의 모습, 억양, 패션, 행동을 비판 없이 따라하며 한국적인 것을 촌스러워 하거나 얕보는 태도는 장차 이 사회를 이끌어갈 미래의 꿈나무들에게 '탈한국적 사고'를 주입하는 것과 같다. 이제부터라도 올바른 한국대중문화 안착을 위해 범사회적으로 관심을 갖고 모든 사람들이 참가하고 즐길 수 있는 공동체적인 문화공간을 조성해야 한다.

문화는 단순한 놀이나 게임이 아닌 한 국가의 전통, 역사, 그리고 국민성이 녹아 살아 있는 화석과 같다. 개인차를 존중한 한국 대중문화의 발전을 위하는 길은 한국인으로서 갖춰야 할 성향과 민족성을 유지하며 계승발전시켜야 하는 사명감이 필요하다. 상업적인 문화 사업이 도덕적 해이를 가져 올지라도 우리 모두는 문화의 중요성을 깨닫고 주인의식을 가져야 하며, 방관자나 단순참여자가 아닌 대중문화의 주체자가 되려는 최선의 노력을 할 때 우리 대중문화 고유의 아름다운 향기를 공유할 것이다.

2 세계의 대중문화 이해

1) 문화적 차이

1980년 사회학자 홉스테드Geert Hofstede는 다국적 기업 IBM의 50개국 이상의 자회사 직원들을 대상으로 국가적 가치관의 차이에 관한 대규모 설문조사를 실시하였고, 이를 토대로 국가문화를 측정가능한 문화차원들로 구체화하고 계량화하여 동일한 기준에서 비교한 『문화의 결과Culture's Consequences』라는 책을 출간하였다. 그는 이 책에서 지구상에 존재하는 모든 국가 문화를 5가지 차원으로 분류하였다.

(1) 홉스테드의 문화차원 이론

홉스테드Hofstede는 실증적으로 이루어진 연구에서 사람들의 태도와 행동이 각국의 문화에 따라서 서로 다르게 나타나고 있음을 발견하여 그 행동문화를 분류하고 그 모형은 권력 거리차원, 불확실성 회피성, 개인/집단주의 차원, 남/여성성 차원, 장/단기 지향성 5가지를 제시했다. 문화비교모형이론에 관한 주요내용을 살펴보면 다음과 같다.

① 권력 거리지수

권력 간의 거리감 정도를 나타내는 권력 거리지수 PDI: Power Distance Index는 군력 집중력, 권력 거리형, 또는 권력 간격형이라고도 한다. 이 이론은 조직이나 기관의 약자가 불평등한 권력의 분배를 인정하고 기대하는 정도를 나타낸다. 거리가 작다는 의미는 수평적 관계 속에서 상호의존성을 보인다는 것이고, 높으면 수직적 관계에서 의사소통이 하향식으로 전달된다는 것이다. 권력거리지수는 한 사회의 권력에 대한 평등성을 구성원들이 어떻게 받아들이느냐에 관한 것이기 때문에 지수를 통해 글로벌 국가들의 사회적 불평등과 권위의식을 객관적으로 수치화하여 평가할 수 있다. 예를 들면, 높은 권력 집중형 나라는 멕시코, 한국, 인도, 필리핀, 라틴, 아시아, 아프리카이며, 낮은 권력 집중형 나라는 뉴질랜드, 덴마크, 오스트리아, 독일, 스칸디나비안 국가이다.

② 불확실성 회피지수

불확실성 회피지수 UAI: Uncertainty Avoidance Index는 사회 구성원이 느끼는 애매함과 불확실성에 대한 사회적 불편함 정도를 나타낸다. 즉 어떻게 변화에 적응하고 불확실성을 다루는지를 표시한다. 지수가 높은 문화에서는 구성원들이 환경의 변화를 최소화 하면서 보수적 사고로 법과 원칙을 지키려는 경향이 강하며 자신의 감정을 자연스럽게 표현한다. 또한 정치에 관심을 많이 갖지 않는다. 이에 반해 지수가 낮은 문화에서는 감정을 억제하면서 변화와 혁신에 대해 관용적이며 행위를 규제하는 규칙은 적게 만드는 경향이 있다. 예를 들면, 높은 불확실성 회피 정도형 나라는 라틴국가, 일본, 스페인, 우루과이, 독일, 한국이며, 낮은 불확실성 회피 정도형 나라는 싱가포르, 덴마크, 영국 등이다.

③ 개인주의와 집단주의형

이 이론은 사람들이 얼마나 개인주의적이거나 집단주의적인 성향을 보이는가를 의미한다. 개인주의형은 IDV: Individualism '나' 중심의 사고로 자기 지향적이며 개인 주도성 initiative과 성취를 강조한다. 남보다는 자신을 생각하며 개인의 권리를 강조하는 경향이 있다. 집단주의형은 '우리' 중심의 사고로 단체 지향적 성격과 단체 안에서 충성심을 기대한다. 개인보다는 단체의 이익을 먼저 생각하며 개인주의에서는 '죄의식' 문화이고 집단주의에서는 '수치심' 문화이다. 한국은 개인주의가 낮은 국가라고 볼 수 있다. 예를 들면, 높은 개인주의형 나라는 미국, 캐나다, 뉴질랜드, 호주, 스위스이며, 낮은 개인주의형 나라는 한국, 중국, 타이완, 콜롬비아 등 주로 아시아 국가이다.

④ 남성다움과 여성다움

문화권 내에서 성 역할이 얼마나 구분되어 있는지의 정도를 의미한다. 즉 남성중심적 MAS: Masculinity인 성향을 가지고 있는지, 여성 중심적인 성향을 가지고 있는지를 나타낸다. 남성적 문화에서는 자아지향적이며 사회생활에 필요한 돈이나 물건과 같은 물질적인 것을 중요시한다. 삶은 일하기 위해서 사는 과정일 뿐이다. 여성적 문화 Femininity에서는 관계지향적이며 삶의 질과 사람을 중요시 여긴다. 이들은 삶을 중요시 여기기 때문에 살기 위해 일한다. 예를 들면, 남성다움이 높은 국가는 일본, 오스트리아, 스위스이며 여성다움이 높은 국가는 덴마크, 네덜란드, 스웨덴, 스칸디나비아 등이다.

⑤ 장기지향적과 단기지향적

장기지향적 LTO: Long-term orientation 문화는 사회의 시간범위를 설명하고 미래에 더 많은 중요성을 부여한다. 이런 사회에서는 지속성, 절약, 적응능력 등 보상을 지향하는 실용적 가치를 조성한다. 반면, 단기지향적 STO: Short-term Orientation 문화에서는 끈기, 전통에 대한 존중, 호혜성, 사회적 책임의 준수 등 과거와 현재에 관련된 가치가 고취된다. 예를 들면, 장기지향적형 국가는 일본, 홍콩, 태국, 중국, 한국 등이며, 단기지향적형 국가는 캐나다, 파키스탄, 미국 등이다.

문화를 우리가 의식적으로 알 수 있게 객관적으로 계량화하는 것은 많은 노력과 전문성을 필요로 한다. 이런 측면에서 보면, 홉스테드의 문화차원이론은 5개의 범주를 통해 문화가 한 사회에 미치는 영향을 탐구하였다. 하지만 그의 실험에 동참한 사람들이 전체 민족이나 다양한 인종을 대표할 수 있는지 급변하는 시대의 흐름에 맞춰 변하는 사회성향을 어떻게 그의 연구에 귀인하는지는 우리가 앞으로 풀어야 할 숙제이다.

이와 같이 홉스테드의 문화 모형은 국가 간의 문화적, 가치관적 차이들을 국제·경영·환경에 큰 이바지한 연구 모형이다. 하지만 이 모형에도 여러 가지 문제점이 다음과 같이 제기되고 있다.

첫째, 기준이 같다. 홉스테드는 전적으로 IBM의 종업원들을 대상으로 문화의 차이를 연구하였기에 기준 대상이 같다.

둘째, 소수가 국가를 대표하였다. 국가를 대표하는 소수의 의견이 그 국가 전체의 성향이라 볼 수 없다.

셋째, 이제 낡은 것이 되었다. 1960년대와 1970년대 상황은 2000년대의 상황과는 많은 차이가 있고 문화도 많이 달라졌다.

하지만 이상과 같이 홉스테드의 연구결과는 현실과 많은 차이를 보이나 역사상 홉스테드 만큼 대규모의 연구가 없었으며 문화적 차이를 체계적으로 계량화한 연구는 많지 않다는 점으로 인정하고 있는 것이다.

(2) 홉스테드의 문화모델 비교

홉스테드 문화모형에서 한국의 수치를 나타낸 **표 3-1**을 보면, 불확실한 리스크는 회피하는 편으로 안정적인 직업에 높은 가치를 부여하고 관리자들이 아주 분명한 지시를 내려 줄 것을 기대하고 있다. 또한 직위가 높은 사람은 하위 사람의 행동을 결정하고 하위의 사람들은 자연스럽게 받아들이는 권력을 중요시 여기는 성향을 알 수 있다. 리더에게 강력한 권한이 있거나 그룹과 조직에 가치 초점을 맞추고 있는 것도 국가문화 차원에서의 차이 모델을 보고 확인할 수 있다.

홉스테드는 그 사회의 문화적 배경에 따라 큰 제약을 받는다. 따라서 그 사회의 가치관과 믿음, 표현방법 등을 깊이 있게 파악하지 않고서는 사람들의 행동을 조정할 수 없다고 정의했다. 또한 문화를 비즈니스에서 가장 중요한 부분으로 생각했으며, 문화를 '사람들의 마음속에 공동으로 입력된 프로그래밍으로서 한 집단이나 한 부류의 사람을 다른 집단이나 부류의 사람들과 구별 짓는 요인'이라고 정의한다.

표 3-1 국가문화차이 모델

국가	권력 집중형	개인주의	남성다움	불확실성 회피	장기지향적
대한민국	60	18	39	85	75
아랍국가	80	38	52	68	
브라질	69	38	49	76	65
중국	80	20	66	30	118
독일	35	67	66	65	31
인도	77	48	56	40	61
일본	54	46	95	92	80
뉴질랜드	22	79	58	49	30
러시아	93	39	36	95	
싱가폴	74	20	48	8	48
스웨덴	31	71	5	29	33
영국	35	89	66	35	25
미국	40	91	62	46	29

한 국가의 문화적 차이의 성향으로 단언하기는 어렵지만, 흔히 서양 국가들은 개인주의가, 동양 국가들은 집단주의가 발달했다고 여긴다. 1983년에 진행되었던 홉스테드의 연구에서 한국은 개인주의 점수가 18점으로 매우 낮아 집단주의 문화를 보유하고 있다는 결과가 나왔다. 개체로서 존재하는 개인보다 그들로 구성된 집단을 우선시하는 동아시아 집단주의는 타인과의 관계, 사회적 책임, 도덕성을 중시하는 유학 체계에서 뻗어왔고, 많은 나라들이 그 안에 속해 있다. 일본, 중국, 대만, 홍콩, 싱가포르 등 중화계를 포함한 동아시아 내 타국가의 결과도 한국과 다를 것이 없었다는 것이 홉스테드의 모형에 의해 증명되었다.

2) 문화교류

대중문화의 교류는 강대국이 약소국을 힘으로 누르는 '수직적'이 교류가 아닌, 상대가 가지고 있는 고유문화의 정체성을 고려한 '수평적' 교류가 이상적이다. 그러나 상업적 특성을 가지고 있는 대중문화는 문화라기보다는 상품으로서 가치를 우선하기 때문에 주의해야 한다. 대부분 문화교류는 문화접촉을 통해 시작된다. 서로 다른 문화를 경험하게 되면 이질감에 의해 충돌하게 되고 문화충격을 받게 된다. 시간이 지남에 따라 상대 문화에 익숙하게 되면서 원래 문화형태에 변화를 일으키는 문화변용이 일어나게 된다. 예를 들면, 미국사람이 한국에 와서 생활할 때 재래식 화장실을 사용하고 개고기를 먹는다면 그는 틀림없이 문화충격을 받게 될 것이다. 이때 자국문화를 기준으로 상대 문화를 '상대평가'를 하기보다는 상대 문화의 정체성을 인정해주고 그 문화에 접근하려는 적극적이고 자연스러운 문화변용이 일어나야 한다는 것이다.

문화는 사람이 살아가는 방식이며 과정이지 결과가 아니다. 한 사회가 한 지역에 무리지어 정착하면서 구성원 간에 규범적으로 확립된 생각과 행동양식은 사회마다 다르다. 또한 사회구조가 바뀌게 되면 구성원들의 사고와 행동규범도 바뀌기 때문에 문화는 '종지형'이 아닌 '진행형'의 성격을 갖게 되고 이러한 문화들이 교류를 할 때는 서로 상이한 문화차이 때문에 문화충돌이나 문화충격을 겪게 된다.

그 이유는 이질적인 문화를 이해하고 수용하는 것은 인지적 혼란과 무의식적인 관습적 행동에 제약을 주기 때문이다. 하지만 글로벌시대에서는 한 지구촌에서 살면서 경제적, 문화적, 그리고 사회적으로 하나의 커뮤니티를 구성해야 하기 때문에 문화교류를 통해 '글로벌 문화공동체'를 구성하기 위한 노력을 해야 한다.

한국에서 문화 콘텐츠를 만드는 제작비는 점점 커져가고 있다. 스토리나 제작 자체는 발전하지 못하고 거품만 생기고 있는 것이다. 미래를 내다보는 눈을 가지는 것이 필요하다. 가격을 높이는 것보다 시장을 넓히는 것이 중요하다. 그리고 한류가 생명력을 갖고 이어지기 위해서는 상호교류와 공동의 문화연대 구축을 유지해야 할 것이다. 그러한 면에서 최근에 많이 이루어지고 있는 한·중·일 합작 드라마나 영화의 형태는 높은 가치가 있으며, 앞으로도 이러한 것이 많이 이루어져서 한류의 발을 넓히고 더욱 발전시켜 나갈 수 있는 발판이 되기를 희망한다.

3) 대중문화 패러다임

아날로그 시대의 대중문화와 디지털시대의 대중문화는 차원적으로 다르고 특성 또한 근본적으로 다를 수밖에 없다. 경제발전이 최우선 과제로 우선시되던 1970 년대 말까지는 장발, 통기타, 청바지, 생맥주, 막걸리, 그리고 통행금지가 당시 대 중문화를 대표하는 중심 언어였다. 하지만 인터넷과 휴대폰이 등장하고 대중매체 가 발달되면서 디지털시대의 대중문화는 아이돌이나 문화산업이라는 신조어를 탄 생시키면서 참여보다는 보는 문화, 즐기기보다는 소비하는 문화, 문화의 중심인 대중이 만들기보다는 소수의 기획자들이 창조해 내는 문화의 형식으로 바뀌었다. 그러나 2013년도에 들어서 유행하기 시작한 싸이의 말춤은 유튜브를 타고 전 세 계를 강타했고, 획일적이고 아주 단순한 '크레용팝'의 '직렬오기통 춤'은 해외 방송 사들이 다투어 소개할 정도로 선풍적인 인기를 끌었다. 그동안 섹시한 외모와 현 란한 춤이 대세를 이루어왔던 대중문화에 변화가 생기기 시작한 것이다. 특별히 연습을 많이 한 사람만 흉내 낼 수 있던 기존의 노래와 춤이 이제는 30초만 투자 하면 누구나 따라 할 수 있는 패턴으로 바뀌었다. 또한 엄청난 중독성을 가지고 있어서 아주 짧은 시간에 나이와 문화에 관계없이 마니아층을 두텁게 만들었다.

글로벌시대의 지구촌 가족들이 언어에 관계없이 같이 즐기고 나눌 수 있는 문 화로 바뀌면서 이제는 대중들이 문화에 적극적인 참여를 하게 되고 매체를 통해 서로 공유하는 '양방향' 성격을 갖게 되었다. 개인주의 속에서 자신만 알고 참여보 다는 관전을 하던 대중들이 유튜브나 페이스 북을 통해 아이돌의 행위를 따라하 면서 자신을 내보이기 시작한 것이다. 기네스북에 등재된 싸이의 말춤은 10억 명 이상이 조회하였다. 대표적인 한류가수인 동방신기도 5억장이 넘는 사진을 찍어 세계에서 가장 많이 사진 찍힌 가수로 기네스북에 등재되었다.

그동안 시각적 효과와 자극을 통한 상업성이 강한 대중문화가 대세를 이루었다 면 이제는 자유롭고 단조로우면서 인종과 언어에 관계없이 모두 공유할 수 있는 대중문화가 대세를 이룰 것이다. 자신들의 꿈과 끼를 대중문화 아이콘을 통해 해 소하고자 하는 열망이 이제는 자신들이 대중문화에 주인공이 되어 직접참여하고 공유하는 놀이문화로 진화시키고 있다.

글로벌시대로 접어들면서 한국은 정치, 경제적 이데올로기가 아닌 문화적인 패러다임을 가지고 소통과 융화를 통해 세계의 문화, 경제, 정치를 통합하는 미래의 휴머니즘을 형성하는 한국의 문화르네상스가 될 수 있도록 기회를 획득하여야 할 것이다.

4) 글로벌시대 대중문화의 관점

대중문화라는 것은 결국 우리의 일상적인 삶에 대한 이야기이다. 우리의 삶은 어느 한 가지 요인의 일방적인 영향으로 설명할 수 없다. 따라서 다른 시각으로 바라보는 대중문화의 관점을 6가지 기준으로 살펴보고자 한다.

(1) 대중사회론

이 이론은 문화를 선(善)과 미(美)로 향하기 위해 마음을 가꾸는 입장에서 대중문화는 진정한 문화로 이르는 길을 막는 장애물처럼 묘사된다. 즉, 고급문화의 반대, 대중들이 즐기는 저급한 문화로 정의된다. 그 이유는 불특정 다수를 대상으로 하기에 문화적 형식은 단순하며, 내용 또한 지성적이고 윤리적이라기보다 비윤리적, 비도덕적인 수준에 머무르는 것으로 여겨지기 때문이다. 즉 대중문화라는 것이 양적으로 많은 수를 필수요건으로 한다는 점에서 불특정 다수를 대상으로 하는 것은 당연한 것이다. 이때의 특징은 비유적으로 말해 기성복과 같다고 할 수 있다. 기성복은 그것을 입는 개인의 취향과 체형을 맞추지 않는 것으로 성립한다.

(2) 계급문화론

대중문화의 내용은 지배 계급의 손에 의해서 생산되며, 독점적으로 대중문화의 생산 수단을 지니고 있는 자가 자신들의 이익을 도모할 수 있는 이데올로기를 퍼뜨릴 도구로 사용된다는 것이 이 이론의 관점이다. 그러므로 대중문화를 접함으로써 수용자들은 대중문화 안에 내재되어 있는 지배 이데올로기를 그대로 수용하는 것이다. 대중사회론과 계급문화론은 대중문화를 부정적인 것으로 간주한다. 그러나 부정적이라고 하는 근거가 다른 만큼 서로 다른 대안을 제시한다. 대중사회론자들은 그들이 생각하는 진정한 문화를 교육을 통해 뿌리내려야 한다고 제시한다. 이에 비해 계급문화론자들은 대중문화의 대안으로 민중문화를 제시한다.

(3) 이데올로기론

스스로는 능동적이지만 본질적으로는 이데올로기적 내용을 그대로 끌어안는 수동적 존재에 불과하다고 보는 이론의 관점이다. 계급문화론에서는 대중문화를 지배계급의 지배를 용이하게 하고 대중들이 계급적 갈등과 불평 등을 느끼지 못하는 허위의식을 갖는 것을 부정하고 이데올로기를 허위의식이 아닌 의미에서 실천으로 파악한다.

(4) 문화주의론

대중문화란 능동적인 민중에 의해서 아래로부터 만들어지거나 협상된 것으로서 지배 세력에 대해 저항적인 내용을 지닌 문화로 보는 관점이다. 이 이론은 우선 대중을 다르게 정의한다. 대중은 '능동적이고 저항적인 잠재력을 지닌 민중'이라고 말한다. 그런 의미에서 대중문화의 주체에 대해 관심을 가진다. 그러므로 민중의 손에 닿아 어떻게 이해되고 받아들여지는가에 따라 대중문화의 성격이나 내용은 달라질 수 있게 한다.

(5) 헤게모니론

대중문화란 위로부터의 문화 전략과 그에 대항하려는 피지배 계급의 노력의 결과로 생산되는 것이다. 대중문화는 위와 아래 어느 한쪽의 일방적인 영향에 의한 것이 아니라 조금씩 뺏고 빼앗기는 지속적이고 역동적인 모습이다. 그렇기 때문에 헤게모니론에서는 대중문화가 시간의 흐름에 따라 어떻게 변화되었는지 역사적인 접근법을 선호한다.

(6) 포스트모더니즘론

포스트모더니즘은 후기구조주의에서부터 시작되었다고 볼 수 있다. 후기구조주의는 구조주의를 비판하면서 나온 이론이다. 그들은 스스로 진리임을 입증하기 위한 자작극인 것처럼 해석해 낸다. 이러한 관점은 자칫 비판적일 수 없는 주체를 만들게 될 수 있다는 점에서 항상 긍정적일 수는 없다. 즉 포스트모더니즘적 문화현상은 상당히 혼돈스러운 방향으로 흐를 수 있다.

이상에서 우리는 대중문화를 바라보는 다양한 관점들을 살펴보았다. 이러한 점에서 헤게모니론의 손을 들어줄 수 있지만, 다양성의 인정이라는 측면에서 포스트모더니즘론의 손도 들어 주어야 할 것 같다. 모든 것은 저마다의 이유를 가지고 우리에게 다가온다. 결국 우리는 개인차를 존중하는 대중문화의 다양한 문화를 접할 수 있도록 해야 할 것이다.

3 대중문화 전망

글로벌시대의 국가의 힘과 영향력은 정보력에 달려 있고 미디어 임페리얼리즘 media imperialism이라는 새로운 지배현상을 만들며, 첨단과학과 막대한 자금력을 바탕으로 정보를 독점하는 세계를 하나의 시간대에 존재하는 한 국가로 만들고 있다.

지구촌 반대편에서 일어나는 일들이 CNN이나 BBC에서 실시간으로 중계되지만 자신들이 습득한 1차 정보, 즉 직접 얻은 정보를 자신들의 성향에 맞게 편집된 2차 정보를 보내기 때문에 1차 정보에 의존하는 세계의 군·소 미디어 단체들은 여과 없이 그들의 말을 앵무새처럼 그대로 보내면서 자연스럽게 문화식민주의 현상이 발생하게 된다. 이러한 현상은 제2차 세계대전 당시 막강한 군사력으로 연합군의 승리에 결정적인 역할을 한 미국이 '팍스 아메리카나(미국 중심의 세계질서) Pax Americana'를 표방하면서 시작되었다고 볼 수 있다. 우선, 미국달러는 기축통화로 국제결제수단으로 사용되었고 미국문화 아이콘은 국적에 관계없이 각 나라의 청소년들의 아이콘이 되었으며 영어 열풍은 영어를 외국어가 아닌 '지구촌표준어'라는 별칭을 얻을 정도로 전 세계에 확산되었다.

요즘은 유튜브, 페이스북, 트위터와 같은 소셜을 네트워크도 영어를 기반으로 하고 아마존이나 이베이 같은 사이트에서 물건을 구입하는 해외직구는 마치 동네 슈퍼에서 물건을 사는 것과 같은 일상적인 일이 되었다. 그뿐만 아니라 현재 길거리를 나가보면 우리는 맥도날드, 코카콜라, 할리우드 영화와 같은 미국 대중문화의 산물을 어디서나 쉽게 볼 수 있고 토익과 토플시험은 취업지망생들의 필수 아이템이 되어 관련된 책들은 성경책 이상으로 많이 팔렸으며 안방에서는 미국 드라마, 쇼, 그리고 노래가 미국 현지시간과 동일하게 인터넷이나 위성 TV를 통해 24시간 중계되어 이제는 미국을 직접 가지 않고도 미국식 생활을 할 수 있는 시대가 되었다. 한편으로 청소년 사이에서 부는 일본 열풍은 만화, 영화, 게임, 노래, 패션, 그리고 드라마를 통해 마니아층을 불러일으킬 정도로 새로운 '팬덤문화'를 창조해냈다. 일본만화 영화의 대부인 '미야자키 하야오' 감독의 영화는 일본의 첨단과학과 예술을 통해 미국의 디즈니랜드처럼 새로운 상상의 세계를 보여 준다.

디지털혁명 이후 글로벌 대중문화의 특징은 인터넷이라는 가상세계에서 가상 삶을 사는 노마드족의 등장, 대형 기획사의 마케팅 전략과 자금력에 의해 완성된 팬덤 아이돌 열풍, 이념보다는 개인의 취향에 의해 행동하는 개인주의 확산은 우리의 안방을 국제화로 만들었고 가족의 개념은 사라진지 오래되었다. 또한 스마트폰으로 연동된 소셜관계가 우선시되는 특성을 가지고 있다. 우려되는 것은 문화가 한 사회를 표방하는 집합적, 역사적, 전통적, 정신적, 그리고 물질적 산물이 아닌 상품이 되어가는 현상과 고유문화의 붕괴이다. 전 세계 어디서나 맥도날드와 코카콜라를 먹으면서 할리우드 영화를 즐길 수 있는 것과 같은 문화의 획일성은 인간이 가지고 있는 창조력과 토착문화의 계승제도를 혼란하게 하는 정체성을 잃게 할 우려가 있다.

1. 홉스테드는 『세계의 문화와 조직(Cultures and Organizations: Software of the Mind』(2010)
에서 공저자 미카엘 밍코프가 세계 가치관 조사 데이터를 분석한 것을 반영하여 여섯 번째 차
원인 응석-절제(Indulgence vs Self-restraint)를 추가하였다. 추후의 연구에서는 원래의 차
원들을 정비하고, 국가 수준과 개인 수준에서의 데이터 분석의 차이점을 소개했다. 다음 자료
를 참고하여, 홉스테드의 문화의 6차원 모형에서 우리나라는 어떤 문화인지 분석하고 다른 나
라(미국)와 비교하여라.

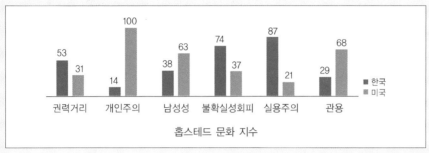

자료: http://geert-hofstede.com/countries.html

2. 2012년 10월 영국 공영방송 BBC가 가수 싸이의 세계진출과 더불어 한국 대중문화의 새로운
가능성에 대해 보도했다. BBC는 '한국의 새로운 문화 수출'이라는 제목으로 "한국이 대중음
악, 드라마, 음식 등의 문화콘텐츠로 새로운 경제적 영향력과 수익을 얻고 있다."고 전했다.
특히 싸이의 '강남스타일'을 언급하며 "싸이는 한국 문화가 미국, 유럽 등의 서구문화에 영
향력을 행사할 수 있음을 보여주었다."고 전했다. 그리고 2013년 10월 '폭스 비즈니스' 온라
인판은 '한국이 싸이와 통화 스와프로 글로벌 경제에 영향력을 거머쥐다'라는 제목의 기사를
보도했다. 이어 "삼성전자, 현대자동차와 같은 기업들이 글로벌 기업으로 자리잡아가고 있는
가운데, 지난 2012년 '강남스타일'의 성공으로 케이팝의 아이콘이 된 싸이를 비롯해 한국 음
식이 한국의 브랜드를 구축하는데 기여하고 있다"는 기사를 게재했다. '폭스'는 "미국 '빌보
드'가 집계한 결과 소녀시대 등의 K팝 아이돌이 연간 34억 달러(약 3조 5,914억 2,000만 원)
의 수익을 냈다."고 밝혔다. 이와 함께 "예전에는 다른 나라로부터 도움을 받던 한국이 최근
인도네시아, 말레이시아 및 아랍에미리트와 통화 스와프를 체결함으로써 이 나라들에 도움을
주는 나라가 되었고, 아시아 지역 내 한국의 영향력이 더 커지게 되었다."며 한국 경제 성장
현황과 한류 열풍의 효과에 대해서 설명하였다.
   ① 한류로 인해 한국의 대중문화는 그 위상이 재평가되면서 세계적인 주목의 대상이 되고
   있다. 한류의 성공적인 요인과 문제점은 무엇인가?
   ② 한 국가의 대중문화를 넘어 보편적으로 수용될 수 있는 글로벌 대중문화의 성립 조건과
   한류문화의 지속적인 발전방안은 무엇인가?

3. 방송, 영화, 음악처럼 대중매체를 통해 생산되는 문화적 산물들이 대중문화의 중요한 요인이
다. 대중매체의 영향력이 커졌다는 것은 대중문화를 즐기는 계층이 넓어졌다는 문화 민주주
의의 의미도 있지만, 다른 측면에서는 대중문화가 이윤 추구를 위한 대중매체의 상품으로 전
락했다는 의미도 있다. 대중매체가 수용자에게 미치는 긍정적인 면과 부정적인 면에 대하여
알아보자.

Part 2

글로벌시대의
미래 전망

4 >>> Chapter
글로벌시대의 경제

유럽 최고의 지성으로 불리는 프랑스 경제학자 '자크 아탈리'는 그의 저서 『미래의 물결』에서 '한국은 2020년 이후 세계경제·정치에 중대한 영향력을 행사할 것으로 예측하였으며, 아시아 변방에서 벗어나 세계를 호령하는 중심국가로 발돋움칠 것'이라고 한국에 대한 미래 전망을 내다보았다. 이제 한국이 미래에 세계 중심국가로 발돋움하기 위해서는 창의성과 혁신성을 중시해야 한다. 이러한 국가로 성장하기 위한 글로벌시대의 경제에 대하여 미래방향을 예상해본다.

1 세계경제

산업혁명은 단순히 인간의 일을 기계가 대신 해주는 인간 삶의 '편의성' 측면에서 이해할 것이 아니다. 경제적 측면으로 보았을 때, 산업혁명은 생산자 중심에서 소비자 중심으로, 가내 수공업에서 기계공업으로, 농업(농노)에서 산업(노동자)으로 바뀌는 일종의 사회변혁운동의 도화선으로 이해해야 할 것이다. 새로운 사회계층과 막대한 자본을 바탕으로 한 자본가의 등장은 이전과는 다른 시장경제체제와 경제 패러다임을 필요로 하였고, 이는 후에 블럭경제6와 글로벌 경제체제를 불러왔다. 이러한 전체적인 흐름과 세계경제 변천과정을 산업혁명 이전과 이후로 나누어 분석평가한 후 이 시대의 경제를 전망하고자 한다.

---

6 블럭경제는 본국과 식민지 또는 동맹국끼리 뭉쳐서 관세 동맹이나 특혜 관세 등을 통해 자기들만 번영하려는 배타적 경제체제이다. 1932년 오타와 회의에서 영연방 각국이 세계경제공황의 대책으로서 특혜제도에 의한 불록을 형성한 것을 시작으로 미국과 프랑스 등 강대국 중심으로 결성되었다. 이런 움직임은 독일과 이탈리아, 일본 등 파시즘 국가의 불록 확보 경쟁을 불러일으켜 제2차 세계대전의 원인이 되었다.

1) 산업혁명 이전

산업혁명은 갑자기 일어난 일시적 사건이 아닌 1760년부터 1860년까지 100여 년 동안 일어난 점진적 사회적 변화이다. 이 기간 동안 가장 큰 변화는 수공업 중심에서 공장제 중심의 혁명적인 '산업변화'이다. 이러한 산업변화는 많은 사회적 변화를 가져왔고 세계는 산업혁명의 소용돌이 속에서 대대적인 사회변화와 새로운 경제 패러다임을 필요로 했다. 산업혁명이 가능하게 된 것은 당시 영국은 식민지를 통해 원료문제와 판매문제를 해결하였고, 대량생산을 위한 공장을 세우고 가동할 수 있는 노동력 확보와 기계 발명이 가능했기 때문이다. 노동력, 자본, 그리고 기술을 바탕으로 한 이 산업혁명이 어떻게 영국에서 시작되었는지 살펴보고자 한다.

(1) 시대적 배경

18세기 서구에서는 인류역사에 획을 그을 만한 영국의 산업혁명, 프랑스의 시민혁명, 그리고 미국의 독립혁명이 있었다. 제2차 세계대전 이후 세계의 맹주로 자리 잡은 미국이 영국의 식민지에서 벗어나 독립하여 국가를 설립한다. 미국의 독립혁명은 세계사를 바꿀 만큼의 주요 사건이었고 평등과 자유를 표방한다. 시민들이 들고 일어선 프랑스 혁명은 전제정치가 폐지되고 국민을 대표하는 입헌주의 등장을 알리는 계기가 되면서 전 세계에 자유사상을 불러 일으켜 억압받던 민족들에게 독립심을 불러 일으켰다. 영국의 산업혁명은 축적된 기술과 자본에 의한 새로운 시장체제를 알리는 서곡이 되었다. 이러한 3대 혁명 중에서 산업혁명은 현재의 우리 사회가 존재할 수 있게 한 초석을 다지는데 중요한 역할을 하였다. 따라서 현재의 글로벌화된 사회를 이해하기 위해서는 산업혁명 이전과 이후의 사회변화에 탐구하는 것이 합리적이다.

당시의 영국의 배경을 다음과 같이 설명하고자 한다.

첫째, 원활한 원료공급과 완제품을 쉽게 팔 수 있는 식민지 시장을 가지고 있었다.

둘째, 인클로저 운동 enclosure으로 지주들이 농경지를 방목장으로 바꾸어 값싼 노동자들을 쉽게 구할 수 있는 환경이 안정된 노동시장이 성립되었다.

셋째, 영국은 청교도혁명과 명예혁명을 통한 입헌 군주제로 인해 유럽의 다른 국가와는 달리 정치적, 사회적으로 안정되면서 경제 활동이 활성화되었다.

넷째, 산업혁명을 일으킬 수 있는 충분한 자금, 시장, 그리고 기술 확보가 되어 유럽의 어떤 나라들보다 유리한 위치에서 산업혁명을 주도할 수 있었다.

다섯째, 당시 '계몽주의'는 신 중심의 세계관에서 인간의 이성에 기초한 근대과학이 발전하게 할 수 있는 계기가 되었다. 이러한 사상의 변화는 사회구조뿐만 아니라 인간의 가치관에도 영향을 미쳐 그동안 형이상학적인 종교와 신학 중심에서 경험과 실험을 중시한 과학과 수학이 발달하였다.

산업혁명은 언급된 바와 같이 순간에 이루어진 일회성 성격을 가진 이벤트성 사건이 아니다. 한 사회 안에서 오랫동안 축척된 문화, 산업, 정치, 사회, 그리고 경제활동의 결과로서 인간의 본능적 행복추구 욕망과 그것을 실현시킬 수 있는 제도의 만남인 것이다. 당시 내부적으로는 혼란스런 사회적으로나 정치적 상황에서 일찍 공화제와 입헌군주제를 실시하면서 사회적 안정을 찾고 대외적으로는 중상주의 사상에 입각해 국가의 부를 위해 식민지에 동인도 회사를 설립한 영국의 식민지 정책은 자금 확보와 시장 확보라는 두 마리 토끼를 잡는 기회가 되었다. 즉 당시의 시대적 흐름이 사상적, 사회적, 그리고 정치적으로 변혁을 요구하는 격동의 시기였고 이런 시기에 산업혁명은 모든 것을 융화시키는 사회적 촉진제가 되었던 것이다.

(2) 산업혁명의 요소

산업혁명이 성공적으로 영국에서 시작된 주요 이유는 학자들마다 중요성에 차이는 있지만 공통적으로 주장하는 요소는 다음과 같다.

첫째, 막대한 자금 축척과 기술 확보이다. 당시 영국은 스페인, 네덜란드, 프랑스 등과 해외 식민지 확보를 위한 치열한 경쟁에서 승자로 자리 잡으면서 상업적 독점권을 가진 동인인도 회사를 통해 원료확보와 시장 확보에 주력하였다. 특히 중상주의 정책에 의해 개인의 지역적 경제활동보다는 국가의 부를 위해 국가의 지원을 받았다. 대규모 자본주의자들의 해외무역 중심의 경제활동은 원료와 시장을 확보하는데 일조하였다. 당시의 시대적 배경을 고려한다면 아무리 좋은 기술과 원료가 있다 할지라도 시장과 국가의 정책적 지원이 없다면 불가능했을 것이다.

둘째, 기술 발달이다. 제임스 와트의 증기기관 개량은 기계 산업 발달에 지대한 영향을 미쳤다. 사람의 손으로 모든 작업을 하던 것이 이제는 기계의 힘으로 대량 생산이 가능해지면서 노동의 방식도 전문화된 분업화가 되어 생산효율성을 높였다. 현재의 산업구조는 산업혁명과 비교하여 더욱 세분화·분업화·전문화되어 이제는 수직계열화[7]에서 융합이나 통섭과 같은 수평계열화[8] 간의 전문화로 발전하였다.

셋째, 교통, 상업, 그리고 지하자원 등과 같은 산업 활동에 필요한 인프라 구축이다. 한 산업이 발달하기 위해서는 자금, 노동, 기계, 교통, 통신, 그리고 정부정책과 같은 인프라가 확보되어야 한다. 산업은 단순히 상품을 제조하는 기계적 행위가 아니라 인간의 경제활동을 촉진하고 지속하게 하는 활동이기 때문이다. 주변의 유럽 국가들이 정치적·사회적 혼란을 겪는 동안 영국은 전제주의를 폐하고 입헌군주제를 실시함으로 정치적 안정을 찾았고 식민지 확보를 통해 자금과 원료를 해결했으며 과학기술의 발달로 방적기, 증기기관, 안정된 에너지 확보 등을 통해 인력 중심의 농업에서 기계 중심의 공업화로 탈바꿈하게 되었다.

넷째, 석탄과 코크스 산업 발달이다. 기계 산업의 특징은 모든 기계들이 철로 만들어 진다는 것이다. 철광석에서 철을 추출하기 위해서는 코크스와 철광석에 열을 가해야 하는데 이때 필요한 것이 석탄이다. 석탄에서 '코크스'를 추출하고 고로에 열을 가하기 위해서 석탄은 필수이다. 당시의 열악한 탄광산업은 많은 문제를 가지고 있었다. 특히 탄광에서 배수문제는 심각하였다. 이를 해결하기 위해 와트는 증기기관을 이용한 배수장치를 만들어 문제를 해결하였다. 안정된 석탄 공급을 통해 제철산업의 발전과 증기의 힘으로 동력을 발생시켜 산업 부흥에 앞장섰다.

(3) 산업혁명의 문제점

산업혁명이 장밋빛 미래만을 제공한 것은 아니었다. 급격한 경제발전이 이루어지

---

7 수직계열화(Vertical Integration)는 A→B→C→로 이어지면서 수직적 구조를 이루는 사업을 전부 하는 것으로서 '다각화(diversification)'가 현재의 사업에 연관되는 사업이나 새로운 사업 분야로 영역을 확장하는 것과는 다르다. 제품 제조에 필요한 원료를 생산하여 제품 판매에 이르기까지 일련의 과정을 전부 다하는 경우, 기초 원료에서 중간 원료를 생산하고, 중간 원료에서 최종 제품을 생산하는 과정을 모두 하는 경우, 원자재나 부품을 공급받아 생산하고 유통경로를 통해 소비자에게 공급하는 경우 등이 대표적인 수직계열화(같은 계열끼리 연계)이다.

8 수평계열화(Horizontal Integration)는 수직적 계열화와는 대조적으로, 주로 생산하는 제품의 생산 및 판매 과정과 별다른 관계가 없는 기업을 계열사로 두는 것을 뜻한다. 예를 들면, 금융업을 주로 하는 기업이 자동차 판매를 주 업무로 하는 기업을 계열사로 두는 것이나, 전자제품을 주로 만드는 기업이 건설 회사를 계열사로 두는 것을 말한다.

면서 많은 문제점들이 드러났다.

첫 번째, 도시인구집중 현상이다. 인클로저 운동enclosure으로 농경지를 잃은 농민들은 일자리를 찾아 도시로 떠나고 농촌은 점차 피폐되고 슬림화되었다. 지주와 자영농은 부를 축적할 수 있는 좋은 기회였지만 농민들은 치열한 경쟁 속에 최악의 환경에서 일을 해야 하는 값싼 '임금 노동자'로 전락하게 되었다. 또한, 상수도, 하수도, 생활 인프라가 충분히 갖추지 못한 상태에서 도시 과밀화 현상이 일어나서 건강 및 안전에 많은 문제가 있었다.

둘째, 계층 간의 대립 과열화이다. 자본주의 이론의 핵심은 개인의 이윤보장이다. 각 개인들은 저마다 최소의 투자로 최대의 이익을 얻기 위해 노력한다. 인클로저 운동과 식민지 확보가 그 좋은 사례이다. 사회가 대량생산 체제로 들어가고 농업이 붕괴되면서 사회는 자본가와 노동자라는 두 계급사회 형태로 자리 잡게 되고 노동력 과잉 공급에 제한된 수요의 시장에서는 당연히 자본가가 사회적 우위를 차지하게 되어 사회는 소위 힘을 가진 '갑'과 계약에 종속되어 노동력을 제공하는 '을'의 사회로 변화되어 갔다. 이에 대한 저항으로 러다이트 운동Luddite Movement과 같은 기계파괴운동, 공동소유, 그리고 계획적인 생산을 주장하는 사회주의와 같은 사상이 발생하였다.

셋째, 환경오염 문제이다. 목재 고갈로 인해 대체 에너지 원료로 사용하던 석탄 사용으로 인해 스모그현상, 대기오염, 탄광난 개발로 인한 폐수문제, 공장의 매연, 도시인구 집중화로 인한 상·하수도와 같은 환경문제가 일어나고 지구온난화 문제의 발단이 될 수 있는 많은 환경오염을 일으켰다.

산업혁명은 단순한 노동집약적에서 자본집약적 사회로 가는 사회변혁을 알리는 신호탄이 되었다. 값싼 노동력과 확보된 시장을 통해 자본가는 이윤을 극대화하고 그에 비례해서 노동자들은 최하의 조건을 감수해야 했다. 경제적·사회적 구조 변화를 가져온 산업혁명은 빛과 그림자의 명암을 가지고 있지만 현대 사회를 있게 한 초석임은 부인할 수 없는 사실이다.

(4) 산업혁명의 결과

산업혁명은 유럽의 한 국가인 영국의 산업만은 영향을 준 것은 아니었다. 유럽을 비롯한 전 세계에 새로운 사회, 경제구조로 바꾸는데 영향을 미쳤고 근대 공업화

발전에 촉진제 역할을 하였다. 도시인구 집중현상으로 발생되는 문제를 해결하기 위한 '사회복지문제', 노동자들의 권익을 위해 자본가들의 횡포와 함께 맞서려는 '노동운동', 그리고 개인의 이윤추구를 상소하는 사본주의에 성응하는 국가개입의 공동경제체제인 '사회주의'가 등장하여 마침내 지구촌은 산업화, 정보화, 자본주의의 근대화를 이루었다.

2) 산업혁명 이후

21세기의 최고의 학자인 엘빈 토플러는 제1의 혁명은 농업혁명, 제2의 혁명은 산업혁명, 제3의 혁명은 지식혁명이라고 했다. 이중 산업혁명이 인간에게 가져다 준 문제점은 빈부격차, 환경문제, 실업자 등이다.

산업혁명 이전시대에서는 길드제도를 통해 숙련된 근로자를 양성하였지만 산업혁명 이후시대는 이윤을 극대화시키기 위해 대량생산, 기계화, 자본 중심, 대형시장, 세계무역, 분업화로 경제체계가 전환되었다. 또한 산업혁명은 환경오염의 중심인 화석연료 에너지를 주원료로 하기 때문에 미래 지향적 입장에서는 제한된 자원과 환경오염은 새로운 대체 에너지개발과 안정된 사회구조를 필요로 하였다.

경제성장의 롤 모델역할을 하던 서구 성장모델은 경제발전과 환경보호라는 상반된 문제를 동시에 해결해야 하는 딜레마에 빠졌고, 경제활동도 독립된 경제활동보다는 주변국가와 힘을 합치는 블록경제 체제로 진화되어 가고 있다. 예를 들면, 중국은 현재 브릭스(브라질·러시아·인도·중국·남아프리카공화국)와 친디아(중국·인도)와 같은 블록경제체제를 이루어 글로벌 경제활동을 활발히 하고 있다. 그러나 내부적으로는 과잉공급에 따른 부동산 버블, 1인당 GDP는 미국에 비해 여전히 낮다는 점, 고령화도 빠르게 진행되고 있다는 점이 한계점으로 지적받고 있다.

2 세계경제의 미래 전망

현대사회의 세계경제는 급격한 기술 발달이 빠르게 가속화되고 있다. 새로운 경제의 미래가 어떤 양상으로 전개되는지 살펴보고자 한다.

1) 세계경제의 미래

글로벌시대의 급격한 발전은 환경문제인 지구온난화, IT 기술인 로봇기술과 생명공학이 불러오는 윤리적 문제, 가상현실 기술로 말미암아 다양한 인격과 새로운 의식변화의 출현, 산업경영 영역의 파괴, 세계적인 빈곤문제, 국제적 테러의 증가, 물과 식량자원의 부족 등의 많은 문제점들을 초래했다.

세계경제의 미래 전망을 보면 다양한 요구들을 원만히 해결하고자 하는 국제사회의 이슈들은 세계경제의 변화에 많은 영향으로 작용할 것이다. 앞으로 세계경제는 수차례 전 세계적으로 경제혼란과 다양한 변화에 직면할 것으로 예측된다. 즉, 기술혁신과 버블현상이 수차례 올 것으로 예상되며 에너지와 관련된 기술혁신들은 새로운 산업의 투자 경제와 금융시장의 혼란 등이 세계정세의 흐름으로 도래할 것이다. 또한 에너지에 이어 로봇과 미래 자동차에서도 로봇 산업은 20세기 초의 철도나 자동차 산업의 혁신과 비교될 정도의 막강한 이슈이기 때문에 경제적으로는 IT 버블 이상의 충격을 가져올 것으로 전망하고 있으며, 이후로도 IT 분야의 제2의 버블로 불릴 만한 가상현실과 유비쿼터스 기술의 혁신적 진보와 투자 열풍도 주의깊게 지켜봐야 할 것이다. 또한 줄기세포 기술로 널리 알려진 바이오기술 분야, 양자역학과 나노기술 산업분야에서의 혁신적 기술의 진보, 새로운 영토인 우주 산업과 이에 따른 금융거품들에 대하여 미래를 예측하였다.

2) 미국경제의 미래

글로벌시대 미국경제의 미래지향적인 가능성을 예측해 볼 때 2030년경에는 중국 대륙의 강력한 경제성장, 고도의 빠른 IT 기술 등의 글로벌 성장의 풍부한 인적자원을 활용한 후진 국가들의 새로운 공동행동의 형성 등으로 글로벌세계의 권력과 부의 영향력으로 인한 미국의 탈중심화 현상이 나타날 것으로 보인다. 군사력 면에서도 중국과 일본이 급격한 부상을 하고 있다. 러시아도 옛 소련의 명성을 되찾기 위해 심혈을 기울이고 있다. 글로벌시대의 미국경제의 미래지향적인 가능성을 예측해 볼 수 있다.

경제학자들은 무역적자와 관련된 현 상황이 경보를 울려야 할 정도로 심각한 실태라는 주장에는 동조하지 않는다. 무엇보다도 미국 시장에 지속적으로 투자를 하고 미국 국민에게 자금을 빌려주고자 하는 외국인의 의지는 오히려 강력한 미국경제에 대한 신뢰를 나타내는 지표라는 주장이다.

글로벌시대에는 시대의 변화에 적응할 수 있는 예방적 도전이 필요할 것이다. 세계 각국들은 의도적으로 보호무역주의로 돌아서게 되며 수출 중심국들의 어려움을 극복해 낼 수 있는 예측 가능한 학문적 연구와 기술을 통해서 탈중심화의 현상을 예방하는 것이 중요하다. 각 나라마다 세계경제는 중요한 분기점을 맞이할 것으로 예상된다.

3) 유럽경제의 미래

세계정세의 미래는 유로존의 금융사태는 중반 정도 밖에 지나지 않은 상황을 맞이하고 있다. 유로존은 금융위기 국가들의 경제적 곤란이 몰려오는 위기 국가들의 국제상환에 대비하기 위해 유럽중앙은행 ECB이 무제한 매입으로 구제할 수 있는 안전판을 마련하여 환원되어지는 부채를 해결할 수 있는 가능성을 보여주려고 노력하였다.

세계화의 경제에서 건실하게 운영되어지는 국가로 평가되는 영국도 GDP 대비 정부부채가 86%에 이르렀다. 프랑스도 GDP 대비 부채가 89%이며, 민간부채는 114%를 넘어서서 우리나라, 포르투갈, 이탈리아, 아일랜드, 그리스, 스페인 국가들처럼 극히 위험한 수준을 보이고 있다. 유로존의 건실한 경제운영을 하고 있는 독일조차도 GDP 대비 정부부채가 81%이고, 민간부채는 107%에 이르렀다. 이처럼 유로존에서 건전한 한 그룹에 속한 국가들마저 위험 수준에 이르고 있기 때문에 PIIGS 국가 재정의 위기인 부채를 떠안으면서 유로존을 위기에서 탈출시킬 수 있는 방안이 모색되어야 할 것이다.

4) 아시아경제의 미래

글로벌시대의 미래학자들의 미래예측 성공률이 점점 높아지고 있는 것은 단순한 통찰력 수준을 벗어나 사회과학적인 예측기법들을 적극 활용하고 컴퓨터의 발달로 시뮬레이션의 정확도가 높아지고 있기 때문이다. 이러한 예측 방법들을 활용해서 아시아 경제의 기본 미래를 예측해 보면 다음과 같다.

글로벌시대는 안정적이고 효과적인 진보와 다양한 문제점들을 예측가능하고 그 문제들을 신속·정확하게 해결하기 위해서는 단극 체제를 희망하게 될 것이다. 그리고 미국을 대신하는 단극 체제의 가장 유력한 후보는 중국이 아니라 '아시아'가 될 것이라고 예측해본다. 특히 앞으로 50년 이내의 미래는 단일 국가의 헤게모니보다는 특정권역의 연합적 단극 체제Unipolar System가 좀 더 현실적일 것이라고 예측해본다. 이러한 글로벌 정세를 '팍스 아시아나 Fax Asiana'의 평화주의를 선호하게 되는 것이다. 이러한 큰 기회가 아시아로 향해 빠른 속도의 변화와 성장으로 다가오고 있지만 빠른 성장은 또 다른 문제를 아시아에서 예측해 볼 수 있는 요인을 분석해야 할 것이다.

이 시대의 금융위기가 전환점을 맞게 된 이후부터 세계경제의 미래향방을 예측할 핵심 요인은 '미국과 중국의 경제전쟁'의 결과가 될 것이다. 수많은 사람들이 글로벌시대의 미국과 중국의 관계가 예전처럼 동반성장의 파트너십으로의 관계를 지속할 것으로 예측해본다.

글로벌시대의 인도는 앞으로 벌어질 미국과 중국의 경쟁구도에서 중요한 가교의 역할로 급부상할 가능성이 매우 크다. 이 시대의 미국은 장기적으로 중국을 견제하고 아시아에 영향력을 넓히기 위해 인도와 관계를 더욱더 돈독히 하게 될 것이며 인도의 시장적 가치를 극대화하여 그 배경을 바탕으로 동반성장의 파트너십을 강화할 것이다. 미래세계는 동남아 지역의 시장경제 성장과 군사적 긴장감이 높아지고 군비의 경쟁이 가장 극심한 지역이 될 것으로 예상되기 때문에 이러한 문제를 미연에 방지할 수 있는 대안분석이 필요하다.

5) 세계경제의 미래 전망

글로벌 경제는 기업과 개인이 세계 어디에서건 제품을 사고 팔 수 있는 글로벌 경제가 중요한 것은 몇 가지 이유가 있다. 윤리적 측면에서 볼 때 우리는 다른 국가의 문화와 교류하면서 서로의 차이점에 대해 관용을 가지게 되고 우리와 그들을 동일한 집단의 일부로서 받아들이게 된다. 세계경제의 미래를 좌우할 중요한 가치는 두 가지다. 하나는 유로존이 근본적인 문제의 방법을 해결하는 시점을 찾는 것이 중요하며, 또 다른 하나는 세계경제의 기본을 찾아가는 미국 경제가 자생적으로 회복되는 시점을 찾는 것이 중요하다. 이 두 가지에 관한 중요한 미래 징후가 발생할 가능성이 클 것이다. 이 시대를 맞이하여 전 세계경제의 방향을 전환하는 것이 중요함을 인식하여야 할 것이다.

글로벌시대의 유로존에서는 금융위기가 전체적으로 드러날 것이며 동시에 유로존 위기에 대응하는 근본적인 해법을 분석하고 이해하는 시기가 될 것이다. 현재 미국과 유로존의 사태의 핵심은 단기적 유동성의 문제가 아니라, 근본적으로 부채가 계속 증가하고 있는 추세이다. 그래서 이 해법은 모라토리엄을 선언하거나 디폴트 처리를 하는 과정에서 부채 원금의 일정량을 탕감해서 근본적으로 부채의 상당 부분을 없애는 것이다. 이 방법의 해법을 이해해야만이 유로존 위기가 해결방향으로 전환될 수 있을 것이다. 이것이 전 세계 위기의 바닥을 확인할 수 있는 핵심적인 레버리지를 하게 할 것이다. 이러한 종합적인 문제의 해법 때문에 글로벌시대의 세계경제가 위기탈출을 하는데 아주 중요한 분기점이 될 것으로 예측한다.

3 한국경제

1) 미군정하 경제원조

국가원조란 경제선진국이 후진국가에 직·간접적으로 화폐 또는 물자를 제공하는 행위를 말한다. 한국은 해방 직후부터 원조를 제공받았는데 원조액은 1970년대 말까지 약 44억 달러에 달한다. 특히 1961년까지는 원조액이 약 30억 달러에 달했으며 1957년에는 한해에 약 4억 달러가 원조로 제공되었다. 원조가 국내경제에 미친 영향은 연평균 GNP의 12% 정도에 해당하는 것이었으며, 연평균 총수입의 73%를 차지하는 막대한 것이었다.

한국에 대한 원조는 시기별로 크게 직접원조기(1945~1961년)와 차관전환기(1962년~)로 구분할 수 있다. 또한 직접원조기는 정부수립전후기와 6·25 전쟁기, 그리고 전후경제복구기 등으로 구분할 수 있다. 원조의 내용에 따라서는 긴급구호원조와 경제부흥원조의 두 종류로도 구분할 수 있다. 미국의 경제원조는 원조물자가 소비재 중심이어서 사회 안정화에는 도움이 되었지만, 궁극적인 경제개발에 큰 도움이 되지는 못했고 또한 잉여농산물로 인하여 우리 농업이 위축된 면도 있다. 이러한 문제점은 1960년대 미국의 원조정책 변화와 맞물려 경제개발계획 추진의 한 원인이 되기도 하였다.

(1) 정부수립 전후 – 6·25 전쟁기

한국의 원조는 해방 직후 미군의 점령지역 행정구호원조GARIOA: Government Appropriations for Relief in Occupied Areas로 시작되었다. 원조의 기본목표는 정치적 불안을 수습하고 통화 남발에 따른 인플레이션 문제를 해결하고 기아와 역병의 방지, 농업생산의 증가, 기본적 소비재의 공급과 함께 초기원조물자의 90% 이상은 가공하지 않고도 즉시로 분배할 수 있는 완제품형태의 품목으로 구성되어 있었다. 원조의 주요 품목은 식량, 석탄, 유류, 기타 소비재 등이었으며, 유일한 생산재라고 할 수 있는 비료 또한 산업적 고려에서가 아니라 식량문제 해결을 위한 것이다.

1948년부터 1951년까지는 유럽 부흥원조 계획 마샬플랜Marshall Plan의 일환으로 제정된 미국의 원조법FAA과 1948년 12월의 「대한민국과 미합중국 간의 원조협정」에 일명 ECA 원조협정 의거해 경제협력처ECA의 원조가 제공되었다. ECA 원조는 장기적인 경제부흥을 목적으로 하였으나 6·25 전쟁으로 중단되고, 미사용분은 미 육군성물자지원SEC 원조로 이관되어 1951~1953년까지 제공되었다.

1950년 북한의 남침으로 시작된 한국 전쟁은 남북한 전역에서 4년 동안 지속됨으로서 양측 모두의 경제 체제와 기반 산업을 붕괴시키는 결과를 가져왔다. 한국 전쟁 직후부터 미국은 휴전 협정 중에 약속한 장기적인 경제 원조를 위해 경제협조 및 한국 재건 등의 이름으로 원조가 시작되었다. 미국에서 제공한 원조 물품은 밀, 설탕, 면화 등 대부분 식량 문제 해결을 위한 농산물 등으로 대한민국의 경제적 상황으로 고려하여 무상으로 공급되었다. 6·25 전쟁기에는 전시긴급구호원조로 UN에 의해 만들어진 한국민간구호계획 CRIK 원조와 UN한국재건단 UNKRA의 원조가 있었다. 한국민간구호계획은 약 4억 5천 7백만, 한국재건단은 약 1억 2천 2백만 달러의 원조를 제공하였다.

1951년 8월 기획처가 유엔한국부흥국 UNKRA: UN Korean Reconstruction Agency에 제출하기 위해 작성한 5개년 계획안과 1953년 8월 국무회의에서 결정된 1954년 7월 이승만 방미 때 미국에 제출하기 위해 작성된 '한국경제부흥 5개년 계획안'은 모두 원조자금을 재원으로 경제성장을 목표로 한 것이었다. 그런데 미국은 한국정부의 경공업 성장 계획을 전혀 받아들이지 않았다. 민간단체인 한미재단은 1952년 미국에서 설립된 비영리 사설단체로 한국 내의 의료, 교육, 후생복지, 주택지원, 전쟁난민에 대한 직업교육 지원, 4H 클럽지원 등의 사업을 전개하였다. 1952년 5월의 '대한민국과 통일사령부간의 경제조정에 관한 협정', 1953년 12월 '경제재건 및 재정안정계획에 관한 합동경제위원회 협약', 1955~1957년 합동경제위원회가 만들어낸 규정 등에서 경제안정론이 그대로 관철되었다. 미국이 이승만정권의 경제 성장 요구를 받아들이지 않은 것은 미국의 대 극동정책으로 자리 잡은 일본 공업화와 맞물려 있었기 때문이었다.

(2) 전후 경제복구기

1951년 7월부터 시작된 한국전쟁의 휴전협정은 UN과 대한민국 측의 협상 대표로 참여한 미국은 공산주의와 최종 협상을 진행하여 1953년 6월 초 가협정을 타결하였는데, 지속적인 전쟁을 주장하던 당시 대통령 이승만은 1953년 6월 18일 남한 내의 반공 포로를 미국과 상의 없이 일방적으로 석방함으로써 휴전 협정 자체를 무산시키고자 하였다. 이에 미국은 휴전에 대한 이승만 전 대통령의 동의를 얻어내기 위해 한미상호방위조약 체결, 한국군의 증강, 장기적인 경제 원조 등을 약속하였으며, 결국 1953년 7월 정식 휴전협정이 체결되고 정전으로 돌입하게 되었다.

미국은 1953년 8월 한국민간구호계획원조, 한국재건단원조 등과의 조정을 위해 유엔군 총사령부 휘하에 경제조정관실 OEC을 설치하고, 대외활동본부 FOA를 포함한 모든 원조를 관리하게 하였다. 실무적으로는 한국민사처 KCAC가 운송, 통신, 공공행정, 전력, 복지사업, 공중위생, 노동, 농촌교도, 철도와 항만 등의 업무를, UNKRA는 산업, 어업, 광업, 주택, 교육 분야를 담당하였다. 주택, 교육 분야에서는 유엔한국부흥국과 한국민사처가 긴밀한 협조체계를 유지하였다. 미국 원조기관이 1955년부터 대외활동본부에서 국제협조처 ICA로 변경되었다. ICA 원조는 FOA 원조를 포함하여 약 17억 달러에 달하는 원조를 제공하였으며, 1953~1961년 사이에 연평균 2억 달러 이상이 도입되었다. 국제협조처 원조는 1957년을 고비로 하여 점차 축소되었다.

1955년 중반 이후 한국에 도입된 미국 원조 가운데 주목되는 것은 잉여농산물 원조였다. 미 공법 제480호(PL480)에 의해 도입된 잉여농산물은 1956~1960년까지 약 1억 5천 7백만 달러의 규모였다. 도입품목은 밀, 보리, 쌀 등의 곡류와 원면이 대부분이었다.

(3) 차관전환기(1962년~)

1961년 케네디 정부는 대외원조법 FAA을 공포하였다. FAA에 의해 국제개발법 AID과 국제평화안전보장법 IPS이 제정되어 경제원조와 군사원조를 구분하되 경제원조에 더 중점을 두는 새로운 원조정책이 탄생하였다.

경제원조 우위의 새로운 원조계획은 종래의 국제협조처 ICA 원조와 개발차관기금 DFL 원조를 개편 통합하여 국제개발처 AID를 탄생시켰다. AID 원조는 무상증여원조 대신에 차관형식 원조에 중점을 두는 방식으로 구체화되었다. 그리하여 1962년부터 우리나라도 AID 원조에 의한 차관원조를 받아 1969년까지 약 6억 4천 5백만 달러를 지원받았다. 한편 이 시기 잉여농산물 원조는 1971년 2천 5백만 달러의 지원을 마지막으로 막을 내렸다.

(4) 미국 원조경제에 미친 영향

미국 원조경제의 긍정적인 영향은 미국에서 무상으로 제공된 농산물들은 1950년대 한국인들의 식량과 기아 문제를 완화시켜 주고 나아가 전후 복구와 대한민국 경제 재건에 원동력이 되었다. 특히 미국에서 제공한 원조 물품들은 밀, 사탕수수,

면화 등 원자재의 형태로 공급되었기 때문에 국내에서는 이를 다시 빵, 설탕, 옷 등 하나의 완제품으로 가공하는 제당, 제분, 면방직 산업이 크게 발달하게 되었는데, 이를 삼백 산업이라 한다. 결국 1950년대 대한민국의 경제는 삼백 산업을 중심으로 하는 소비재 경공업 산업이 이끌게 되었으며, 여기서 발생한 이윤은 전후 재건 사업의 중추적인 역할을 하게 되었다.

미국 원조 경제의 부정적인 영향은 그러나 한·미 합동 경제위원회를 통해 분배되는 원조 물품은 소수의 특정 회사와 공장 등에 불하됨으로서 중소기업의 성장 기반을 막고, 대신 소수의 재벌이 형성되는 토대를 마련하였으며, 그 과정에서 정경유착과 같은 비리가 발생하기도 하였다. 또한 삼백 산업은 원조 물품의 가공이라는 기본 구조를 하고 있는 만큼 원료와 중간재의 해외 의존도가 높아지는 계기가 되었고, 실제 1950년대 말 미국의 무상 원조가 유상 원조로 전환될 때 경제 혼란과 인플레이션을 가져오기도 하였다. 이는 이승만 정부의 몰락을 설명하는 하나의 원인이기도 하였다. 한편 미국에서 들어온 원조 물품 중 대량의 밀과 면화는 국내 밀, 면화 농가에 직접적인 타격을 주어 이들의 몰락을 가져 오게 되었다. 값싸게 공급된 미국산 밀은 한국인의 쌀 수요를 대체하면서 쌀의 하락을 가져와 쌀 생산 농가에 타격을 주었다. 또한 조선시대부터 일종의 화폐로 이용될 만큼 즉, 면포, 군포가 중요했던 면도 원조 물품의 가격 경쟁력에 밀려 재배 농가에 큰 타격을 주었다.

(5) 미 공법 제480호(농산물무역촉진원조법)

미국의 원조 경제와 관련하여 빼놓을 수 없는 것이 바로 미 공법 Public Law 제480호이다. 제2차 세계대전 이후 미국은 대한민국을 비롯한 여러 나라에 미국의 농산물을 지원하고 있었는데, 이와 관련한 사항들을 법제화시킨 것이 1955년 제480호이다. 대한민국도 제480호에 따라 미국의 잉여생산물이 대거 도입되어 한국인들에 대한 식량 공급과 안정화를 꾀하게 되었다. 그러나 미국의 농업 생산물이 무상으로 대거 유입됨에 따라서 국내 관련 농가가 큰 타격을 받아 농업 임금 노동자의 실업률이 올라가고, 도시로의 이주를 압박하는 하나의 요인이 되었다.

미국의 원조는 이승만 정권이 유지되고 한국의 자본주의 경제 체제가 어느 정도 안정되는 데 도움이 되었다. 그러나 원조가 식량을 중심으로 이루어짐으로써 자립적인 농업 발전을 정체시켰고 만성적인 식량 수입국이 되는 문제점이 발생하였다. 미국 잉여 농산물 원조의 핵심이었던 미 공법 제480호에 의한 농산물 원조의 경우 약 2억 3백만 달러어치의 잉여 농산물이 도입되었는데, 이것은 국내의 식량 부족분을 크게 넘어서는 양이었다.

2) 경제개발 5개년 계획

세계경제사에 이름을 올릴 정도로 급격한 경제성장을 이룬 배경에는 1960년 1월 13일 '경제개발 5개년 계획'이 있다. 제2공화국 경제개발 5개년 계획안의 개발 전략은 첫째, 전력 석탄 등 에너지 공급원의 확보와 비료, 시멘트, 정유, 철강 등 수입 대체 산업의 건설과 둘째, 농어촌 개발을 종합적으로 추진, 그 생산력의 증대에 의한 농어촌 소득의 상승과 국민경제의 구조적 불균형 시정, 셋째, 유휴자원의 활용, 특히 유휴 노동력의 생산적 흡수와 토지 등 자원 이용도의 증진, 그리고 마지막으로 도로, 항만, 철도 등 수송력의 확보와 기간산업의 확충 및 사회간접자본의 충족이었다.

이와 같이, 당시 정부는 산업기반의 구축에 중점을 두고 이것을 위해 민간기업 참여를 최대화시키는 방침을 제시한 장기계획을 추진하였다.

표 4-1 경제개발 5개년 계획의 시기별 내용

추진 시기	내 용
제1차 경제개발계획 (1962~1966년)	• 제1차 계획은 성공을 위해서는 부족한 국내저축을 보완할 외자도입이 필요하다고 인식 • 정부는 '외자도입촉진법'을 전면 개정하고 관련 방침 및 법률을 제정하여 공공차관 유치정책을 적극적 실시 • 이 시기에 이루어진 투자의 절반 이상이 외국 자본으로 충당 • 공업부문 발전의 바탕이 되는 석유정제·비료·시멘트 등의 기간산업과 전력·운수 등의 사회간접자본 확충
제2차 경제개발계획 (1967~1971년)	• 제2차 계획 중 외자도입법 정비와 외교노력의 외자도입이 증가 • 그 결과, 연평균 9.7%의 고도성장 달성 • 국제수지 악화 및 대외 의존도 심화 등 부작용 발생

(계속)

추진 시기	내 용
제3차 경제개발계획 (1972~1976년) 및 제4차 경제개발계획 (1977~1981년)	• 중화학공업 건설에 의한 산업구조 고도화가 개발 전략이었던 만큼 왕성한 투자 수요를 만족시키기 위한 해외차입자금 급증 • 해외차입은 지속적 고도경제성장 기반 • 박 대통령 암살, 농작물 흉작, 제2차 석유 파동 등의 국내외적 요인으로 인해 1979년 이후 성장, 외자도입은 지속적 증가 • 대외채무 잔액이 크게 팽창
제5차 경제개발계획 (1982~1986년)	• 고속 성장이 초래한 문제들을 시정하기 위하여 인플레이션 억제, 계층 간의 소득격차 시정, 복지 증지, 민간주도 경제로 전환을 기치로 1984년 이후를 제2의 도약기로 선정 • 다시 높은 성장률 기록 • 이 과정에서 대외채무 잔액이 1985년 말 세계 4위로 468억 달러를 기록하는 등 무거운 채무상환 • 채무위기에 빠진 중남미국가와는 달리 한국은 1986년 채무위기 탈피 • 일관적으로 추진되어 온 수출지향형 성장노선과 1980년 초부터 실시된 안정화 정책, 구조 조정의 정책적 대응이 채무위기의 극복 • 1985년부터 시작된 소위 '3저 현상', 즉 석유가격 저하, 금리 저하, 엔화에 대한 원화 하락 • 경상수지 흑자도 채무위기 극복에 유리한 작용

4 IMF 이후 한국경제의 미래 전망

IMF 자금은 아시아 국가들의 경제구조조정을 위하여도 지원되었는데, 궁극적인 지원 목적은 이들 국가들이 미래에 또 다시 유사한 위기에 봉착하는 것을 방지하는 데 있었다.

한국은 글로벌 위기의 장기화와 한국의 부동산에 대한 정부의 뒤늦은 정책 때문에 가장 늦게 부동산 버블 붕괴의 충격이 발생할 가능성이 크다. 이미 개인사업자까지 포함한 개인 부채의 규모가 이미 1,000조를 넘어섰고 글로벌 위기의 여파로 한국 기업들의 수출이 심하게 타격을 받아 무역수지가 불황형 흑자를 보이기 시작했다. 또한, 국내외로 유동성 공급이 원활하지 않아 한국의 내수시장에서도 '표면적 경기회복'의 효과도 많이 줄어들고 있다. 한국의 경제를 뒷받침하고 있는 수출기업들은 장기간 동안 원유 및 원자재 가격의 상승, 글로벌 경쟁 심화, 요동치는 환율 등 실제적 도전에 직면할 가능성이 높아졌다.

2015년경부터는 중국의 기술력이 한국의 기술력과 동등해지는 수준에 도달하면서 삼성 등과 같은 한국의 기업들이 세계 시장에서 더욱더 치열한 원가경쟁에 빠지게 되면서 매출과 수익률의 급격한 하락을 보일 조짐도 예측된다. 결국, 한국의 기업들은 앞으로도 계속해서 '탈한국화 정책'과 '고용 없는 성장'과 '위험회피'에 주력할 가능성이 큰 것으로 예측된다. 여기에 저출산·고령화로 사회적 구조가 급격하게 바뀌면서 2028년이 되면 한국은 전체 인구의 50% 이상이 55세 이상의 은퇴자들로 채워지게 된다.

2020년 한국경제는 초대형 위기에 직면할 것으로 예측된다. 일명, '한국판 잃어버린 10년'이다. 그동안 한국의 성장을 견인했던 자동차, 반도체, 중화학공업, 조선업, 제조업 등이 성숙기에 들어서서 성장의 한계에 봉착했다. 더 큰 문제는 1.08명에서 1.21명에 불과한 저출산이다. 앞으로 15년 동안 평균 90만 명씩 은퇴하게 되는 1,640명의 1, 2차 베이비붐 세대의 문제와 세계에서 가장 빠른 속도의 초고령화 사회로의 진입, 경제성장률 저하, 종신고용 붕괴, 부동산 버블 붕괴로 말미암아 중산층 소비 위축과 양극화 심화 및 기업도산과 은행 부실 등의 문제가 한국 경제의 미래를 발목잡고 있다.

만약, 다음 정부의 초기에 구조조정의 타이밍을 적절하게 잡는 것에 실패한다면 2016~2018년경에 한국은 제2의 외환위기를 맞을 가능성이 큰 것으로 예측된다. 특히, 한국발 부동산 버블 붕괴의 문제를 어떻게 처리하느냐가 제2의 외환위기 가능성과 관련해서 아주 중요한 분기점이 될 것이다.

글로벌시대의 미국 회복으로 말미암아 막대한 유동성이 시장에 공급되어 글로벌 시장이 호황의 국면으로 전환된다면 고령화로 인한 경제적 충격을 지연시키는 효과가 나타나 일본식의 잃어버린 10년의 시나리오가 현실이 되는 시기를 최대한 늦출 수 있다. 하지만 정부가 정치적 부담을 의식해서 근본적 해결을 시도하지 못한다면 정부와 개인의 빚이 계속 늘어나고 부동산 버블 붕괴가 현실화되면서 제2의 외환위기가 현실화되는 것이다.

1. 우리나라의 국가채무와 복지지출 증가세가 그대로 유지되고, 인구고령화로 복지지출 수요가 더욱 커지면 지금의 PIIGS(포르투갈·이탈리아·아일랜드·그리스·스페인) 국가와 비슷한 재정위기에 이를 가능성이 크다. 이에 대한 방안이 무엇인지 알아보자.

2. 최근 심각한 사회문제로 등장한 대졸 구직자의 고용확대 및 고기술 산업의 일자리 창출을 위해서도 시장개방정책이 필요하다. 2008년 세계경제위기가 발생한 이후 주요국에서 보호주의가 확산되는 추세이다. 보호주의를 하는 경우 양질의 일자리는 줄어들고 오히려 임금수준이 낮은 일자리만 늘어난다. 즉 보호주의는 임금수준이 높은 산업의 고용을 감소시키므로 양질의 일자리 창출을 위해서는 시장개방정책을 추진해야 한다. 보호무역주의에 대한 여러분의 대안은 무엇인가?

5 >>> Chapter
글로벌시대의 경영

1 글로벌시대의 기업경영

이 시대에는 산업발달의 환경 변화에 적응하는 속도, 복잡성, 친근성 또는 가시성에 대한 패턴을 분석하고 해석하여 대응할 수 있는 경영전략을 세우는 기업만이 초일류 기업으로 글로벌 시장에서 성공할 수 있다. 한 조직이 두 개 이상의 사업을 영위하면 기업전략을 수립한다. 기업전략은 최고경영층이 수립하는데, 이는 전체로서의 한 기업이 지속적 경쟁우위를 확보하기 위하여 그 조직이 나아가야 할 방향을 설정하기 위하여 수립된다. 기업경영은 미시적으로는 최소의 투자로 최대의 이익을 기대하며 효율적으로 인적 자원을 활용하는 것이고 거시적으로는 글로벌 경제의 흐름을 읽고 위험에 대비하며 글로벌 시장에서 위치를 확보하는 것이다. 정보교류가 활발하고 교통의 발달로 지구촌이 일일생활권에 들어선 현재의 경영은 풍부한 정보를 바탕으로 한 신속한 결단력과 기업의 특성을 살린 마케팅 전략, 그리고 최고경영자의 경영지침은 변덕스러운 글로벌 시장에서 살아남는 유일한 방법이다. 이 장에서는 글로벌시대의 경제흐름과 함께 기업경영에 대한 경영지식을 탐구하고자 한다.

1) 자본주의

1980년대, 1990년대의 지난 20년을 글로벌 자본주의 시대라고 일부 학자들은 명명하기도 한다. 글로벌 자본주의는 경제위기에 따른 IMF의 관리체제를 경험하면서 한국사회의 모든 경제영역을 뚜렷하게 각인하고 있을 것이다. 이는 글로벌 자본주의의 에이전트임을 자임하고 있는 IMF의 권고와 처방은 경제위기와 관련된 경제변수를 정부, 기업, 금융기관, 노동자 모두에게 글로벌 자본주의의 논리에 맞는 새로운 체계적 사고와 시스템의 합리적인 분석을 요구할 것이다.

국제자본과 흐름의 제도에서 경제적으로 발전되지 못한 많은 국가들은 상대적으로 빈곤한 국가들이며 제한된 경제발전, 낙후된 교육시설, 비효율적 안보, 비능률적 사법체계, 그리고 악화일로를 걷고 있는 환경문제 등으로 특징지을 수 있다. 이러한 문제들이 결합되어 정치적 불안이 생긴다. 이들 국가들이 근본적으로 결핍되어 있는 것은 보다 살기 좋은 환경을 건설하는 데 투자되어야 할 자본이다. 우리는 자본이 서유럽, 북미, 일본 등과 같이 경제적인 선진 지역에 편중되어 있는 반면, 가난한 국가들은 자신들의 미래를 위하여 투자할 자본 자체가 부족한 세계에 살고 있다.

자본을 투자하여 이윤을 추구하는 자본주의 경제체제에는 두 계급이 존재한다. 막대한 자본을 운영하며 생산품과 생산량을 조정하는 유산계급인 자본가와 실제적인 생산 활동에 참가하여 노동력을 제공하는 무산계급인 노동자이다. 산업혁명 이후 경제가 발달하면서 중세부터 경제의 기본이 되었던 봉건주의는 역사 속으로 사라지고, 자본과 노동력에 의해 움직이는 새로운 경제는 존재하는 모든 것을 활용하여 이윤을 추구하는 자본주의를 바탕으로 한 '상업주의'는 이념과 정치적 사상을 뛰어넘어 전 세계를 움직이는 원동력이 되었다.

사회주의를 표방하는 중국이나 공산주의 사상이 국가건립 중심인 북한도 이제는 글로벌 경제시대를 맞이하여 국경과 사상을 뛰어넘어 활발한 경제활동을 위해 노력하고 있다. 1979년 미국과 중공(당시 중국의 이름)의 역사적 수교를 통해 세계는 새로운 정치, 경제 지도를 만들어야 했다. 소련과 더불어 공산주의를 자처하던 중국이 서방세계에 '죽의 장막 bamboo curtain'을 걷음으로 값싼 노동력을 바탕으로 한 중국제품은 국제시장에서 우위를 차지하게 되었고, 제2차 세계대전 이후 미국은 막대한 자본과 함께 국제적 위상을 통해 국제시장에서 중요역할을 맡게 되었다. 그러나 이념전쟁이 끝나고 냉전시대가 종결되면서 세계는 치열한 경제 전쟁을 치르게 된다.

선진공업국 간의 경제정책과 협력강화를 위한 선진국들의 모임인 G7 World Economic Conference of the 7 Western Industrial Countries은 세계경제 다극화 정책에 의해 G20,

BRICS(브라질·러시아·인도·중국·남아프리카공화국), 그리고 막대한 노동력과 시장을 가지고 있는 중국과 인도의 경제블럭 친디아와 같이 같은 목적을 가지고 경제활동을 하는 회원국 간의 폐쇄적인 경제가 주를 이루었다. 하지만 인간의 경제활동 욕구를 막지 못하여 전 세계를 시장으로 하는 '글로벌 경제'가 탄생이 되고 이를 현실적으로 가능하게 해준 것은 정보통신과 교통의 발달 덕분이다.

21세기 글로벌 경제의 핵심은 아마도 세계 금융시장의 중심인 미국의 월스트리트에서 시작되고 끝이 나는 것 같다. 대표적인 국제신용평가 기관인 무디스, 스탠다드 앤드 푸어스, 그리고 피치는 미국회사이고 국제 간의 금융결제를 할 때 기준이 되는 '기축통화 Key Currency'는 영국의 파운드와 함께 미국의 달러가 사용되고 있다. 또한 세계경제 향방을 좌우할 수 있는 막강한 힘을 가지고 있는 미국 연방준비제도 Federal Reserve System는 세계금융의 금리까지 결정할 수 있을 정도로 영향력을 가지고 있다. 근대산업을 일으키는데 원동력이 된 산업혁명을 주도한 영국, 자본주의 경제체제 속에서 세계경제에 지대한 영향을 끼치고 있는 미국, 그리고 회원 간의 상호협조 경제를 위해 폐쇄적이고 제한된 경제활동을 하는 블럭경제는 '지적 가치'를 노동력 가치보다 우선시하는 글로벌 자본주의가 양산한 경제 산물이다.

자본주의라는 생산양식을 구축하는 불변의 구조적인 활동 원칙을 달성하기 위해 자본주의의 재구조화는 끊임없이 이어져 왔으며 이제 자본이 맺고 있는 관계의 범위가 전 세계로 확대되며 새로운 형태의 발전양식이 만들어지고 있는 것이다.

2) 금융시장

스코틀랜드 출신 정치경제학자 애덤 스미스 Adam Smith, 1723~1790와 잉글랜드 출신 경제학자 리카르도 David Ricardo, 1772~1823의 저서를 그 뿌리로 하여 발전해 온 국제무역에 대한 자유주의적 관점은 정부의 개입을 배제한 상태에서 국제무역에 참가한 모든 국가에 교역의 이익이 동시적으로 발생함을 강조하고 있다. 애덤 스미스가 자유무역을 주창한 이래 지난 2백여 년 동안 세계 교역 규모는 엄청나게 증가해 왔으나, 그렇다고 각국의 정부들이 자유무역에의 개입을 폐지하라는 자유주의 경제학자들의 조언을 그대로 수용해 온 것은 아니었다.

자본주의 원동력이 되는 자본은 금융시장을 통해 모든 거래가 이루어진다. 일반적으로 금융시장은 인간의 경제활동에서 산소가 풍부한 혈액을 온 몸에 전달하는 동맥과도 같은 역할을 한다고 볼 수 있다. 기업의 원만한 경제활동을 지원하고 금리를 결정하며 투자자와 기업가를 연결시켜주는 금융시장은 이제 한 국가의 산업의 흥망성쇠를 결정할 정도의 막대한 자금력과 운영능력을 가지고 있다. 환율 및 단기, 장기, 파생상품 등 다양한 금융서비스를 제공하는 대표적인 금융 시장은 미국의 월가, 영국런던의 롬바드가 유명하다. 세계금융시장의 안정과 환율안정을 위해 국제기구로써 국제통화기금과 국제부흥개발은행 IBRD: International Bank for Reconstruction and Development이 있다.

글로벌 금융투자시장은 살아 있는 생물처럼 변화하고 진화한다. 투자자의 원금과 이자를 전부 보존해주는 '금고형 은행'이 아닌 위험부담 투자형이기 때문에 투자자는 스스로 자신의 자산을 지켜야 한다. 변화하는 사회에 맞춰 제공되는 상품이 수시로 변하고 정부중심에서 자유경쟁을 통한 치열한 경쟁을 해야 하는 글로벌 금융투자 시장은 환경에 따라 투자지역 다변화 현상이 생기고 한 국가의 금융문제가 도미노처럼 다른 국가에 영향을 미치기 때문에 국가 간의 글로벌 공조가필요하다. 오랫동안 금융시장에서 성장하던 투자은행이나 자산운용 관련 업계도장기적으로 상당한 위축과 변화가 불가피할 것으로 보인다. 그러면서 점차 기업을 중심으로 하는 고용, 투자, 생산, 소비, 저축 등의 실질적인 경제운용의 기운은 점진적으로 번져 나갈 것으로 보인다.

3) 무역관계

국제무역의 사회적 파장이 다양하기 때문에 무역과 관련된 각종 정책의 목표와가치 사이에는 필연적으로 갈등이 발생하게 된다. 그 결과 개인과 정부는 국제무역의 다각적인 영향력이라든지 정부 정책 목표 사이의 상충관계 또는 개인과 정부의 행동에 우월적인 영향력을 행사하고자 경쟁하는 다양한 가치체계들이 초래한 딜레마에 직면하게 된다.

국제무역은 국가 간 상거래이기 때문에 국가 간의 이해관계에 따라 국제분쟁이발생할 수 있다. 예를 들면, 자국의 낮은 노동임금을 바탕으로 수출할 때 다른 국가 보다 낮은 가격에 팔아 문제가 발생되는 덤핑, 자국의 경쟁력을 강화시키기 위해서 환시세를 절하하여 자국 상품의 대외경쟁력을 강화시키는 환덤핑, 관세 이외의 방법으로 정부가 자국 생산품을 보호하기 위해 외국상품의 수입을 억제시키기 위한 비관세 장벽인 국제무역에서 자국의 상품이 우위를 차지하기 위해 국가가 기업에 제공하는 보조금 그리고, 국적을 달리하는 국가 간에 경쟁제한을 목적으로 담합하는 국제카르텔과 같은 문제에 봉착하게 된다. 2차 세계대전 이후 이러한 문제들을 바로잡기 위해 국가 간의 논의가 활성화 되고 국제무역기구 설립에 관한 여러 의견에 제시되었지만 1947 제네바에서 관세 및 무역에 관한 일반협정 GATT: General Agreement on Tariffs and Trade을 통해 관세, 보조금철폐, 수출입 제한폐지, 지적재산권, 그리고 분쟁해결을 위한 규범 등을 합의하였다.

또한 국제무역에서 관세장벽을 허무는 '자유무역협정'은 서로의 이해관계가 맞는 국가 간 협약을 통해 상호이익을 도모한다. 한국은 이미 중남미 시장 확보를 위해 칠레(2004)와 급속한 경제 성장을 거듭하고 있는 브라질·러시아·인도·중국 등 신흥 경제 4국의 시장을 위해 인도(2010)와 북미시장을 위한 미국(2012)과 배타적인 무역특혜를 서로 부여하는 협정을 맺었다. 1994년 그동안 국제무역을 통괄해 오던 '관세 및 무역에 관한 일반협정'을 대신하여 세계무역기구가 설립되어 원활한 국제무역을 보장하고 분쟁을 해결하기 위해 회원국 간의 다각적인 협의를 통해 운영되고 있다. 이는 이전과 달리 막강한 법적구속력으로 가지고 있는 새로운 무역기구의 출현으로 하여금 국제무역이 총알 없는 전쟁과 같다는 것을 단적으로 보여주고 있다.

국가의 자유로운 무역이 서로에게 도움을 주려면 국가 간 경제력의 격차가 크지 않아야 하고, 국제금융 시장의 활성화가 각국에게 제대로 도움을 주려면 서로의 투자능력이나 저축 수준이 비슷한 경우에 상생하는 결과를 가져올 수 있다. 지금 그리스의 현실만 보아도 독일이나 프랑스와 너무도 다른 경제력 수준 때문에 도우려고 해도 돕기 어려운 난맥상을 보여주고 있다.

시장의 관점에서 볼 때, 이웃 국가는 잠재적인 고객이지만 동시에 잠재적인 적이기도 하다. 국가는 무역을 통해 얻을 수 있는 이득을 절대적인 기준으로만 평가할 것이 아니라, 상대적인 관점에서도 평가해야 한다. 이런 이유로 국가는 국제무역의 분배 효과에 관심을 기울여야 하며, 교역상대국의 선택에도 신중을 기해야

표 5-1 우리나라 대표 글로벌 기업의 실적 (단위: 억원)

비 고	매 출		순이익	
	2009	2011	2009	2011
삼성전자	89조 7,728	165조	9조 6,459	13조 3,592
현대자동차	31조 8,593	77조 7,979	2조 9,615	8조 1,049

자료: 한국신용정보(2012). 상장, 코스닥 기업분석. 재인용.

한다. 또한 특정국가와의 교역을 촉진하는 반면 특정국가와의 교역은 자제해야 한다.

너무 커지고 있는 이 시대의 한국 기업들이 등장해 새로운 변모를 더해 가고 있다. 우리나라 대표적인 글로벌기업은 미래경영을 분석하여 해석할 수 있는 기업분할 전략이 필요하다(**표 5-1**). 기업경영의 업체로는 삼성전자, 현대자동차 사이에 기획하고 분석하여 실행할 수 있는 방법을 찾아가는 것이 중요하다. 세계화는 무역과 금융의 발전에 기여한 공로를 보아서도 지나친 자연훼손이나 국가 간 예속, 독점 자본의 폐해 등으로 많은 나라에서 반세계화 투쟁을 불러오고 있지만, 이제 세계는 하나로 통합해야 한다는 논리는 향후에 근거리의 국가들끼리 새로운 지역 간 긴밀하고 유기적인 협력의 논의를 활발하게 만드는 단초를 제공한 것으로 볼 수 있다. 미국에 대한 패권주의 논의와도 궤를 같이하면서 중국, 한국 등 아시아 국가의 글로벌리더십 강화와도 맥을 같이하는 문제로서, 이 시대의 문제라고 제기된 유럽연합의 교훈을 반영한 보다 효과적인 지역 협력국가의 등장을 가져오는 새로운 국가 간 질서의 재편을 암시하는 원인의 행위로 볼 수 있다.

4) 사회적 가치

자본주의 핵심은 '자본'이다. 모든 것의 존재하는 이유가 '자본'으로 해석되기 때문에 사회적 성공을 한 사람이라면 거대한 자본가로 성공한 사람을 의미한다. 최근 삼성그룹에서 대학총장 추천제를 실시하였으나 중도에 포기한 것은 대학들과 여론의 심각한 반발에 의한 것이었다. 영리단체인 기업이 비영리단체인 교육기관을 서열화시키고 대학을 학문의 전당이 아닌 취업을 위한 '기술자양성소' 정도로 여기는 기업의 인식에 반발한 것이다.

현재 한국 사회는 선진국 도약을 위한 경제활동과 다문화 가정을 통한 사회구조변화가 일어나고 있다. 예전에 당연하게 여겨진 것들이 이제는 사라지거나 다른 시각으로 바라보며 기업에 대한 인식도 영리목적보다는 사회의 취약계층을 돕기 위한 일자리를 제공하거나 지역발전과 공익을 위한 기업의 사회적 활동을 하는 '사회적 기업'이 늘어나고 있다. 자본주의적 사고인 개인주의보다는 사회주의적 사고가 일반화되어 가는 것은 서로의 존재를 인정하고 상호협동만이 치열한 경쟁에서 공존하는 유일한 방법임을 깨달았기 때문이다. 이러한 시각은 미시적으로는 지역사회의 사회구조와 기업의 사회적 책임에 대한 인식이 높아지고 거시적으로는 국제사회가 환경과 경제를 근간으로 하나의 사회로 연계되기 때문에 기업의 사회적 역할이 중시되기 때문이다.

그동안 산업발달이란 미명으로 때로는 영리목적으로 한 경제활동으로 우리는 타인에 대한 배려가 없을 뿐만 아니라 사회적 공동책임 의식을 전혀 느끼지 못했다. 하지만 현재 사회구성원들의 인식의 변화와 글로벌시대의 사회구조변화로 인해 '지구는 하나'라는 생각이 일반화되어 공동체 의식 또는 사회적 가치에 많은 관심을 갖게 되었다. 공익을 생각하는 사회적 가치는 이제 전 사회적 인식변화운동으로 자리 잡고 사회적 기업이 활성화되어갈 때 한국 사회는 소외계층과 빈민계층은 물론 전 구성원들이 하나가 되는 원동력이 될 것이다.

5) 기업경영

글로벌시대의 기업경영은 국제적인 경영 마인드와 급변하는 시대흐름에 맞는 스피디한 전략에 의존하게 된다. 근본적인 기업경영과 성장을 위한 요인들에 관하여 살펴보고, 이에 따른 기업경영의 미래에 대하여 예측해 보고자 한다.

(1) 기업성장

기업성장을 눈으로 확인할 수 있는 지표는 아마도 기업의 손익관계, 자금의 흐름 그리고 자금변동을 나타내는 재무제표일 것이다. 영리를 목적으로 하는 기업의 특성상 최소의 투자로 최대의 결과를 창출하려는 특성을 가지고 있다. 따라서 기업이 성장하기 위해서는 시장의 흐름을 읽고 그에 대응하는 전략이 신속하게 이루어져야 하며 인재양성과 연구개발에 비용을 아끼서는 안 될 것이다. 「The Global Innovation 1000: Top 20 R&D Spenders」(2005~2013)에 의하면 세계 최대 연구개발투자는 미국을 비롯한 유럽 국가들이 1위를 차지하였고 한국은 삼성만이 2005년 17위에서 2013년 2위를 차지하였다. 이렇듯 기업의 성장은 투자한 만큼 온다고 한다.

다시 말해, 삼성이 세계일류기업으로 자리 잡게 된 것은 이와 같은 과감한 투자가 있었기 때문이고 미국의 인텔, 마이크로소프트, 그리고 IBM이 계속 업계에서 우위를 차지하는 것도 꾸준한 연구개발에 힘썼기 때문이다. 글로벌 시장에서 기업이 도태되지 않고 살아남기 위해서는 성장을 위한 각고의 노력이 필요로 한다. 기업가인 스티븐 잡스와 같은 CEO는 기업의 인적 자원을 적절히 효율적으로 활용하는 인적자원개발과 혁신적 전략을 통해 제품의 시장 확보를 확고히 현실화시켜 연구개발을 하였다. 이를 통해 시장에서 필요로 하는 '애플'의 아이폰과 아이패드와 같은 생산품을 제공한 것이다. 기업은 현재보다는 미래 목표 지향적 특성을 가지고 있어야 한다. 기업은 단순히 소수의 사유물이 아닌 한 사회를 지탱하고 경제적 흐름을 주도하는 중추적인 역할을 하기 때문이다. 따라서 기업성장은 건강한 사회를 지속케 하는 근간이 된다.

(2) 경영논리

가치딜레마라는 것은 분배효과에 대한 다양한 관점 이상의 것을 내포하고 있다. 미국 경제계가 외국 기업과의 경쟁에 대처하여 자국 기업의 생산비용을 낮추기 위해 시작한 경쟁력에 관한 논의는 교역이라는 개념이 서로 다른 사회적 가치를 어떻게 저해하는지를 보여준다. 예를 들어 연공서열제나 성차별금지법 등이 폐지되면 기업 입장에서는 노동자의 해고가 잦음으로 비용을 감축하는 요인으로 되었다.

경제 논리에서는 성장과 분배의 이분법적 구분이 오래전부터 극단의 대치를 이루고 있다. 그러나 성장을 주장하는 입장은 성장의 논지를 꺾지 않을 태세이고, 분배를 외치는 입장 역시 변함없는 가치로 믿으며 성장 위주의 경제운용의 문제를 혁신하고자 대응하고 있다. 이윤추구를 위해 설립된 기업은 효율성을 위해 보통 소유와 경영을 분리하는 것이 일반적이지만 주주를 대신하여 경영을 맡은 내부 경영자들이 자신의 성과를 극대화하기 위해 미래의 투자나 개발을 소홀히 하고 당장에 성과를 낼 수 있는 사업에 투자하여 단시간에 최대효과를 내려는 결과 중심의 경영을 하게 된다는 것이다. 예를 들면, 인수합병(M&A) 또는 자산인수 후 매각(A&D)같은 경영전략이다. 단기적으로 성과를 내려면 당연히 위험률은 높지만 책임은 대체적으로 소액 투자자들이 지게 되어 경영자의 도덕불감증에 대한 문제는 사회문제로 부각되었다. 이와 같이 단기적으로 성과를 내려면 당연히 위험을 높여야 하고 미래를 위한 투자는 소홀히 하게 된다. 요즘 미국과 유럽의 경제위기 처방도 모두 단기업적 위주의 정책이라 매일 막대한 자금의 지출로 인해 다음 세대가 겪을 인플레이현상, 저축 감소, 생산원가 압박 등의 문제가 발생하게 된다. 오늘날 글로벌 환경에서 경영자들이 직면하는 네 가지 도전은 다음과 같다.

첫째, 경쟁우위를 확보해야 한다.
둘째, 윤리와 사회적 책임표준을 준수해야 한다,
셋째, 다양한 노동자들을 관리해야 한다.
넷째, 정보기술과 전자상거래를 활용해야 한다.

이러한 배경을 가지고 경영자들의 경영세계는 점차 단기 업적주의에서 벗어나 장기성장을 안정적으로 도전하는 지혜를 모으게 될 것으로 보인다.

(3) 원자재 가치

글로벌 시장에서 원자재란 단순한 제품을 만들기 위한 원료가 아니라 때로는 상대국을 위협하는 '무기'로 사용될 수 있다. 1974년과 1978년의 석유파동은 중동국가(아랍)들의 이스라엘과 전쟁을 하면서 석유를 무기화시켜 전 세계경제는 혼란을 겪어야 했다.

원자재는 산업발달과 더불어 가격의 차이가 변동된다. 중국을 비롯한 중동국가에서 건설 붐이 일어나면서 철강가격 인상과 시멘트 품귀현상을 한국은 노태우 정부 때 주택 200만 호 건설공약으로 인해 건축자재 품귀현상을 일으켰다. 원칙적으로는 수요와 공급의 원칙에 의해 원자재 가격이 결정되지만 때로는 정치적 외교적문제로 원자재는 돈을 주고도 살 수 없는 무기로 변한다. 냉전시대가 끝난 지금은 소리 없는 경제, 외교 전쟁이 벌어지고 있다. 좋은 원자재, 인재, 그리고 자금 확보는 기업이나 국가가 치열한 경쟁에서 살아남기 위한 유일한 도구이다. 특히 원자재의 경우에는 자연이 주는 천혜의 선물로써 각 국가 간 치열한 원자재 확보에 앞서고 있다.

아프리카와 같은 제 3세계에 막대한 자원투자를 하는 유럽과 중국, 그리고 확보한 자원을 고가의 물건으로 재생산하는 기술선진국의 틈바구니에서 살아남기 위해서는 안정된 원자재확보가 필요하다.

기업의 진정한 경쟁력 강화를 위한다면 재무투자의 수요를 부추기기보다는 생산자의 원가요소의 물가안정이 더 중요하다. 원자재 가격의 안정여부가 경기흐름을 결정적으로 좌우하는 것은 물론 기업의 경영실적도 원자재 가격의 변동에서 자유롭지 못하다. 이 보다 더 큰 문제는 원자재 보유국들이 점차 제조업 생산국으로 변신해 가면서 원자재 가격의 결정권을 갖게 된다는 것이다. 또한 원자재가 단순히 상품을 제조하는 경제적 가치를 지닌 원료가 아닌 전략적 외교적 압력을 가할 수 있는 도구로 발전되었다는 것이다. 예를 들면, 중국과 일본의 영토 갈등 문제 때 중국이 희소 금속류인 '희토류'[9] 수출금지를 하겠다고 압박하여 억류되었던 중국인 선장을 석방하게 한 사건이 있었다. 이미 중국이 대형 생산국으로 원자재 가격 불안의 주요 변수로 등장해 있지만, 이에 가세해 새로운 개도국들이 지속적인 원자재 수요를 자극해 기업 경영의 최대 변수로 작용할 전망이다.

2 경영전략

1) 경영방법

대부분의 조직은 오늘날 장기적 성장과 성공을 하기 위한 경영방법의 중요성을 인식하고 있다. 최고경영층은 그들 조직의 사명을 보다 정확하게 정의함으로써 조직이 나아가야 할 방향을 뚜렷하게 제시할 수 있게 되었다. 조직의 목적을 달성

---

9 '희토류'란 멘델레예프 원소의 주기율표에서 제3족에 해당되는 스칸듐, 이트륨과 원자 번호 57에서 71까지의 란탄 계열의 15원 소를 합친 총 17개의 원소를 의미한다. 사실 우리 생활 곳곳에 퍼져있는 것이 바로 '희토류'이다. 우리가 쓰고 있는 컴퓨터, 그리고 사람들이 손을 떼지 못하는 스마트폰, 이 모든 것에 없어서는 안 될 요소가 바로 '희토류'이다.

할 계획과 활동을 더욱 효과적으로 집중할 수 있게 되었음을 인정하는 것이다. 경영방법이 경영자들에 중요한 또 다른 이유는 기업경영에 영향을 미치는 불확실한 환경의 급속한 변화에 준비하고 대처할 능력을 부여한다는 것이다. 이것은 조직성과에 차이를 가져오며 조직의 성격 때문에 중요하다.

(1) 벤치마킹

벤치마킹 Bench Marking은 경영실적이 좋은 상대 기업을 분석 평가하여 상대의 경영방식을 자신의 기업의 성장에 적용시키려는 경영기법이다. 글로벌시대는 전 세계가 시장이기 때문에 지역적인 특성과 경영방식으로는 경쟁에서 살아남기 힘들다. 거대 모회사를 둔 다국적 자회사들은 막강한 자금과 혁신적 경영기법으로 지역회사와 경쟁하는 것은 마치 다윗과 골리앗이 싸우는 것과 같기 때문에 경쟁에서 우위를 차지하기 위해서는 벤치마킹을 통해 '성공기업의 DNA'를 분석하여 성공의 확률을 높여야 한다. 최근 회사 간의 상호교류를 통해 자신들의 성공 노하우를 주고받거나 전문 경영단체를 통해 수집된 데이터를 통해 경영 멘토를 확보하는 일이 많다. 글로벌시대에서는 상대와 경쟁적 갈등을 일으키는 것보다는 상호공존을 통해 경쟁에서 살아남는 것이 더 효율적이기 때문에 벤치마킹은 글로벌시대의 기업들이 최소의 투자로 최대의 효과를 기대할 수 있는 생존전략 중 하나이다.

(2) 아웃소싱

아웃소싱 Global Outsoursing은 산업혁명이후 분업화 되어가는 산업에서 고도의 전문화 되어가는 산업에서 자연히 발생되는 산업의 진화과정의 한 부분이다. 전문화된 인력을 상시 고용하지 않고 필요한 경우에만 고용함으로 인건비를 줄이고 고급인력을 필요한 시간만큼 원하는 목적에 자유스럽게 활용하며 전체 프로젝트에서 필요한 파트만 위탁함으로 기업은 운영의 효율성을 최대화할 수 있다. 아웃소싱의 영역은 이미 제조업뿐만 아니라 회계, 법률, 그리고 경영기획과 같은 '경영 전략성 사업'에도 확장되어 있고 국경을 넘어 어느 곳에서나 수주가 가능하기 때문에 글로벌시장에서 없어서는 안 될 주요 경영방식이다. 이는 중요 핵심적 업무만 처리하고 나머지는 아웃소싱에 의지함으로 비용과 시간을 아끼고 업무의 질을 높임으로 생산성 있는 결과를 기대할 수 있다.

글로벌 아웃소싱이란 글로벌 기업이 되기 위한 첫 단계로서 제품생산에 필요한 일부의 자재, 부품, 노동, 서비스를 위국으로부터 구매하는 것을 말한다. 이는 비용이 가장 저렴한 나라에서 활동이 수행되기 때문에 노동의 국제 분업이라고도 한다. 이는 비용절감을 통한 경쟁력강화를 목적으로 한다. 예를 들면, 장난감, 구두, 전자제품, 가구, 의복 등을 판매하는 기업은 글로벌 아웃소싱을 사용한다. 오늘날 중국은 글로벌 아웃소싱의 목적지가 되어 세계를 위한 공장이 되었다.

(3) 다운사이징

다운사이징 Downsizing은 양보다 질을 생각하는 기업운영방식을 의미한다. 즉 구조조정을 통해 필요 없는 부서와 비효율적인 운영방식을 개선하여 최소의 투자로 최대의 효과를 얻으려는 경영방식이다. 경기가 어려울 때 기업측면에서는 되도록 인력과 비용을 줄이거나 현재 존재하는 부서 중 비효율적이고 비생산적인 부서를 폐쇄함으로 경쟁에서 살아남을 수 있는 자금과 최소인력만 확보하게 된다.

불경기에서 기업의 1차 목적은 이윤창출보다는 존재여부가 관건이기 때문에 다운사이징은 기업의 마지막 출구전략 중 하나로 볼 수 있다.

(4) 비지니스 프로세스 리언지니어링

비지니스 프로세스 리언지니어링 Business Process Reengineering은 정보·통신 처리기술을 활용하여 컴퓨터와 텔레커뮤니케이션에 의해 제공되는 프로세스를 업무의 흐름과 혁신적으로 개선하고자 시도되는 경영전략을 말한다. 리언지니어링은 산업혁명 이래 아담 스미스가 『국부론』을 통해서 보여준 패러다임에 근거한 모든 가정들, 즉 노동의 분업, 규모의 경제, 계층적 통제 등을 거부하는 혁명적인 사고의 전환이다. 사업과정을 위한 업무 재설계를 의미하는 '비즈니스 프로세스 리엔지니어링'은 기업의 작업과정과 흐름을 새로운 관점과 접근으로 기업경영성을 재설계하고 분석하는 경영전략의 하나이다.

⑸ 슬로우 머니

슬로우 머니Slow Money는 스마트폰과 소셜 라이프로 국경 없는 사회가 된 이 시대에는 모든 것이 빛의 속도로 빨라져 대량생산과 이익을 극대화하는 투기성 투자에 익숙해져 있다. 인터넷이나 홈쇼핑을 통해 상품을 구매하는 속도는 '찰나'가 되었고 구매력을 자극하는 광고의 홍수 속에서 현대인이 생각하는 돈의 개념은 '소비'를 원활히 시켜주는 도구로 인식하고 있다.

이러한 사고방식은 황금만능주의 사고와 함께 사람들 간의 관계성유지보다는 없이 이익을 근간으로 한 관계 때문에 사회에서 인정은 메말라가고 상업주의만 팽배한 것이 사실이다. 하루에도 엄청난 돈이 투자목적으로 거래가 되고 있고 우리의 식탁은 정성을 중요시 여기는 전통음식보다는 속도에 중점을 둔 패스트푸드에 익숙해져 있다.

급작스런 생체적 경제적 변화는 사회구조와 사람들의 몸과 인식을 바꿔어 놓았고 '현대병'이라는 불치병이 만연케 했다. 이에 건강과 영양을 중시하며 지역전통과 문화를 살리며 생체적 경제적 다양성을 포함하는 '슬로우 푸드' 운동이 1986년 이탈리아에서 일어났고 이것을 지원하기 위해 '슬로우 머니' 운동이 일어났다. 인간이 감당하기엔 너무 커버린 기업, 빠른 자금흐름, 그리고 복잡한 자금구조에 해방되어 슬로우 푸드를 가능할 수 있게 하는 농장과 연관된 사업에 투자함으로써 자연에게 우리가 받은 것을 돌려주고자 하는 운동이다. 우리의 경제개념을 바닥서부터 완전히 재개념화시키려는 슬로우 머니의 특성은 다음을 보면 쉽게 알 수 있다.

글로벌시대에 환경과 경제문제는 한 국가만의 문제가 아닌 전 세계가 관심을 가져야 하는 특성화된 문제이기 때문에 슬로우 머니 운동도 미국의 작은 마을에서 시작되었지만 이제는 전 세계의 관심을 받는 운동으로 성장했다.

2) 경영전략

경영전략의 개념은 기업의 사명과 목표를 달성하고 환경과의 관계를 관리하고 경쟁우위를 확보하기 위하여 전략을 수립하고 실행하는 과정이라고 정의한다. 따라서 전략경영은 장기계획 또는 전략계획보다 넓은 의미이다. 전략경영은 단순한

계획은 물론 실행과 관리를 포함할 뿐만 아니라 전략계획보다 폭넓게 환경 분석을 실시하는 것이다. 환경은 꾸준히 변하는 것이므로 전략경영이 중요하고 복잡한 것이다.

(1) 가치창출

IMF 사태 이후 기업에 대한 인식이 달라지기 시작하였다. 그동안 철밥통으로 여겨졌던 자리를 잃고 나서 근로자들은 직장에 대한 신뢰와 믿음이 사라지고 살아남기 위해서는 회사보다는 자신의 미래를 먼저 생각하는 태도를 갖게 되었다. 입사하기 전에 지원 회사에 대한 충분한 사전조사와 함께 사회에서 필요한 스펙을 갖추기 위해, 대학을 취업을 위한 단계로 여겨지기 시작하면서 SKY라고 불리는 명문대 입학과 동시에 토익, 토플을 위한 단기영어 연수, 그리고 면접과 이력서 작성에 관한 전문 학원과 과외가 성행하기 시작하였다. 또한 한 나라의 경제를 지탱해주는 중산층의 몰락으로 가계경제는 활력을 잃게 되고 소비가 줄어들면서 내수산업은 쇠태를 거듭하게 되어 글로벌시장에서 설자리를 잃게 되었다. 그동안 워크아웃과 혁신경영으로 절약과 효율성을 근간으로 재기를 꿈꾸던 많은 기업들이 꿈을 펼쳐보지도 못하고 문을 닫는가 하면 영원히 존재할 것 같은 많은 세계적 대기업들이 조용히 역사 속에 사라져갔다. 그뿐만 아니라 투자 제1순위로 여겨지던 수익형 부동산 투자도 세계경제 침체에 무리한 대출로 인한 금리인상과 주택가격 하락으로 하우스 푸어_{House Poor}가 생겨나고 급격한 집값하락으로 깡통주택이 늘어나면서 시장은 꽁꽁 얼어붙게 되었다.

금융시장에서도 세계적 투자은행인 '리먼 브라더스_{Lehman Brothers Holdings Inc., 1850}'가 파산하고 '메릴 린치_{Merrill Lynch}'가 뱅크 오브 아메리카에 인수되면서 세계금융시장은 큰 소용돌이치게 된다. 이어 '그리스 사태'로 인해 세계는 글로벌 금융 · 재정위기를 맞이하게 된다. 이 모든 사건들은 방만한 경영, 기업가의 시대착오적 생각, 그리고 시대의 경제흐름을 읽지 못한 전략에 의해 성공가도를 달리던 대기업들은 파산과 쇠퇴하기 시작하게 된다.

이 모든 과정을 겪으면서 사람들은 기업의 가치에 대해 다른 시각을 갖게 된다. 기업의 혁명이나 CEO의 전략에만 의존하지 않고 기업전체에 대한 모니터링을 통해 전반적인 기업 가치를 평가하게 된다. 일반적으로 기업의 본 목적인 '이익창출'

을 어느 정도 낼 수 있는지, '재정상태'가 얼마나 탄탄한지, 기업의 진로방향을 결정하는 CEO의 핵심가치가 무엇인지, 그리고 미래의 이익을 어떻게 창출할 것인가에 달려 있다. 이러한 기업 가치를 결정하는 주요 요소는 다음과 같다.

먼저, 이익창출은 기업의 설립목적이면서 존재이유이다. 이익을 창출하지 못하는 기업은 기업이 아닌 사람들의 모임일 뿐이다. 대개 개발대상국들의 기업들은 조직이나 시스템이 아닌 경영자의 독단적인 판단에 의해 운영되기 때문에 기업이 사유화되고 사내에서 구성원들과 수직관계로 인해 창의적이고 생산적인 대화는 막히고 기업성장은 제자리를 갖게 된다.

두 번째, 재정 상태는 기업이 극한상황에서도 어느 정도 견딜 수 있는지를 알려주는 '바로미터'이다. 재정이 탄탄하다는 의미는 또한 기업경영이 건전하고 계획적으로 이루어지고 있다는 간접적 상징이기도 하다. 이런 기업들은 대개 시스템에 의해 운영되고 뚜렷한 목표 지향적 성격을 갖게 된다.

세 번째, 기업의 핵심가치는 기업의 특성을 단적으로 보여주는 좋은 예다. 기업의 경영방향, 존재의 이유, 그리고 미래를 예측할 수 있는 정보를 제공한다. 삼성의 예를 보면 "핵심가치는 삼성의 성공 DNA이다."라고 하면서 5가지 핵심가치를 표명한다. 그중 제일은 '기업은 사람이다'라는 말로 사람이 기업을 위해 존재하는 것이 아니라 사람을 위해 기업이 존재한다는 경영자의 경영철학을 알 수 있다. 즉, 기업이 단순히 살기위해 일하는 경제활동을 제공하는 물리적 장소가 아닌 인간 자체라고 표현함으로써 인재를 중시 여긴다는 경영자의 경영철학을 보여 준다. 마지막으로 미래이익 창출은 기업의 미래 청사진을 계량화하여 수치로 나타내는 좋은 예다. 미래가 없는 기업은 성장을 멈춘 나무와 같다. 열매를 맺지 못하고 잎만 무성하여 가지만 많다면 그 나무는 장작 이외는 쓰지 못할 것이다.

따라서 투자자들과 기업에 종사하는 근로자들이 가장 관심은 자신이 투자한 기업이 어떤 미래를 제공하느냐이다. 기업의 가치는 경제를 책임지는 기업들의 건전 재무 상태와 기업가의 경영철학, 그리고 미래 목표 지향적 전략을 나타낸다. 글로벌시대의 기업경영은 투명한 기업공개와 함께 모든 조직구성원들이 한마음으로 일할 수 있는 환경을 마련해주면서 그들의 능력을 효율적으로 활용할 수 있는 기업가의 전략이 필요하다.

기업 가치를 내다보고 주식에 투자하는 일은 주식을 보유하는 일이다. 많은 학자들의 연구결과 조직이 대·소기업에 경영전략을 공식적으로 수립하는 기업은 높은 이익과 같은 성과를 초래하고 있음이 발견되었다.

미래의 성장 동력을 모두 사내에 두고 전략을 펼치는 일은 상당한 위험부담도 따르게 된다. 이를 효과적으로 수행하는 방안의 하나는 외부의 많은 벤처기업이나 대학, 연구소 등에 지원을 아낌없이 위성군단의 역할을 하도록 후원하는 일이다. 또한 기업은 이익보다는 공동체 번영을, 성과의 독식보다는 공유를, 자본이윤보다는 가치이윤과 경영윤리를 동시에 수행하는 기업의 가치창출은 사회적으로 인정되어야 할 것이다.

(2) 핵심역량

글로벌 영향은 기업이 세계시장에서 경쟁하려고 할 때 품질과 생산성은 높이고 비용은 절감시키도록 압력을 가하는 것을 말한다. 기업이 국경 없는 국제시장에서 치열한 경쟁을 벌여야 하는 환경의 변화로 경영 사고에 있어 최근 큰 영향을 초래하였다. 환경변화의 정도에 따라 세계시장에서의 기업은 어떠한 전략으로 제시해야 하는지 예측해야 한다(**표 5-2**). 왜냐하면 현실을 정확하게 파악하지 못하면 미래로 가는 방향을 찾는 것이 불가능하기 때문이다.

글로벌시장에서 경제적 우위를 차지하기 위해서는 기업마다 자신들의 환경과 기업목적에 맞는 핵심역량을 갖추어야 한다. 급격히 변하는 시대의 흐름에 맞춰 경영자는 필요할 때마다 차별화된 국제경영전략을 수립해야 한다.

글로벌시장은 전문화된 인력의 결핍, 한계점에 이르는 자원, 그리고 위험이 뒤따르는 자본투자로 이루어진 경쟁시장이다. 누가 먼저, 필요한 인력과 자본을 안정되게 확보하고 자신만의 노하우를 살린 '브랜딩화'를 이루느냐에 따라 성패가 결정된다. 스티브 잡스가 주도한 애플은 혁신적인 사고와 신기술의 접목으로 모두가 소망하던 꿈의 핸드폰을 세상에 내놓았고, 아웃소싱의 천국으로 불리는 인

표 5-2 환경 변화와 경영전략

변화정도	1	2	3	4	5
환경변화	반복형	변화형	점진형	예측가능형	예측불가형
경영전략	안정전략	효율 위주 전략	효율과 효과 동시 추구 전략	창조적 혁신 전략	

도는 우수한 인력과 값싼 노동력을 바탕으로 세계시장에서 우위를 차지하였으며, 저가제품을 대량생산하는 중국은 이제 없어서는 안 될 생산국으로써 주요 생산국이 되었다. 거대한 조직과 수직적인 체계로 회의와 결재에 많은 시간을 보내던 경영방식은 이제 다운사이징을 통해 최소한의 절차를 거쳐 생각을 바로 제품으로 생산하게 되었고 기업이 어느 한 사람의 소유물이 아닌 전 사원들의 공동재산처럼 여기는 '사원지주제'는 기업의 성공을 공동책임으로 하는 새로운 경경가치관을 자리 잡게 했다. 글로벌 시장에서 살아남기 위한 기업의 핵심역량은 이와 같이 자신들에게 주어진 환경에 맞는 새로운 경영전략을 분비함으로써 완성되며 이러한 역량은 '중지형'이 아닌 '지속형'으로 꾸준히 개발되어야 한다.

따라서 현실을 객관적으로 파악하여 경쟁상대에 대한 벤치마킹, 리언지니어링, 아웃소싱, 다운사이징과 라이트사이징 등의 핵심역량을 통해 기업의 장단기 전략을 수립하여 수행해야 한다. 다양하고 빠르게 변화하는 치열한 글로벌 경쟁 속에서 이러한 피라미드 형태의 기업구조로 소비자에게 최상의 가치를 전달하려 한다면 이는 잘못된 것이다. 소비자와 최대한 밀착하고 그들에게 최고의 가치를 제공해주기 위해서는 역피라미드 개념이 도입되어야 한다. 즉 소비자와의 접점에서 소비자들을 위해 최선을 다하고, 경영자는 현장 종업원들이 직무에 만족하면서 몰입할 수 있도록 돕고 뒷받침해주는 기업구조에서만이 실질적인 경영이 이루어질 수 있다. 민츠버그Mintzberg는 경영기능을 수행하기 위하여 경영자들이 어떻게 시간을 소비하며, 어떠한 일을 하고 있느냐 하는 것은 경영자 역할이라고 설명하였다.

기업에 있어서 기업의 성공을 위해 일하는 모든 구성원은 직책에 관계없이 모두 중요하며 이들은 동일한 존경대상이 되어야 한다. 그리고 이러한 인간존중의 기업문화는 노사 모두의 가치관으로 뿌리내려야 한다. 아울러 기업은 종업원의 가정과 사회, 그리고 환경에 대한 책임과 윤리의식을 갖고 있어야 한다.

3 경영미래 전망

글로벌시대의 성공적인 경영미래의 기업에 있어서 조직문화를 기업의 장기적 경영성과에 큰 공헌을 하였음이 연구결과 밝혀졌다. 더욱 기업문화는 조직이 이루고자 하는 것에 대한 비전을 제공함으로써 구성원들로 하여금 역량을 결집하여 이를 달성토록 유도하는 역할을 한다. 오늘날 자본주의 특징의 하나는 국가가 강대국으로 성장한다는 것은 국민 개인의 격차가 더욱 커져 간다는 의미이다. 이는 경제가 고도화되기 위하여 문제제기의 기술, 지식, 자본의 격차가 커지면서 그 결과가 고스란히 소득과 재산의 격차로 나타나기 때문이다. 이러한 시대변화는 정치사회의 이슈를 변모시켜 부와 복지의 이슈가 점점 커지게 되며 기부, 부자과세, 무상지급 등의 사회적 가치들이 논쟁의 중심에 들어오게 된다. 우리나라도 이제 본격적인 복지국가의 논의가 시작되면서 국민의 개인차를 존중하는 가치관 정립에 변화가 필요한 시점이 되어가고 있다.

한국에 사회적 가치의 정당성은 보수정당조차도 색깔을 완전히 바꾸어 가고 있다. 이러한 현상을 포퓰리즘이라고 비판하는 가운데서도 정부도 복지에 대한 국가의 지출을 확대하려는 자세를 분명히 하고 있다.

기업도 사회적 기업이 등장하고 마케팅도 사회적 마케팅Social Marketing의 의미를 담아야 소비자가 선택한다. 사회적 기여도에 의한 선택적 소비활동을 하려고 하기 때문에 기업이나 사업가들은 자신의 경영활동에 사회적 가치를 부여하는 것이다. 이 시대의 진정성은 새로운 사회와 소통하는 길이다. 공정무역을 내세우는 기업은, 자연친화적 경영, 전통적인 것을 소중히 여기려는 사업 아이디어다. 기업의 경영도 부실의 문제를 금융시장을 통해 매각이나 인수, 부채증대 등의 방법은 재무금융 해법보다는 아이디어, 생산성과 기술개발, 경영혁신 등의 내적 자원의 증대와 경영 개혁으로 해결하려는 것이 보편적 타당성을 갖는 것이다.

경제전망의 빈번한 오차에 대해 비판이 있을 수 있지만, 경제전망은 국가경제가 큰 위험을 피하고 안정적인 성장을 하기 위해 꼭 필요하다. IMF 시대의 금융위기 실패에 대한 반성과 그것을 바탕으로 모형을 개량하려는 노력은 계속되고 있다. 이전까지는 실물경제지표, 즉 소매판매·수출입 등에 많은 가중치를 두었으나,

글로벌 자금흐름, 금융회사 및 금융시장 참가자들의 금융부문의 보강도 필요한 것으로 보인다. 그리고 경제주체들의 불완전한 합리성과 심리변화에 대한 고려도 반영되어야 할 것이다. 또한 물가와 임금에만 초점이 맞춰져 있는 거시계량모형에 자산 가격이나 금융안정 등도 변수에 추가하고, 거시계량모형을 위기모드와 평시모드로 이원화해서 운영하는 것도 예측력을 높이는 데 도움이 될 것으로 예상된다.

현재 어떠한 변수를 선택하고 모형을 골라 최종적으로 조정하는 것은 담당자의 직관에 의한 것이기 때문이다. 거시경제에 대한 해박한 지식과 경제지표들의 움직임에 대한 동물적 감각을 갖춘 경제전망 전문가는 하루아침에 만들어지지 않는다. 전문가를 양성하려면 모형개발 및 운용, 동향분석 및 조사연구 등의 업무를 두루 거치도록 경력개발의 경로를 설정해 체계적으로 관리해야 한다.

인터넷의 발전으로 국제적 정보의 확보량이 크게 증가하기는 했지만 우리나라가 글로벌 금융위기나 현재 진행 중인 유럽의 재정위기 등 세계경제에 관한 정보를 모두 알 수는 없다. 또한 현재 확보한 정보조차도 경제예측모형에 반영한다는 것은 한계가 있다. 경제전망은 사람들이 합리적인 행동을 한다는 전제 하에 수행되는데, 실제로 경제현상을 좌우하는 사람들은 때때로 비합리적일 수 있다는 점이다. 예를 들어 주식시장에서 투자자들이 어떤 이유로 공포심을 갖게 되어 동시에 주식매도로 쏠린다면 실제로 경제에 충격을 주지만 공포에 휘말린 투자자들의 투자행위와 경제적 충격을 예측하기는 불가능하다.

이렇게 경제전망에 오류가 발생할 가능성이 항상 있지만 경제전망은 여전히 필요하다. 예를 들면, 향후 우리 경제 수준에 비해 가계부채가 너무 많아 경제성장에 부담이 된다. 정부는 가계부채의 증가를 억제하는 정책을 통해 가계부실화 위험에 적극 대응하게 된다. 이 경우 가계부채로 인한 위험이 현저히 줄어들게 되어 안정적 경제성장이 유지될 수 있을 것이다. 이처럼 가계가 국내외 경제연구기관들의 경제전망을 참고한다면 소비나 저축 등 자신의 미래 경제활동에 대해 보다 효과적인 계획을 세울 수 있다. 정부가 과도한 경기침체나 경기과열을 방지함으로써 국민의 정상적 경제활동이 유지될 수 있도록 지원하기 위해서는 경제전망이 전제되어야 한다. 따라서 경제전망은 비록 빈번한 예측오차에 대한 비판이 있지만 한 국가의 경제가 큰 위험을 피하면서 안정적인 성장을 유지하기 위해서는 합리적인 경제정책의 기술이 창출되어야 할 것이다.

이 시대의 경영미래는 환경에의 적응이다. 어떤 조직이든 외부환경의 변화에 제때에 적응하지 못하면 엔트로피가 발생하여 그 조직은 마침내 놀락하고 만다. 그러나 조직이 꾸준하게 성장하고 발전하기 위해서는 환경변화에 순응해야 한다. 이 시대의 기업은 경쟁자, 고객, 공급자, 정부 규정 등에 관해 많은 불확실성에 직면하면서 기업은 경계연결 활동, 전략의 수정, 유연한 기업조직, 합병 또는 조인트 벤처 같은 방법을 통해 환경의 변화에 순응하는 길로 선택하여야 할 것으로 생각한다.

Discussion Questions
토의문제

1. 글로벌 시장 환경에 대한 효과적인 대응전략으로 우리 기업의 글로벌 경영전략에 대하여 알아보자.

2. 우리나라 중소기업의 글로벌화 전략과 성공모델은 무엇인가?

3. 2013년 여름 미국 국제무역위원회(ITC)는 애플의 일부 제품이 삼성의 특허를 무단 침해했다며 미국 내 수입 금지 결정을 내리게 된다. 애플의 아이폰과 아이패드가 미국의 제품이지만 생산시설은 중국에 있기 때문에 미국 내 판매를 위해서는 미국 역시 제품을 수입해야 하는 입장으로, 수입 금지 조치는 큰 타격이었다. 그런데 ITC의 이 결정에 대해 미 행정부는 60일 이내에 거부권을 행사할 수 있는 권한을 가지고 있었는데, 1987년 이후 단 한 차례도 행사되지 않은 거부권이 일어난 것이다. 오바마 미국 대통령은 ITC의 애플 제품 수입금지 결정에 거부권을 행사하여 지나친 '자국 제품 보호주의'라는 비난을 받기도 하였다. 하지만 오바마 대통령이 대외적으로 내놓은 명분은 이른바 '프랜드(FRAND) 원칙'이었다. 한편, ITC의 수입금지 결정에 대한 거부권이 행사된 지 1주일 후 ITC는 앞선 사건의 반대되는 사안에 대한 판결을 하였다. 애플이 삼성 제품의 미국 내 수입을 금지시켜달라는 요구에 대한 결정이었다. ITC는 앞선 판결과 마찬가지로 삼성의 몇몇 제품이 애플의 특허를 침해했다고 판단하여 미국 내 수입을 금지하도록 결정하였다. 이 결정에 대해서도 미 행정부는 60일 이내에 거부권을 행사할 수 있었지만, 결국 60일이 끝나가는 2013년 10월 8일까지 오바마는 거부권을 행사하지 않았다.
① 프랜드 원칙이 무엇인지 설명하여라.
② 만약, 자신이 오바마 대통령의 입장이라면 자국 제품 보호(보호무역주의) vs. 국제무역 공정성 중 어떤 선택을 할 것인지 논하여라.

6 Chapter

》》Chapter

글로벌시대의 **정보기술**

1 IT 산업의 혁명

정보통신 기술 Information Technology이라 불리는 IT 기술은 산업혁명 이후 인류가 혁신적인 정보소통을 통해 사회구조와 삶의 변화를 가져다준 최고의 기술이다. 기계가 인간 대신 일을 하는 기능적 변화가 아닌 사람의 소통방법과 삶의 변화를 가져다 준 기술적 변화를 통해 사회는 시간과 장소를 초월한 유비쿼터스 세계 속에서 스마트 기술의 진수를 경험하고 있다. SNS를 활용한 소셜 활동으로 다른 사람들과의 소통함은 물론 지구 반대편에 있는 사람과도 쉽게 대화는 물론 쇼핑, 교육, 회의, 그리고 사업까지도 '1인 창조기업'이 생길 정도로 IT 기술은 효율적이고 실용적으로 우리 삶에 다가왔다. 혁명이라고 불리정도로 급격한 사회변화를 일으킨 IT 기술에 대해 더 깊게 고찰하고자 한다.

1) 아날로그와 디지털 혁명

한국 사람은 한국어로 미국인은 영어로 소통하듯이 디지털은 0과 1로 이루어지는 이진법 논리를 사용해서 조작과 처리를 통해 여러 가지 정보를 기계가 작동할 수 있도록 한다. 회로에 전류가 흐르고 끊어지면서 작동하는 단순동작으로 인류가 그동안 시도 못한 미해결의 많은 문제를 해결하고 생활의 편안함을 가져다준 IT 기술은 디지털 시대라는 새로운 역사의 장을 열었다.

하지만 실제로 IT 산업이 활성화된 것은 하드웨어인 컴퓨터의 발달이 아닌 소프트웨어와 주변산업의 발달이 가능했기 때문이다. 짧은 시간에 이러한 발전은 산업혁명과 같이 '혁명'이라 할 수 있다. 디지털의 모태는 아날로그 세상이다. 디지털 혁명의 물결은 일상생활을 포함하여 우리의 삶 전체에 영향을 미친다. 지구촌 모든 국가들을 하나로 묶고 서로 소통하게 해준 IT 기술에 대해 더 자세히 탐구해본다.

(1) 아날로그 시대와 디지털 시대

아날로그 시대는 흔히들 향수와 낭만을 불러일으키는 '느림의 철학'이 성행하던 시절을 말한다. LP판에서 나오는 잡음 섞인 음악과 진공관이나 트랜지스터를 이용한 TV, 전축, 공중전화기, 삐삐호출기 같은 기기들은 빠름보다는 '느림' 속에서 인간미와 기계가 합치된 묘한 앙상블을 만들었다. 문자와 소리를 이용한 정보 전달과 대중통신을 이용하여 현실세계에서 소통을 하는 시절에서 '빠름'이 삶의 기준이 되는 '가상세계' 속에서 소통하는 새로운 문화가 정착되어 전체가 아닌 개인 중심으로 어디에서나 누구와도 접속할 수 있는 유비쿼터스 시대를 경험하게 되었다.

두 시대는 서로 반대되는 특성을 가지고 있지만 일반적으로 시대적 변화가 갖는 연속성이 없다는 것이 특징이다. 인류는 아날로그 시대와 디지털 시대를 계속 살아왔음에도 불구하고(연속성), 각 사회가 가지고 있는 특성은 마치 전혀 성격이 다른 세계를(이질성) 접목시킨 것과 같다.

표 6-1 아날로그 시대와 디지털 시대의 특징

구 분	아날로그 시대	디지털 시대
모임	집단화(grouping)	개인화(individual)
세계	현실세계(real world)	가상세계(virtual world)
출판	종이책(paper book)	전자책(e-book)
소통	감성적(emotional)	논리적(logical)
속도	늦음(slow)	빠름(fast)
중심	기계(machinery)	인간(human)
연결	유선(cable)	무선(wireless)
동작	반자동화(semiautomatic)	자동화(automatic)
지역	지역적(regional)	유비쿼터스(ubiquitous)

이와 같은 급격한 변화는 사회구조뿐만 아니라 '문화지체' 현상과 '디지털 치매'라는 새로운 문화병을 탄생시켰다. 아날로그 시대에는 그 시대에 맞는 정서와 인간적 여유가 있었던 만큼 디지털 시대에는 불특정 다수와 정보화를 통한 원활한 지적교류를 쉽게 해주는 장점이 있다. 두 시대는 모두 시대적 존재의 의미가 있고 우리가 사는 현 사회의 과거와 현재의 그림자이다.

(2) 디지털 혁명

디지털 혁명은 단순히 기계의 발달로 인한 인간의 생활변화를 의미하는 것은 아니다. 인류는 태고시대부터 환경에 적응하면서 현재의 우리 모습을 가질 때까지 진화해왔다. 불과 도구의 발명으로 인간은 무한한 능력을 바탕으로 먹이사슬의 최고위 계층을 차지하게 되었고 본질적 욕심에 의해 '소유'욕에 의한 전쟁(파괴행위)과 건설(창조행위)을 통해 인간은 많은 기계를 발명하여 마침내는 '산업혁명'이라는 인간 대신 기계가 일을 하는 새로운 세상을 창조하였다. 꿈으로만 생각하던 달과 우주여행은 물론 세계를 1일 생활권으로 만든 교통의 발달, 세계 어디서나 누구와도 대화할 수 있는 유티쿼터스식 소통, 그리고 생각을 현실로 만들어 놓은 '증강현실'까지 인간의 도구개발은 멈출 줄 모르고 계속 진화되고 있다. 아날로그 시대에서 사용하던 전체기술을 하나의 칩으로 만든 '집적회로'의 개발은 호롱불과 모닥불의 낭만을 3D 증강현실의 꿈으로 변화시켰다. 우선 사회구조가 바뀌었다. 예전의 면대면 소통에서 화상소통으로 바뀌고, 교통요금을 현금 대신 카드로 결제하고, 현실세계보다는 가상세계에 머무르는 시간이 더 많아지기 시작했다. 종이 결재가 전자결재로 바뀌면서 관공서에서는 '인지' 대신 전자스탬프를 사용하고 주차감시도 원격감시를 통해 한 사람이 버튼 하나로 모든 것을 총괄할 수 있는 시대가 되었다.

디지털 시대는 인간의 생활을 편안하고 단순하게 만들었으며 생각을 현실로 가능하게 해준 현대문명의 집합적 성과이다. 또한 혁명이라고 불릴 만큼 혁기적인 변화이며 새로운 시대의 서막을 알리는 징표이기도 하다.

2) 기술 혁명

정보화는 복합적인 현대과학기술을 요구한다. 왜냐하면 정보화가 현실화되기 위해서는 정보 분석, 평가, 저장, 처리, 시스템 구축, 가동 프로그램 제작, 운영, 네트워크 구성, 그리고 단말기를 통해 모두에게 골고루 나눌 수 있는 정보 인프라가 구성되어야 하기 때문이다. 예전에는 경제를 기반으로 선진국과 후진국으로 나누었다면 이제는 '정보 접근 정도'가 국가의 문화와 사회발전도를 평가하는 기준이 된다고 볼 수 있다. 많은 정보를 어디서나 누구에게나 줄 수 있는 '정보 확산 인프라'가 구성이 되고 사용자 또한 원하는 정보를 필요한 때마다 검색하고 서로 소통하면서 전체가 하나의 네트워크로 연결될 때 우리는 '유비쿼터스' 시대라고 부른다. 현대인에게 이제는 정보교류 없는 세상은 물고기가 물을 떠나 있는 것 같이 답답하고 존재감 없는 삶으로 받아지기 때문에 스마트폰이 자기 주변에 없으면 불안해하는 노모포비아 현상이 일반화되었다.

IT 기술은 혁신적인 변화를 거듭해 이제 상상을 현실로 만들 수 있는 지경까지 왔지만 원활한 정보나눔과 정보소통의 문제, 즉 정보 '빈익빈 부익부' 현상으로 글로벌 양극화가 되어 선진국들과 개발도상국 간의 격차는 갈수록 심화되어 가고 있다. 원활한 정보교류를 위한 정보사회 형성과정은 기술적 혁명이 필요하다. 이는 막대한 자금과 시간, 그리고 인재가 필요한 국가의 정책적 관심이 필요한 프로젝트이다.

미래학자 윌리스 하먼Willis W. Harman은 앞으로 대학의 교육이 대부분 이공계 혹은 의료보건, 생활과학, 기후변화, 사회복지 등 현실에서 사용되는 기술에 치중된다고 예측한 바 있다.

정보화 과정은 정보기술이 사회적으로 통용되는 기술적 네트워크가 구축되는 것으로 시작된다. 이 기술적 네트워크를 바탕으로 정보 경제가 정보화의 사회문화적 가치가 발달하면서 인류 문명의 생산성을 구사하고 있다. 정보 혁명이 이루어지면서 송신자와 수신자 간의 교환 및 공유로 정보 지식들은 지식기반활동이 이 정보화 과정의 생활을 주도하면서 정보 사회를 형성하게 된다. 이것이 정보화 사회의 기술적 혁명의 흐름이다. 이러한 환류를 통하여 휴머니즘의 실현가능성을 극복할 수 있도록 극대화하는 것이다.

글로벌시대의 사회적 가치의 발달을 조정하는 과정은 개인이 생활과 관련된 실천 가능한 사회적 가치를 발달시키는 것을 돕는 것에 관계가 있다. 이와 관련되어 있는 커뮤니케이션은 송신자와 수신자가 어떤 유형의 정보를 교환하고 공유하려는 과정이다. 즉 커뮤니케이션은 사람들 간에 정보, 아이디어 이해 또는 느낌을 전달하고 교환하는 것이다. 커뮤니케이션은 송신자가 수신자에게 어떤 유형의 정보를 전달할 뿐만 아니라 정보나 아이디어, 감정 등 어떤 의미를 송신자와 수신자 간에 피드백을 통하여 교환하거나 공유하는 것이다. 커뮤니케이션은 조직을 관리하는 데 중요한 요소로 작용한다. 이것은 생활양식으로 정착하기에 이르는 과정은 **그림 6-1**과 같다.

한국의 경우 자석전화기로 교환원을 통해 대화하던 수동형에서 자신이 원하는 사람에게 직접 다이얼을 돌리는 자동식으로 바뀐 후 곧 버튼식과 응답처리가 있는 무선식 전화기로 바뀌면서 정보는 독점적인 것이 아닌 '공공재' 성격을 갖게 되었다. 1997년 인터넷이 본격화되면서 10년이 지난 오늘날에는 세계적인 정보화 인프라를 갖춘 정보왕국의 면모를 갖추게 되었다. 스마트폰과 인터넷은 이제 생활에 없어서는 안 되는 필수품이 되었고, 정부도 전자결재와 전자 입찰을 시작하고 인터넷을 통해 민원을 처리하는 시점까지 왔다. 이제 가상공간인 인터넷은 국경과 문화를 넘어 모든 이들이 '네티즌'이라는 새로운 신분으로 자신들만의 공간

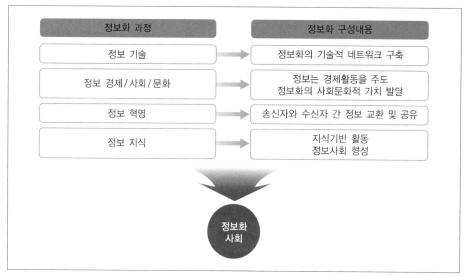

그림 6-1
정보화 사회의
형성과정

과 언어를 만들고 현실세계를 정복하려 한다. 최근에는 한 곳에 정착하지 않고 최신 IT기술의 기기들을 통해 세계를 유랑하는 '디지털 노마드'족이 등장하였다.

냉전시대가 끝나고 세계는 이념전쟁에서 벗어나 경제력으로 승부를 가렸고 이후에는 '정보화'가 국가 경쟁력의 기준이 되었다. 산업혁명 이후 글로벌 시장은 노동집약적 굴뚝산업에 의존하던 제조업이 환경오염의 주범으로 몰리면서 사양길로 들어가고 이제는 기술집약적 사업인 IT 첨단산업과 생명공학이 미래를 이끌 새로운 아이템으로 부각되었다. 한국은 미래 산업의 가치를 알고 다른 국가보다 일찍 깨닫고 산업육성에 힘써서 IT 기기 생산국이 되어 D램 반도체나 LCD 등 일부 품목은 세계시장 점유율 1위를 차지하고 있다.

최고의 기술을 구현할 수 있는 인프라와 인재를 확보한 한국은 이제 정책적인 지원과 미래의 IT 산업을 이끌어갈 인재들을 육성해야 한다. 기술혁명은 하루아침에 이루어지지 않고 오랜 현장경험과 지식탐구 그리고 인프라를 갖추어야 완성시킬 수 있는 복합성을 띤 종합혁명이다. 정치적인 측면으로 살펴보면 많은 국가들이 혁명을 통해 국가를 세웠고, 경제적인 측면으로는 산업혁명을 통해 인류는 기계로 세상을 바꾸었으며, 정보화 측면으로는 IT 기술 혁명이 이제 인간이 갈 수 있는 최대의 한계에까지 우리를 데려다 주었다. 이로 인한 미래는 곧 상용화하게 될 양자컴퓨터와 인문학, 그리고 과학이 융합되고 통섭되는 과정에서 발생될 새로운 학문의 등장으로 인류를 시공간의 지배를 받는 세계를 넘어 꿈의 형이상학적 4차원 세계로 여행을 가능하게 해 줄 것이다.

21세기 현재 한국사회의 지식정보사회적 양상은 기술, 경제 및 사회문화적 부분에 상당히 광범위하게 분포하고 있다. 하지만 경제와 사회생활, 심지어 정치권력 부분의 핵심에서는 지식정보사회적 작동 구조와 마인드가 이미 지배적이고 지도적인 위상을 점거했으며, 그에 반하는 요인들은 정보사회의 구도가 중심이 된 사회적 통합의 과제 대상 정도의 주변적 위상을 가진 것으로 그 비중이 격하되고 있다. 지금까지 기능적, 기술적 구조 재편 문제에 가려 제대로 주목하지 못했던 주제, 즉 정보화와 지구화 시대에 있어 이런 모든 변화를 전반적으로 감당하여 그 구성원들의 직접적인 생활환경과 생존조건으로 제공하는 위치에 있는 국가와 민족의 새로운 존립양상이 전면에 부상하였다.

지금까지 정보통신기술의 효율적인 제고를 위해 많은 대안들이 제시되어 왔다.

앞으로 정보통신기술은 자동화에서 정보화 처리로 단순 업무 처리방식의 생산성과 효율성을 증가시켜야 한다. 단순 생산라인의 자동화보다는 원료나 에너지 사용에 대한 자료를 정보기술에 의해 적정 수준의 자원을 사용하고 있는가를 판단하고 이에 따른 조치를 취할 수 있게 정보기술을 사용해야 한다.

3) 정보보호의 문제점과 보안대책

정보화 시대가 되면서 정보는 곧 자산으로 인정되기 시작했다. 아날로그 시대에서는 저작권이라는 의미와 정보보안에 대한 의미는 군대나 특수임무를 하는 공무원이나 기업체에 해당되었다. 또한 정보보안도 종이문서로 되어있는 정보를 보호하는 선에서 끝났지만 지금은 해커의 출현으로 언제 어디서나 접속만 되면 정보에 접근이 가능하기 때문에 사회의 안전과 시민의 재산권 보호를 위해 각 나라에서는 정보보안에 대한 엄격한 기준과 대책을 세우고 있다. 한국도 개인정보 보호법, 정보통신기반보호법, 통신비밀보호법 등을 통해 정보를 보호하려 하지만 법보다는 기술이 더 발달되어 해마다 많은 문제가 발생되고 있다. 최근에 일어난 카드회사와 금융기관의 개인정보 누출 사고는 대한민국 전체 국민들이 피해자라고 할 만큼 충격적이고 정보보안에 대한 좋은 학습효과를 주었다. 이에 재발방지를 위해 '신용정보의 이용 및 보호에 관한 법률 일부개정법률안'인 신용정보유출 피해방지법에 발의가 논의되고 있다. 하지만 이 모든 것이 소 잃고 외양간 고치는 형식이 되어 실제적으로 피해를 본 시민들은 아무런 위안이 되지 못한다. 이러한 사고를 미연에 방지하고 효과적인 정보통신보호를 위해서는 다음과 같은 것들이 요구될 것이다.

첫째, 최소한의 정보만 입력한다. 현대사회에서는 정보는 곧 돈이고 신용이며 언제든지 현금화시킬 수 있는 대체머니와 같은 역할을 한다. 예를 들면, 스매싱이나 보이스피싱의 경우 개인정보가 없으면 아무것도 시도하지 못한다. 따라서 회원 가입 시에는 신용기관이나 금융기관에서 필요로 하는 정보와는 다른 개인정보만 기입하게 하고, 개인이 아니면 이해할 수 없는 사항들을 통해 2차 범죄를 예방한다. 둘째, 금융기관이나 단체에서는 개인정보의 외부유출을 차단시키는 장치를 구축해야 한다. 개인정보는 개인의 자산이고 단체에서는 그 자산을 자신들의 업무를 위해 신분을 확인한 후에는 보호해 줘야 할 의무와 책임이 있다. 따라서 고객들의 개인정보가 무단으로 유출되지 않는 기계적·기술적 장치를 마련하고 수시로 모니터링해야 한다.

셋째, 정보수집관련자들을 위한 보안교육을 강화해야 한다. 해커 이외의 정보통신범죄는 담당자들에 의해 의도적으로 정보가 유출되는 경우다. 불법유통시장에 팔기 위해 정보를 수집하는 이러한 형태의 범죄를 방지하려면 무작위로 뽑힌 복수이상의 인원이 항상 같이 다니면서 작업을 하게 하고 정보의 중요성에 대한 교육을 강화하여 담당자로서 책임을 다할 수 있도록 의식화시켜야 한다.

넷째, 정보유출 시 미국과 같이 중형으로 엄벌해야 한다. 영리를 목적으로 하는 회사나 금융기관들은 돈에 상당히 민감하다. 개인이 범죄를 하는 경우에는 장기복역이 가능하지만 단체의 책임으로 이어질 경우에는 실제영업에 타격이 갈 정도의 부과금과 함께 영업정지명령을 내려서 실제적으로 이러한 행위가 일어나면 치명적 손해를 본다는 학습효과를 주는 것이다.

다섯째, 개인정보의 불법유통을 단속·강화해야 한다. 개인정보를 불법 유통시키는 범죄는 마약을 파는 것보다 더 심각한 범죄이다. 한 사람이 아닌 한 가정과 사회가 붕괴될 수 있는 심각한 범죄라는 것을 인식하고 정부에서는 수시로 불법유통을 감시하고 유사범죄에 대해 단호한 결정을 내려야 한다.

여섯째, 업체 간 정보공유를 금지시켜야 한다. 정보는 되도록 소수의 사람이 다루는 것이 좋다. 또한 정보수집의 목적인 신분확인 이외에 마케팅이나 홍보활동에 사용하는 것은 목적에 어긋나기 때문에 업체 간의 교차 정보교류는 금지시켜야 한다. 마치 상품처럼 정보가 거래되는 현재의 상황에서는 정보는 곧 돈이고 불법유통은 범죄가 아닌 사업이라는 공식이 성립되기 때문에 철저한 관리를 통해 업체에서 본 목적 이외에 사용하지 못하게 하고 업체 간의 정보공유도 금지시켜야 한다.

스마트 시대에서는 정보는 곧 한 사람이 살아 온 전부를 알 수 있는 인증키와 같은 효력을 가지고는 있다. 모든 것이 신용과 개인정보를 통해 거래되고 인정되는 시대이기 때문에 정보는 사람을 알 수 있는 자원인 동시에 그 사람이 가지고 있는 금융재산까지 중간에서 가로챌 수 있는 키 역할을 한다. 신용정보의 불법누출은 사회의 안녕과 신용을 파괴하고 경제를 어지럽히며 사람 간의 관계에 갈등을 일으킨다. IT 기술이 발달로 인간의 생활이 편리해졌지만 한 번의 실수로 자신이 이루어 놓은 것을 한 번에 무너뜨릴 수 있는 파괴력을 가지고 있는 만큼 우리는 정보의 중요성을 인식하고 자신의 정보는 자신이 지키려는 적극적인 자세를 가져야 한다.

2 글로벌시대의 네트워크

1) 양자 컴퓨터의 시대

현재 일반 컴퓨터보다 수천 배 빠른 슈퍼컴퓨터의 한계를 뛰어넘는 양자 컴퓨터 Quantum Computer 개발은 우리 사회가 어느 정도 빨리 변하는지를 간접적으로 보여주고 있다. 양자컴퓨터의 기술개발은 단순히 컴퓨터에 한한 것이 아니라 이와 연관된 다른 산업의 도움이 있어야 하기 때문에 미래의 글로벌시대는 산업혁명이나 계몽운동이 일어난 시대처럼 새로운 역사를 시작하는 그런 날이 될 것이다. 현재 IT 기술의 발달속도로 본다면 양자컴퓨터의 실용화 단계도 꿈이 아니라 현시로 다가오고 있고 이제는 컴퓨터가 단순히 모니터로 정보를 읽는 수준이 아니라 스스로 생각하고 세상에 존재하는 모든 암호를 풀 수 있는 컴퓨터의 등장으로 세상의 또 한 번 격동의 시절을 맞이할 것이다.

2) 인터넷의 미래

(1) 인터넷의 등장

인터넷은 미 국방성에서 1969년 아르파 넷 ARPANet으로 시작하여 현재에 이르고 있다. 전 세계를 가상의 세계에서 하나로 연결시키는 인터넷은 무한한 정보바다이며 소통의 수단이다. 현재 인터넷을 빼놓고서는 우리는 아무것도 할 수 없을 만큼 인터넷은 생활의 한 부분이고 전부이기도 하다. 개인은 물론 관공서, 기업, 그리고 학교에 이르기까지 인터넷을 통하지 않고서는 우리는 아무것도 할 수 없는 시대에 살고 있다. 먼저, 인터넷의 장점은 세상 누구와도 화상통화, 이메일, 페이스

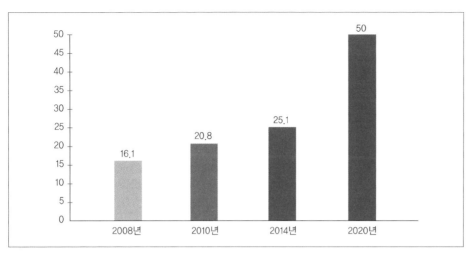

그림 6-2
전 세계 인터넷
이용자 수

북, 소셜 네트워킹, 그리고 블로그 등을 통해 원거리에 있는 사람과 소통할 수 있다는 것이다. 또한 쇼핑, 스터디, 영화 감상, 게임, 신문구독, 그리고 은행업무 등등 언제 어디서나 인터넷이 접속만 되면 자신이 원하는 서비스를 받을 수가 있다.

이러한 하드웨어적, 소프트웨어적 진화로 인해 인터넷의 접근가능성이 높아지고 서비스의 질이 높아짐에 따라, 전 세계 인터넷 사용자 수는 폭발적인 성장을 하였다. 세계 인터넷 인구는 2010년 20.8억 명에서 2014년 25.1명으로 늘어나고, 2020년에는 인터넷 인구가 50억 시대에 진입할 것으로 전망된다.

이와 같이 인터넷은 우리 생활을 글로벌화시켰고 무한한 정보를 언제든지 활용할 수 있게 함으로써 클릭 한 번으로 자신이 원하는 것을 무엇이든 할 수 있는 기회를 제공한다. 하지만 이에 반해 원하지 않는 개인정보유출이나 바이러스 감염으로 피해를 보기도 한다. 마치 큰 건물일수록 그림자가 긴 것처럼 혜택을 많이 주는 현대기기일수록 우리가 조심해야할 부분도 많은 것이다. 즉 과학의 발달이 편안함과 안락함을 주었지만 그에 못지않게 피해도 주는 만큼 우리는 올바른 사용법을 통해 문명이 주는 혜택을 누려야 할 것이다. 인터넷이 인류에게 주는 혜택을 여러 측면으로 살펴보고자 한다.

첫째, 거시적인 측면에서 보면, 국경과 문화를 넘어 하나가 될 수 있는 기회를 제공한다. 언어나 취향이 달라도 누구나 인터넷을 통해 원하는 사람과 원하는 소통할 수 있다. 번역기를 사용하여 국제 펜팔을 하거나 페이스북을 통해 친구를 사귀는 것은 이제 더 이상 꿈이 아니라 현실이 되었다. 단 한 번의 클릭으로 세계 누구와 소통할 수 있다는 것은 이제 국가 간의 국경은 별의미가 없다는 것을 의미한다.

둘째, 개인적인 측면에서 보면, 자신을 전 세계에 홍보할 수 있다. 블로그, 카페, 페이스북, 유튜브를 통해 순간에 불특정 다수에게 자신의 존재를 알릴 수 있다는 장점이 있다. 만약 인터넷이 없었다면 싸이의 말춤을 세상에 알리는데 많은 시간과 경비가 들고 결과도 장담할 수 없었을 것이다.

셋째, 영리적인 측면에서 보면, 누구나 1인 언론사나 회사를 설립할 수 있다. 현대는 1인 CEO 시대이다. 누구나 아이템이 있다면 인터넷을 통해 사업을 시작할 수 있고 주문, 결제, 배송을 순간에 처리할 수 있다. 이 시대에는 많은 시간과 사람이 필요 없고 혼자서 자신의 업무에 맞는 소프트웨어만 있다면 누구든지 창업하거나 방송할 수 있다.

넷째, 교육적인 측면에서 보면, 누구든지 평생교육센터를 만들거나 받을 수 있다. 세계 우수대학들이 무료로 교육 프로그램을 제공하고, 강의를 일반인에게 오픈함으로 누구든지 원하는 교육 프로그램을 수강하고 대학도 현지에 유학가지 않아도 자신의 집에서 수강할 수 있다. 하버드, 옥스퍼드, 캠브리지와 같은 대학에서는 단기교육을 이미 실시하고 있으며, 유럽이나 동남아시아 국가에서도 전 과정을 온라인으로 수강하도록 하였다.

이상과 같이 인터넷은 IT 기술이 인류에게 주는 최대의 선물이다. 눈에 보이는 현실세계보다는 눈에 보이지 않는 가상세계에 의해 움직이는 글로벌시대에서는 인터넷이 산소 호흡기처럼 우리들의 삶을 지탱해 준다.

(2) 인터넷의 진화과정

인터넷의 진화는 전자산업과 IT 산업의 발달과 연관되어 있다. 컴퓨터가 진화하고 그에 맞는 인프라가 구축되면서 인터넷은 빛의 속도로 빨라지고 운영체제의 개발로 다양한 업무를 처리할 수 있는 기회를 갖게 되었다. 1989년 명령어 도스를 사용하던 컴퓨터 386이 800만 원이 넘었지만 이제는 그에 몇 배 이상의 성능을 가진 컴퓨터를 수십만 원에 구입할 수 있을 만큼 기술이 발달되었고 인터넷도 일반 전화선에서 광섬유 케이블로 바뀌고, 이후 무선인터넷까지 되면서 속도는 고화질 영상도 순간에 다운로드될 만큼 향상되었다. 이처럼 인터넷은 하드웨어인 컴퓨터, 소프트웨어인 운영체제, 그리고 네트워크를 구성하게 하는 회선의 발달로 세계는 클릭 한 번으로 연결되는 '빛의 세계'에 들어서게 되었다.

인터넷은 긴급통신의 역할로 2015년까지 모바일 기기의 수는 70억 대를 넘을 것을 예상한다. 이제 사람보다 기기의 수가 많아진다는 결과이다. 가까운 미래에는 인터넷은 아주 보편적인 서비스가 될 것이다. 이런 것이 가능하기 위해서는 네트워크의 뒷받침이 있어야만 한다. 이 네트워크는 기술이 발달하면서 투자와 확충이 꾸준히 진행될 것이다.

(3) 도메인의 미래

도메인은 사람의 이름이나 주소와 같은 역할을 한다. 우리가 서로를 구분하고 식별하기위해 이름을 가지고 있는 것처럼 가상세계인 인터넷 사용 할 때는 서로를 구별하기 위해 도메인을 사용한다. 보통 'http://'로 표시되는 도메인은 국가마다 또는 단체마다 부여된 고유의 이름이 있고 웹 web, World Wide Web을 이용한 국가최상위도메인 ccTLD, country code Top Level Domain은 2009년 이후부터는 'ytn.한국'과 같이 영문 이외의 언어로 구성된 다국어 국가최상위도메인도 사용되고 있다. 2012년 6월 말 기준, 국가최상위도메인은 영문 247개와 다국어 31개가 있다. 도메인은 국가최상위도메인, 일반최상위도메인 크게 두 가지로 나누어진다.

그리고 이러한 도메인의 총괄적 관리는 국제도메인관리기구[10]가 수행하고 있다. ICANN은 국가최상위도메인의 경우 해당 국가의 공동체를 위해 등록정책을 스스로 정하여 운영하는 영역으로 정하고 있는데, 일반적으로 국제표준기구인 ISO 규칙에 따라 세계의 각 국가명을 영문약자 두 글자로 표현한다. 2012년 이전까지 일반최상위도메인은 제한적으로 생성되어 왔지만, icanndml 정책변경에 따라 2013년 이후에는 연간 1,000개 이상 생성될 수 있게 되었다. 향후에는 '.samsung'이나 '.doosan'과 같은 회사명 일반최상위도메인이나 '.shop, .app'과 같이 새로운 일반최상위도메인도 생성되어 널리 사용할 수 있을 것이다.

---

10 국제도메인관리기구(ICANN: 아이칸)는 1998년 6월 미국 정부에서 발간한 인터넷의 주소의 운영에 관한 백서에 의하여 탄생한 비영리 기구이다. 인터넷상에서의 도메인 이름과 IP주소, 프로토콜의 범주와 포트번호를 할당하는 업무를 담당한다. 또한 유명 상표권에 대한 도용 분쟁을 해결하고, 새로운 최상위 도메인을 인가하기도 한다.

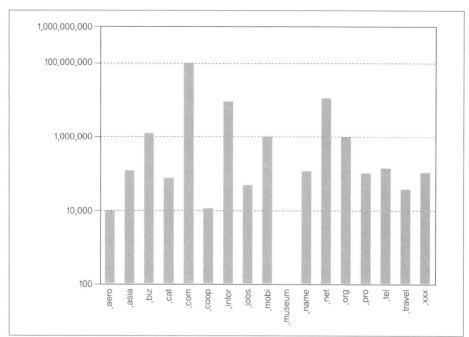

그림 6-3
일반
최상위도메인
등록건수
(2012년 5월)

올해 인터넷 주소 표시줄에는 생소한 인터넷 주소(도메인)가 넘쳐날 것으로 예상된다. 기존의 닷컴 .com 말고도 닷레스토랑 .restaurant, 닷앱 .app, 닷섹시 .sexy 등 최대 1400개의 도메인이 새로 생길 예정이기 때문이다.

「블룸버그 비즈니스위크」는 국제도메인관리기구가 2014년 1월부터 새로운 도메인을 도입한다고 보도했다. 기존에는 '.com, .net'처럼 제한된 형태의 도메인을 사용해왔으나 앞으로는 '.OOO' 형태의 주소를 쓸 수 있게 된 것이다. 예를 들어, 현 주소 체계에서 애플이 쓰는 도메인은 'apple.com'으로 한정됐지만, 새 주소를 적용하면 'iphone.apple, ipad.apple' 등도 쓸 수 있다.

국제도메인관리기구는 기존 주소 체계에서 도메인이 포화 상태라는 이유로 2011년 신규 일반최상위도메인을 승인했고 도메인 업체들로부터 새 도메인 공모를 받았다. 새 도메인에는 중국어, 아랍어, 러시아어 등 외국어 도메인도 포함되었다.

3) 스마트 산업의 미래

스마트 산업의 미래는 산업영역에 따라 다양한 결과를 양산한다. 예를 들면, 자동차 산업과 연계하면 스마트폰으로 시동을 걸고 운전하며 인공지능을 가지고 스스로 장애물을 피하거나 운전할 수 있는 생각하는 자동차를 제작할 수 있을 것이고 이것은 장애가 있어 운전할 수 없는 사람에게는 희망의 자동차가 될 것이다. 또한

표 6-2 스마트 미래를 위한 IT 적용 분야(산업별)

산업별	스마트 컨버전스 적용 분야
자동차	자동차 반도체, 스마트카 통합 플랫폼, 민간-차량 인터페이스(HMI), 자동주행 제어 지능형 서비스, 인포테인먼트 등
조선	설계, 생산, 첨단운항 기술의 국산화, 선박 유지보수 글로벌화, 해상 광대역통신 선박지원, 해상플랜트, 디지털 야드 등
건설	실시간 모니터용 다용도 센서, 건설자동화로봇, 소재기술, 물류 공정관리 기술, 에너지절감, 친환경, 지능화 기술 등
섬유	지능형 스마트 섬유 개발, 자가발전 섬유, 심전도, 호흡수, 운동량 측정 바이오 셔츠 등
국방	통신관제시스템 핵심기술 개발, 무인항공기, 감시정찰체계, 지휘통계체계, 정밀타격체계의 보안, 감시, 전투로봇 등
항공	레이더설비, 관제, 비행, 지능형 공항, 레이더 소자, 센서 및 송수신 모듈, 위치정보송수신 단말기
의료	차세대 의료용 진단기기 기술개발, 바이오 기술을 응용한 진단검사용 지능형 로봇, 혈관치료용 마이크로 로봇 등
교육	온라인 미디어, 통합학습 콘텐츠의 교육포털, 개방형 플랫폼 개발, 협력 학습이 가능한 다목적 실감 융합 학습 시스템
농업	각종 센서로 작육 환경 모니터링, 작물생산 생육 환경 유지, 제어시스템, 생산 유통 병충해 예측 진단시스템 등
수산업	센서기반 양육시스템, 사료공급량 제어, 성장도 비접촉식 측정, 초음파 위치발신기 부착 어종 분포 및 회유추적 등
전력	스마트 그리드, 마이크로 그리드, 전력 제어, 스마트 커뮤니티, 송배전 감시 시스템, 스마트 미터 등
로봇	인간형 로봇(Humanoid), 의료건강로봇, 교통운반 시스템 로봇, 교육 로봇, 수질개선 측정 로봇, 클라우드 로보틱스 등
통신	근거리통신(NFC), 사물통신(M2M), 실시간 컨테이너 화물추적 관제, 클라우드 컴퓨팅, Mobility, Big data, SNS 등

스마트 옷이 발명된다면 더위와 추위를 스스로 구분하고 건강상태까지 파악하여 비상시에는 병원에 연락하여 응급조취를 취할 수 있도록 해줄 것이다. 이처럼 스마트 산업은 IT 기술과 다른 기술과의 접목을 통해 인간에게 가장 유리하고 편한 제품을 제작하는데 있고 현재 기술발달의 속도로 비추어 볼 때 머지않은 시간에 우리의 상상을 초월하는 제품이 나오리라 예상된다.

위와 같이 스마트 컨버전스는 우리 산업 전반의 경쟁력 강화 및 발전에 기여할 것으로 생각되며, 우리 생존에 직접적인 영향을 줄 수 있을 것이다. 다양한 산업에 대한 스마트 컨버전스는 우리나라의 생존문제 및 사회문제 해결은 물론 국가 차원 경쟁력 상승까지 해결할 수 있는 좋은 대안이 될 것으로 보인다. 한국도 당면한 스마트 컨버전스 시대에 표준화 활동, 제도적인 육성 방안 등 전 국민의 역량이 결집된다면, 스마트 컨버전스에서도 글로벌한 성공을 거둘 것으로 전망하며, 기술혁신으로 미래 스마트 산업에 대해서도 대한민국이 선두주자로 계속 이어가길 예측해본다.

기업들이 새롭게 진출할 시장을 선정할 때는 특정 국가만을 고려하는 편협한 시각에서 벗어나 그 기업이 글로벌전략을 추구하는 데 차지하는 위상과 영향을 고려하는 것이 필요하다고 본다.

3 IT 산업의 미래 전망

현재 우리가 가지고 있는 기술을 근간으로 미래를 예측하는 것은 어리석은 일이다. 너무나 급격히 변하는 IT 산업은 하루가 다르게 기술이 향상되기 때문에 그 누구도 미래를 예측하기 힘들다. 대략적으로 IT 산업의 미래는 백지 위에 그림을 그리는 것과 같을 것이다. 어떤 크기의 종이위에 어떤 그림을 어떻게(연필, 붓, 볼펜) 그리느냐에 따라 다양한 그림이 나올 수 있다. 먼저 스마트 산업이 발달되면 산업 전반에 획기적인 변화를 통해 새로운 패러다임이 시작될 것이다. 사실 미래사회는 누가 먼저 신기술을 선점하느냐에 달려 있기 때문에 각 국가들은 인재양성과 인프라 구성에 전력을 쏟을 것이다. 또한 양자컴퓨터와 이에 상응하는 네트워크가 구성이 되면 세계는 '초' 단위로 변하는 빛의 세계가 될 것이고, 현재 우리가 상상하던 것들을 실현가능하게 할 수 있는 기회를 갖게 될 것이다. 그뿐만 아니라 생명공학 기술과 접목시켜 불치의 병이라 불리는 병들의 원인과 치료에 대안 가시적인 대안책을 내놓는 것도 불가능한 일이 아니라고 사료된다.

Discussion
Questions
토의문제

1. 최근 카드사 대규모 고객정보 유출 사건으로 인해 기업의 정보보호체계에 대한 중요성이 증가하고 있다. 정보보호는 국가와 국민을 위한 사회적 의무이기 때문에 개인의 사생활, 지적재산권 보호, 안전한 인터넷 사용 환경조성을 위한 기업들의 사회적 책임이 매우 크다. 앞으로 재발방지를 위해 어떤 대책이 필요한지 알아보자.

2. 정보보안 산업은 초고속통신망 등 국가 정보통신 인프라를 보호하고, 인터넷 뱅킹 등 금융거래 안정화 실현에 기여하며, 스마트폰, 스마트그리드, 클라우드 컴퓨팅 등 IT 융합산업 활성화를 위하여 필수 불가결한 핵심 산업이다. 정보보안 산업은 그 자체로도 시장규모가 큰 산업일 뿐만 아니라, 다른 산업의 발전을 가능하게 해주는 기반 인프라 산업이다. 최근 북한의 DDos 공격 가능성, 스턱스넷 등 신·변종 바이러스 출현 등으로 그 어느 때보다 사이버 테러 가능성이 높은 상황이다. 이러한 환경변화에 대응하기 위한 정보보안 산업 활성화 방안은 무엇인지 알아보자.

7 ≫ Chapter
글로벌시대의 **환경**

1 환경 이슈

산업의 발달로 인해 인간은 편안함을 누리지만 다른 한편으로는 환경오염으로 인해 생명의 위험을 받고 있다. 특히 글로벌시대에서 환경오염은 단순히 한 국가의 문제가 아니라 전 세계 모든 국가에 영향을 미치기 때문에 UN을 비롯한 국제기구와 민간단체들이 적극적인 환경감시와 함께 환경오염의 근원이 되는 화석연료와 이산화탄소 발생억제를 위한 노력을 하고 있다. 최근에는 이산화탄소 발생량을 강제로 줄이기 위해 '탄소배출권' 제도를 실시하고 있고 한국은 2015년부터 자체 탄소배출권 거래제를 실시할 예정이다. 황폐해져가는 자연은 치유가 되지 않기 때문에 전 세계 모든 국가들은 환경오염의 심각성을 인식하고 친환경에너지 개발과 효율적인 재활용에 머리를 맞대고 있다. 하지만 대기오염, 수질오염, 토양오염, 해양오염 등으로 인해 천재지변과 기상이변이 속출하고 오염에 의한 희귀병으로 고통 받는 사람들이 늘어나고 있다. 이러한 현대 환경오염의 주원인과 함께 해결책을 알아보고자 한다.

1) 지구온난화와 온실효과

지구온난화 현상은 온실효과에 의해 지구의 온도가 서서히 상승하는 현상을 의미한다. 교토의정서에서 정한 6가지의 지구온난화 대상가스는 이산화탄소(CO_2), 메탄(CH_4), 아산화질소(N_2O), 수소불화탄소(HFC), 과불화탄소(PFC), 육불화항(SF_6)이다. 특히 산업혁명 이후 주 에너지 원료로 사용하던 화석원료에 발생하는 탄산가스가 온난화 현상에 지대한 영향을 미치기 때문에 대체연료 개발이 시급한 실정이다. 또한 우리의 일상생활에서 쉽게 접할 수 있는 냉장고 에어컨, 그리고 스프레이에 사용되는 프레온 가스는 태양의 자외선을 차단시키는 오존층을 파괴하기 때문에 사용에 유의해야 한다. 온난화 현상으로 지구 곳곳에서 기상이변과 함께 홍수와 가뭄이 발생하고, 극지방의 빙하가 녹으면서 해수면 상승효과를 발생시켜 자연재해의 원인이 되고 있다.

환경에 대한 이슈는 전 세계적으로 큰 고민거리가 아닐 수 없다. 지구온난화로 인한 환경위기는 점점 더 심화되어 인류가 위협받고 있는 심각한 실정이다. 사상 최저의 오존 수치는 1990년대에 기록되었다. 그러나 과학자들은 최근 오존파괴 속도가 현저히 느려지고 있다고 보고하였다. 대기화학자 뉴저어지는 최근 연구에서 "우리는 오존을 얻고 있는 게 아니다. 단지 덜 빠르게 잃고 있을 뿐이다."라고 하였고 또한 그는 "20년 동안 10년당 약 8%의 오존이 감소해왔으며, 현재는 10년당 4%가 감소하고 있다."고 주장했다.

한국은 지구온난화에 취약하여 직접적인 영향을 받는다. 국내 평균기온 상승률은 세계 평균수준을 크게 상회했다. 2014년 기상청 보도 자료에 의하면(**표 7-1**), 지난 1911년에서 2013년 사이 우리나라는 평균기온이 2.2℃ 상승한 것을 볼 수 있다.

전 세계의 연평균기온도 계속 올라감으로써 땅이나 바다에 들어 있는 각종 기체가 대기 중에 더욱 많이 흘러나올 것으로 예측된다. 이러한 피드백 효과는 온난화를 더욱 빠르게 진행시킬 것이다. 온난화에 의해 대기 중의 수증기량이 증가하면서 평균 강수량이 증가할 것이고 이는 홍수나 가뭄으로 이어질 수 있다. 가장 큰 문제는 해수면이 상승하는 것으로, 기온 상승에 따라 빙하가 녹으면서 이 현상이 일어날 것으로 예측된다. 온난화 현상의 원인은 아직까지 규명되지 않았으나, 온실효과를 일으키는 온실기체 때문이라고 한다. 온실기체로는 이산화탄소가 가장 대표적이며 인류의 산업화와 함께 그 양은 계속 증가하고 있다. 특히 현대에 사용하기 시작한 프레온가스는 온실효과를 가장 크게 일으킨다. 온난화의 해결방법은 온실가스의 배출량을 줄이는 것이다. 에너지 절약, 폐기물 재활용, 환경 친화적 상품 사용, 신에너지 개발 등을 고려해 볼 수 있다. 국제 사회는 지구온난화에 따른 기후 변화에 대응하기 위해 온실가스 배출량을 줄이고 기후변화에 대처

표 7-1 1911~2013년 연대별 기상요소 값

연 도	평균 기온 (℃)	평균 최고 기온 (℃)	평균 최저 기온 (℃)	강수량 (mm)	강수 일수 (일)	일조 시간 (hr)	운량 (10할)	1시간 강수량 30mm 이상(일)	일 강수량 80mm 이상(일)	일 강수량 150mm 이상(일)	안개 일수 (일)
1911~1920년 (a)	10.7	16.2	5.9	1263.0	114.3	2515.3	5.5	–	2.3	0.8	–
1921~1930년	11.0	16.4	6.0	1355.8	111.8	2444.5	5.4	–	2.7	0.7	–
1931~1940년 (b)	10.9	16.4	6.4	1261.4	114.2	2451.3	5.4	–	2.2	0.5	–
1941~1949년	11.0	16.7	6.2	1177.9	110.0	2599.8	5.2	1.1	1.8	0.2	–
1954~1960년	11.3	16.4	7.0	1346.1	112.9	2179.7	5.4	1.7	2.1	0.4	–
1961~1970년	11.6	16.4	7.5	1506.1	112.9	2114.2	5.5	3.3	3.3	0.4	24.4
1971~1980년 (c)	11.9	16.7	7.9	1231.5	109.4	1999.8	5.2	1.2	1.8	0.5	28.1
1981~1990년	12.0	16.6	8.0	1371.7	107.9	2209.5	5.2	2.3	2.7	0.3	16.8
1991~2000년	12.7	17.3	8.7	1429.6	105.7	2133.2	4.7	3.1	3.3	0.6	15.4
2001~2010년 (d)	12.8	17.1	9.1	1550.2	113.0	1855.5	4.9	3.7	3.7	1.0	10.9
2013년(e)	12.5	16.9	8.7	1403.7	127.0	2418.7	4.9	5.0	2.0	1.0	6.0
d-a	2.1	0.9	3.2	287.2	-1.3	-659.8	-0.6	–	1.4	0.2	–
d-b	1.9	0.7	2.7	288.8	-1.2	-595.8	-0.5	–	1.5	0.5	–
d-c	0.9	0.4	1.2	318.7	3.6	-144.3	-0.3	2.5	1.9	0.5	-17.2
e-d	-0.3	-0.2	-0.4	-146.5	14.0	563.2	0.0	1.3	-1.7	0.0	-4.9

해야 할 것이다. 또한 아직은 오존층이 얇아짐으로써 미치는 파괴적인 영향이 완전히 현실화되지는 않았으며, 오존파괴의 원인물질을 줄이기 위한 국제적 노력이 있기는 하나 오존수치가 CFCs의 발명 이전의 농도로 돌아가기 위해서는 50년에서 100년이 걸릴 것이다.

지표에 의해 흡수된 빛에너지는 열에너지나 파장이 긴 적외선으로 바뀌어 다시 바깥으로 방출하게 된다. 이 방출되는 적외선의 일부는 대기 중의 이산화탄소, 메탄, 오존, 일산화탄소 등을 투과하지 못하고 지표로 되돌아오게 된다. 이러한 과

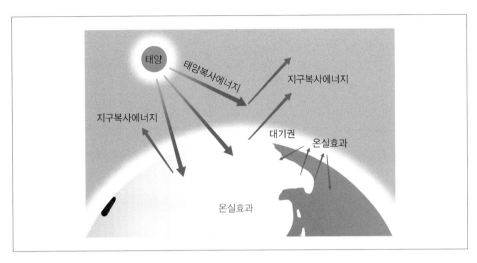

그림 7-1
온실효과

정은 온실 안의 공기가 더워지는 것과 같이 이산화탄소나 수증기 같은 물질이 온실유리와 같은 작용을 하기 때문인데, 이러한 현상이 바로 온실효과 Greenhouse Effect 이다. 지구온난화의 가장 큰 원인은 인구의 증가와 산업화의 영향으로 화석연료의 연소로 발생된 이산화탄소, 쓰레기에 의해서 발생하는 메탄가스(CH_4)와 같은 기체가 대기 중으로 배출되는 양이 늘어나면서 지구를 둘러싼 채 마치 온실과 같은 역할을 하기 때문이다. 이러한 지구온난화 현상을 예방하기 위하여 1992년 6월에 채택된 '리우선언' 이후로 교토에서 2008년부터 2012년까지의 기간 중에 선진국 전체의 온실가스 배출량을 1990년 수준보다 적어도 5.2% 이하로 감축하자고 서명을 한 것이 교토의정서 Kyoto Protocol 이다.

2) 환경오염

환경오염은 인간 생활이나 생산 소비의 과정에서 배출되는 매연·분진·악취·소음·진동·오수·오물·폐기물·방사능물질 등이 생활환경을 오염시켜 인간 또는 생물의 건강·생존·활동에 장애를 주는 현상을 의미한다. 또한 산업발달로 인한 무차별적 개발과 함께 물질만능주의에 물들은 인간의 욕심에 의해 발생되는 '인재'이다. 인구가 많아지고 과학 기술이 발달함에 따라 생태계에서는 뜻하지 않은 문제가 생기거나 걷잡을 수 없는 혼란이 일어나 균형이 깨지는 결과를 초래한다.

이러한 여러 환경으로 인하여 인간에게 영향을 미치는 환경오염에 대하여 종류 및 원인과 해결방안을 모색하고자 한다.

(1) 수질오염

수질오염 Water Pollution은 수질이 오염이 되어 식수나 공업수로 사용하지 못하고 동식물이 서식하지 못하게 되는 환경재해를 의미한다. 또한 하천, 호수, 바다 등의 자연수역에 문명사회로부터 배출된 우리의 잘못된 생활습관과 환경을 무시한 산업개발에 인한 오염물질이 수질을 오염시켜 생태계 파괴는 물론 각종 질환의 원인이 되기도 한다.

① 원인

수질오염은 오염물질이 섞여 들어가서 생물체가 살아가기 힘들게 된 상태이다. 이 수질오염의 원인을 살펴보면 다음과 같다.

첫째, 정화되지 않은 생활하수 및 분뇨의 무단방출이다. 생활하수는 가정에서 사용하는 합성세제, 음식찌꺼기 및 분뇨의 무단방출로 인해 수질과 토양이 오염된다. 무차별적인 개발로 인해 토양은 그 자정 능력을 잃고 인위적인 정수장치도 그 한계점에 도달했기 때문에 인간의 생활습관과 인식이 변하지 않는 이상 이 문제해결에는 한계가 있다.

둘째, 축산폐수와 농약이다. 축사에서 나오는 분뇨, 폐수, 악취는 심각한 전염성 질병과 함께 수질오염을 일으키고 농약에 의한 수질오염은 맹독성을 가진 오염으로 토양오염은 물론 수원고갈 현상을 일으킨다. 또한 하천이나 강에 유입하는 경우에는 심각한 수질오염으로 모기 같은 유해성 곤충들이 서식하게 되고 공업용수로도 활용하지 못하게 된다.

셋째, 공장폐수이다. 산업발전과 더불어 각종 오염물질이 함유된 공장폐수는 법에 규정되어 있는 정화장치를 통해 방출되어야 하지만 기업들의 비용감소를 위해 무허가로 방출하는 경우가 많다. 특히 각종 화학공장과 금속공장에서 나오는 유해성분은 수질오염뿐만 아니라 대기오염의 주범이기도 한다.

넷째, 해양에서 기름누출이다. 매년 해양 선박사고로 유출되는 기름오염은 바다뿐만 아니라 갯벌에도 심각한 영향을 준다. 2007년 충남 태안에서 발생한 기름유

출사고는 주민들의 직접 피해액만 약 수천억 원이 넘는 경제적 피해와 자연복구를 위한 온 국민적 노력을 필요로 하였다.

② 해결방안

환경을 파괴하는 수질오염의 해결방안을 다음과 같이 제시해본다.

첫째, 생활하수의 양을 줄이고 정수처리장을 늘인다. 국민적 계몽운동을 통해 가정에서 배출되는 생활하수를 줄이고 정수장을 통한 정화량을 늘인다. 보다 근본적인 방법은 오염되기 전 예방활동을 통해 오염자체를 줄이는 것이다.

둘째, 산업폐수는 엄격한 관리를 통해 국가가 정책적으로 관리해야 한다. 영리를 목적으로 하는 기업에서는 이익을 위해 벌금을 두려워하지 않고 고의적으로 산업폐수를 버리는 경우가 있기 때문이다. 한 번의 실수로 자연은 회복할 수 없는 상태가 될 수 있다.

셋째, 수질관리와 수질개선을 위한 전문연구를 통해 수질관리를 체계화한다. 시민단체나 연구단체와 협력하여 수질감시와 개선을 위한 관·민 노력이 필요하다. 상수원 보호와 녹조제거 그리고 오염하수의 종말처리를 위한 모니터링 제도를 통해 식수 수질을 원천적으로 보존한다.

(2) 대기오염

대기오염Air Pollution은 공기에 오염된 물질이 포함되어 있는 상태를 의미한다. 따라서 대기가 오염이 오존층 파괴는 물론 '엘니뇨'와 같은 기후에도 영향을 주고 심하면 사람은 외출을 하지 못하고 숨쉬기가 불편하며 각종 호흡기성 질환에 걸리기 쉽다.

① 원인

대기오염은 인위적 발생원에서 배출된 물질이 생물이나 기물에 직접적으로 해를 끼칠 만큼 다량으로 대기 중에 존재하는 상태이다.

첫째, 아황산가스(SO_2)이다. 자동차 연료 연소 시 또는 석탄이나 석유와 같은 화석연료가 연소 시 발생되는 이 가스는 호흡기 장애를 일으키거나 산성비를 내리게 하는 주범이다.

둘째, 이산화탄소(CO_2)이다. 자동차가 주행할 때 연료가 완전 연소하지 못하여 생기는 매연 중에 포함되어 있다. 산업현장에서는 공장에서 사용되는 연료나 가스레인지 연소 시에도 발생된다. 일반적으로 우리 생활과 밀접하게 연관된 기기들을 통해 발생되기 때문에 우리의 생활습관 개선이 필요하다.

셋째, 이산화질소(NO_2)이다. 이것은 산성비를 내리게 하고 공기와 다른 성분과 합쳐지면 미세먼지가 되기도 한다.

② 해결방안

첫째, 화석에너지 사용을 줄이고 태양력, 풍력, 지열, 조력, 그리고 바이오매스 같은 친환경 대체에너지를 활용하고 지역 구조를 활용한다. 화석에너지는 매장량에도 한계가 있고 연소될 때 많은 오염문제를 야기시키기 때문에 이를 대처할 에너지 개발이 필요하다.

둘째, 대기오염의 측정기를 설치한다. 국민들에게 대기오염의 심각성을 알리고 실제 대기오염의 상태를 실시간으로 알게 하여 대기오염에 의한 질병예방은 물론 대기오염의 경각심을 일으키게 한다.

셋째, 친환경연료 대중운송수단을 운용한다. 전기차나 태양열을 이용한 운송수단은 이제 상용화 단계에 들어섰다. 화석연료를 이용한 자동차를 배제하고 이와 같은 친환경 연료를 사용한다면 대기오염은 확연히 줄어들 것이다.

넷째, 대기오염 총량관리제를 통한 엄격한 관리를 한다. 공업지역과 농업지역 그리고 도시와 산간지역 등등 지역에 따라 다른 기준으로 실시간 모니터링을 통해 오염되기 전에 미리 예방할 수 있는 환경을 조성한다.

다섯째, 프레온 가스사용을 줄이고 삼림개발에 앞장선다. 프레온가스는 오존층을 파괴시키며 기상변화를 일으키는 요인이다. 따라서 냉장고나 에어컨 같은 가정폐기물은 지정된 업체에서만 처리하도록 한다.

(3) 해양오염

해양오염 Marine Oollution은 바다에 무단으로 오염이 되는 물질을 투기하거나 오염물이 배출되어 바다를 오염시키는 것이다. 특히 공해상에서 비밀리에 오염물질을 투기하는 경우는 적발도 힘들고 오염 정도도 알 수 없기 때문에 긴밀한 국제적 공조가 필요하다.

① 원인

해양오염의 1차적 원인은 인간들이 무분별한 오염물을 바다에 투기하는 것이다. 또한 난파선이나 선박 충돌로 인한 기름 유출은 해양과 갯벌, 그리고 오염된 생물의 먹이사슬에 있는 동물들에게 피해를 주고 그 동물이나 식물을 먹이로 하는 상위계층에서는 오염된 먹이를 통해 2차 피해가 발생하게 된다. 충남 태안사태의 경우, 유조선과 크레인 선이 바다에서 충돌하여 유출된 기름이 갯벌은 물론 물고기와 바닷새에도 영향을 미치고 이를 기반으로 하는 어민생활에도 심각한 영향을 미쳤다.

② 해결방안

해양오염은 해양에 배출·투기된 물질이 바닷물을 오염시키는 일이다. 이를 위한 해결방안을 다음과 같이 제시하고자 한다.

첫째, 해양환경 보호에 대한 올바른 인식에 대한 범국민적 각성이 필요하다. 해양은 토양오염과는 달리 오염 정도를 객관적으로 측정하기에는 기술적으로 힘들다. 또한 해양업에 종사하는 사람들의 적극적이고 자발적인 참여와 국민들의 관심이 있을 때 해양오염을 예방할 수 있는 기회를 갖게 된다.

둘째, 정책적 지원이 이루어져야 한다. 오염에 대한 모니터링을 하고 법을 어길 시 에는 그에 상반된 제재를 가할 때 오염범죄가 감소될 것이다. 다른 범죄와 달리 한 번 오염되면 원상복귀가 힘든 만큼 UN을 중심으로 한 국가 간 국제협약과 조약을 통해 오염방지를 위한 공조 시스템을 구축해야 한다.

셋째, 해양오염방지 및 유류방지 기술개발을 위한 국제적인 노력이 필요하다. 해양오염은 특성상 한곳에 있지 않고 해류를 타고 쉽게 이웃나라에 퍼진다. 2차 확산을 막기 위해서는 방제기술과 함께 실시간으로 위성을 통해 모니터링을 할 수 있는 협력체제가 요구된다.

(4) 토양오염

토양오염Soil Pollution은 자정능력을 잃은 흙이 오염물질에 의해 토양오염이 되어 흙의 고유기능인 생산성을 잃고 심각한 환경문제를 일으키는 상태를 의미한다.

① 원인

토양오염은 토양 속에 오염물질이 함유되어 오염물질이 섞인 폐수·하수·폐기물이 토양에 버려지거나 농약이 토양에 스며들면서 오염되는 경우이다. 이러한 원인을 살펴보면 다음과 같다.

첫째, 농약이다. 제초제나 살충제와 같은 농약은 해충과 잡초를 방제하면서 동시에 토양뿐만 아니라 지하수도 오염시키기 때문에 각별한 주의가 필요하다. 농약에 오염된 토양에서 자란 농산물은 세척 후에도 잔류 농약성분이 남아 있을 경우가 있기 때문에 특별한 주의가 필요하다.

둘째, 다양한 폐수이다. 가정에서는 생활하수, 산에서는 폐기된 광산에서 나오는 광산폐수, 그리고 공장지역에서 나오는 공업용 폐수 등은 수질오염과 함께 심각한 토양오염의 주범이다. 특히 폐광에서 나오는 폐수는 폐광의 광석종류에 따라 중금속 오염은 물론 각종 오염의 원인이 된다.

셋째, 각종 산업폐기물이다. 건전지의 수은과 카드뮴, 형광등의 수은, 쓰레기 매립, 폐알칼리, 폐고무, 폐유, 그리고 각종 산업 부산물에 의한 오염은 산업발달 이후 인간이 만든 재앙이다. 단순히 경비절감을 위해 또는 환경오염의 심각성을 알지 못하여 발생되는 인재이다.

넷째, 방사능 물질이다. 2011년 3월 일본을 강타한 지진의 영향으로 후쿠시마 원자력발전소의 오염수가 방출되는 사고가 났다. 이 사고로 바다는 물론 지하수, 토양오염으로 확산되었다. 방사능 오염은 일반 오염과 달리 원자력 산업 관련자의 부주의나 천연재해에 의해 발생된다.

화학 또는 생물 무기능력을 보유하고 있는 것은 국제안보가 직면한 매우 복잡하고 다면적인 과제이다(표 7-2). 세계의 많은 지도자들은 이러한 위협을 인식하고 일련의 지역적, 세계적 구상을 통해 확산의 문제점들을 다루었다. 이러한 확산 금지구상은 과거 몇 십년간 발전해왔으나, 21세기에 이러한 노력들이 과연 효과적일까 하는 회의적인 의견들도 있다.

표 7-2 화학 또는 생물 무기능력을 보유하고 있는 것으로 추정되는 국가들

화학 무기	중국, 이집트, 인도, 이란, 이스라엘, 리비아, 북한, 파키스탄, 수단, 시리아, 대만
생물 무기	중국, 이집트, 인도, 이스라엘, 리비아, 북한, 파키스탄, 러시아, 수단, 시리아

　1960년대 세계지도자들은 부분적 핵실험금지조약과 같은 새로운 구상에 합의했다. 이 협약은 대기, 우주공간, 그리고 수중에서의 핵실험을 금지하였다. 처음에는 소련, 영국, 미국 지도자들이 이 협약을 승인하였으며, 나중에 다른 국가들도 동참하였다. 1967년 라틴아메리카 핵무기금지조약은 거대한 비핵지대를 조성하였다. 이 조약 가맹국들은 핵시설을 평화적 목적에만 사용하겠다고 서약했다. 가장 중요한 점은 이 조약이 생물 무기능력을 보유하고 있는 국가들은 핵무기의 실험이나 획득을 금지했다는 것이다.

　② 해결방안

토양오염은 우리 삶의 터전이자 주식인 쌀과 야채, 과일의 성장과 직접적인 관계가 있기 때문에 자연적인 '흙'의 자정능력을 키워주고 보호해 주어야 한다. 또한 토양오염은 지하수나 폐수를 통한 수질오염과 밀접한 관계가 있기 때문에 다양한 관점에서 다루어야 한다. 효과적인 토양오염 방지를 위해서 다음과 같이 해결방안을 제시해본다.

　첫째, 농약사용을 줄인다. 농약은 인체에는 백해무익하고 잔류 농약으로 인한 2차 피해까지 예상되므로 농약사용을 피하고 유기농법을 사용하여 토양이 가지고 있는 자정능력을 키운다. 농약은 인간이 만든 화학성분의 종합체이고 토양과는 상극적인 관계이기 때문에 미량의 사용도 인간에게는 치명적일수도 있기 때문이다.

　둘째, 산업 쓰레기 배출을 억제하고 산업 현장에서 발생된 쓰레기는 자격 있는 전문 관리자에 의해 안전하고 위생적인 방법으로 처리되어야 한다. 특히 석면이나 폐건전지, 폐유, 폐고무 같은 산업쓰레기는 철저한 감시를 통해 이동과 처리할 때 모니터링을 통해 감시되어야 한다.

　셋째, 토양 오염도를 측정하고 예방하는 전문기관을 통해 지역마다 토양오염지도를 만들어 수시로 점검하여야 한다. 아직 토양오염의 심각성을 모르는 일반인

을 위해 자기지역의 오염수준을 알려주고 심각성을 각성시킨다면 음식물 쓰레기나 폐기물 취급에 주의함은 물론 실시간으로 오염 정도를 알기 때문에 실제적인 효과를 거둘 수 있다.

넷째, 난개발에 의한 무분별한 토양파괴는 생태계의 파괴뿐만 아니라 환경 전체에 영향을 주기 때문에 정책적인 대책과 계획적인 개발대책이 필요하다. 경제와 환경을 감안한 '녹색성장'은 이와 같은 난개발을 방지하면서 산업화를 이루기 위한 좋은 방법이다.

3) 국제환경협약

환경문제를 논의한 최초의 국제회의는 1972년 6월 스웨덴의 스톡홀름에서 열린 '유엔인간환경회의UNCHE'이다. '하나뿐인 지구'를 주제로 113개국이 참여한 이 회의에서 지구 환경문제를 다루는 유엔 전문기구가 있어야 한다는 공감대가 형성됨에 따라 '유엔환경계획 UNEP'이 설립되었다. 다음은 주요 국제환경협약International Convention on Environment에 관련된 내용들이다.

이러한 노력으로 국제사회의 각종 환경협약이 늘고 있으며, 그중 대기, 물, 폐기물, 유해 물질, 자연환경 등의 분야에서 국가 간 협약이 체결되어 이미 발효된 것만 164개에 달한다. 이런 가운데 현재 세계 여러 나라가 국제적인 환경문제를 실제적으로 해결하기 위해 협력 체제를 유지하고 있다.

환경문제가 지역적인 문제가 아닌 국제문제로 대두되면서 국제연합이 주동이 되어 국제적 관심과 합의를 이끈 국제협약은 글로벌시대의 인간들이 자연을 지키려는 최소한의 노력이다. 산업혁명 이후 급속한 기계문명과 물질만능주의에 휩싸인 인간들은 난개발이나 토양, 수질오염과 같은 환경오염에 무관심하였고 환경오염이 인체나 지구 전체에 미치는 영향에 관한 정보도 충분하지 않았다. 특히 예전의 개발도상국들은 오염된 이산화탄소나 프레온 가스 같은 오염된 가스나 연기를 내뿜는 굴뚝산업이 주산업이었기 때문에 지구의 오염도는 극에 도달했다. 결국 유엔의 적극적인 개입과 미국을 비롯한 유럽 국가들이 문제의 심각성을 인식하고 지구온난화와 폐기물 무단투기, 그리고 사막화 방지를 위한 국제협약을 체결하는 데 주도적인 역할을 하였다.

표 7-3 국제환경협약 관련 내용들

협약	내용
런던 협약 (1975년 발효)	• 폐기물과 기타 물질의 투기에 의한 해양 오염 방지에 관한 협약
람사르협약 (1975년 발효)	• 물새 서식지로서 중요한 습지에 관한 협약
몬트리올의정서 (1989년 발효)	• 오존층 파괴 물질인 프레온가스의 생산과 사용을 규제하고자 제정한 협약으로, 규제 물질을 포함한 냉장고나 에어컨 등은 1992년 5월 이후 비가입국으로부터 수입할 수 없게 되었음
바젤 협약 (1992년 발효)	• 국제적으로 문제가 되는 유해 폐기물의 수출입과 그 처리를 규제하기 위해 제정된 협약
생물 다양성보존협약 (1993년 발효)	• 지구상의 다양한 생물종을 보호하고, 생물자원의 지속 가능한 이용을 위한 협약
기후변화 협약 (1994년 발효)	• 지구온난화를 일으키는 온실가스 배출량을 억제하기 위한 협약 • 기후변화 협약을 이끌어 낸 '리우 선언'과 '아젠다 21'은 환경문제를 해결하기 위한 탈국경(borderless)·탈국가(trans-national)적 국제 협력
사막화방지협약 (1996년 발효)	• 심각한 가뭄과 사막화의 영향을 받고 있는 국가에 대한 재정적·기술적 지원과 이를 위한 재정 체계의 수립, 개발도상국의 사막화 대응 능력의 향상을 위해 채택된 국제 협약
교토의정서 (2005년 발효)	• 기후변화 협약의 구체적 이행을 위한 협약으로, 온실가스 감축 목표를 담고 있음 • 선진국 38개국에서 이산화탄소를 비롯한 6가지 온실가스의 배출량을 2008~2012년 사이 일정 수준 이하로 줄이는 것 목표

위에 언급된 많은 조약들이 의미하는 것은 지구가 점점 몸살을 앓고 있고 우리가 지켜야 할 것은 갈수록 늘어난다는 것이다. 종전에는 존재하지 않았던 산업폐기물, 그리고 최근에 그 유해성이 밝혀진 석면가루, 미세먼지, 후쿠시마 원전사고로 다시 알게 된 방사능의 위험 등 산업이 발달하면 할수록 여기에서 나오는 부산물에 의한 오염은 심각성을 더해 간다. 국제환경협약이 필요한 것은 바로 이와 같은 오염의 다양성과 정교성에 의해 한 국가의 노력으로는 해결할 수 없고 그 폐해 또한 한 국가가 짊어지기에는 지대하기 때문에 국제적인 협조와 노력이 필요하다.

우리나라도 환경문제에 관해 적극적으로 참여하여 매년 황사문제로 인한 피해를 줄이고자 중국, 몽골, 한국, 일본 4개국이 참가하는 황사극복 프로젝트[11]에 가입하여 해마다 현지에 가서 식수를 하고 황사방지에 대한 연구 활동에 참여하고 있다.

4) 국제적 환경오염의 대안

환경오염은 지엽적인 문제가 아닌 글로벌 문제인 만큼 국제적인 공조가 필요하다. 거시적으로는 UN을 중심으로 한 '국제협약' 및 국제공조를 통해 환경의 중요성을 교육시키고 대책을 연구하며 환경오염국가에 인적으로나 경제적 지원을 통해 문제를 해결하는 노력을 해야 한다. 또한 대체에너지 개발, 효율적인 에너지 사용, 그리고 친환경 농사법등을 전파하며 개발도상국의 산업폐기물의 무단폐기와 난개발방지를 위한 국제적 협의가 마련되어야 한다. 이에 국제적인 환경오염인 환경보호를 위한 대안이 필요하다.

미시적인 대안으로서는 이웃 국가 간의 노력을 통해 환경오염에 노력해야 한다. 한국과 중국은 '한·중 환경협력협정'을 통해, 일본과는 '한·일 환경협력 공동위원회'를 통해 상호 환경보호에 앞장서야 한다. 대기오염은 특성상 피해가 무차별하게 확산될 수 있으므로 오염 발생국은 주변 국가들에게 미리 알려서 주의하게 만들고 공동해결을 위한 공조에 적극적으로 참여해야 한다. 예를 들면, 중국이나 몽골에서 발생하는 '황사현상'은 현지의 사막화 현상에 의해 발생되기 때문에 중국은 '삼북방호림사업[12]'을 통해 현지에 가서 나무심기를 통해 사막화 현상을 막기 위한 노력을 하고 있다.

2 환경과 미래

글로벌시대에는 미묘한 정치, 외교, 그리고 경제문제로 각 국가 간의 신경전을 벌이고 있다. 예를 들면, 개발대상국과 선진국 간의 환경에 대한 견해 차이는 경제

---

11 황사극복 프로젝트는 황사 피해의 당사국인 중국, 몽골, 한국, 일본은 지구온난화의 영향으로 더욱 심화되고 있는 황사 문제를 해결하기 위해 국제 공조를 펼치고 있다. 황사 관련 기상정보를 공유함은 물론이고 황사 발원지인 고비 사막과 타클라마칸 사막 일대에 모래 포집기를 설치하고 나무를 심어 황사 피해를 예방하고 있는 프로젝트이다.
12 중국 정부는 날로 심각해지는 사막화 현상을 막기 위해 1996년 유엔 사막화 방지 협약(UNCCD)에 가입한 후 '삼북방호림사업'과 '황사방지 프로젝트'를 통해 사막에 나무 심기 공사를 이어가고 있다.

적 관점에서 볼 때, 서로 상반된 의견을 가지고 있는 경우가 많다. 이산화탄소 배출 규제문제를 보면 개발도상국에서 아직 굴뚝사업이 중심 사업이기 때문에 할당량에 대한 불만이 많고, EU 내외를 연계하는 국제선의 항공기에 대한 이산화탄소의 배출 규제에 대해서 미국이나 중국 등으로부터 강한 반발을 받아서 아직 실행하지 못하고 있다. 내년에 한국에서 실시하려는 '저탄소차 협력금제도'는 경제적 이유로 국내 자동차업계의 강한 반발을 사고 있다. 이와 같이 환경문제는 여러 문제가 복합되어 있기 때문에 글로벌시대의 환경문제는 경제와 환경, 그리고 문화를 고려한 관점에서 바라 봐야 한다. 오염원이 되는 물질들은 대부분 인간의 경제적 활동이나 기타 원인에 의해 생기는 부산물이거나 결과물인 만큼 거시적인 측면에서 환경오염의 문제를 인식해야한다.

경제와 환경을 생각하는 '녹색성장'이 미래의 환경을 결정하는 주요 키워드가 될 것이다. 환경을 보전하면서 경제적 활동을 보장하는 녹색성장은 이미 기존의 경제패러다임으로 바뀌었고 미래 산업을 이끌 역동적인 시동장치와 같은 역할을 할 것이다.

1) 녹색성장

(1) 의미

녹색성장은 환경과 성장이라는 두 가지 가치를 포괄하는 개념이다. 기존의 경제성장 패러다임을 환경 친화적으로 전환하는 과정 중 파생되는 에너지, 환경 관련 기술, 산업에서 미래유망 품목과 신기술을 발굴해내고 기존 산업과의 상호융합을 시도해 신 성장 동력과 일자리를 창출하는 것을 의미한다. 또한 녹색성장은 환경 친화를 기반으로 한 경제·사회 성장 또는 국가발전(전략)으로, 경제성장으로 인한 환경 압력 감소와 미래 세대를 위한 환경용량 유지는 물론, 경제와 사회의 성장도 꾸준하게 이루어가는 것을 포함한 개념이다.

(2) 추진배경

녹색성장은 지구온난화에 의한 지구환경파괴를 방지하고 신 성장동력을 얻기 위한 수단으로 2005년 3월 서울에서 개최된 'UN아시아 태평양 환경개발장관회의 MCED'에서 패러다임 개념이 등장하였다. 2008년 8월 15일 경축사에서 대통령이 '저탄소 녹색성장' 정책 발표를 하면서 시작되었던 것이다. 정부는 자전거와 같은 녹색교통을 위한 전용도로를 만들고 저탄소 배출을 하는 천연가스 버스나 하이브리드 자동차를 이용한 공공교통수단을 장려하며 태양, 조력, 그리고 풍력과 같은 청정에너지 확보와 유기농 농산물 재배 장려 등을 통해 녹색성장사업을 추진해왔다. 석유나 석탄과 같은 화석에너지의 고갈과 난개발로 인한 토양과 대기오염에 의한 환경파괴는 개발로 인한 이익보다는 손해가 크기 때문에 이제는 전 세계적으로 확산되어 녹색성장은 새로운 경제 패러다임으로 자리 잡았다.

구체적 대안의 예로는 태양광·풍력 발전을 확대하고, 조력·파력 등과 같은 해양 에너지 개발을 위한 대규모 신재생에너지 단지의 조성 및 새로운 에너지 자원을 개척해나가고, 바이오 연료와 무공해 석탄과 같은 그린에너지 기술의 개발, LED 조명과 같은 고효율·저탄소 제품의 개발 확대, 녹색도시의 조성, 친환경·청정 농산물의 생산 증대 등을 들 수 있다.

(3) 미래 전망

개도국을 대상으로 녹색성장에 대한 해결책을 제시하고 글로벌 동반성장을 추구하기 위한 국제기구 글로벌 녹색성장 기구 GGGI: Global Green Growth Institute 는 한국이 주도하여 설립하였다. 2010년 창립된 GGGI는 저탄소 녹색성장을 위한 개발을 지원하여 기후변화 대응 등에 기여할 것으로 기대하고 있다.

정부 차원의 녹색성장운동이 활성화되면 정책적인 측면에서 기술집약적 기술인 생명공학과 나노산업이 발달되고 친환경적 경제활동을 통해 고부가 가치를 기대할 수 있다. 기존의 굴뚝사업에서는 사람의 힘과 열에너지(대기오염의 주범)를 통해 제품을 만들었지만 이제는 저탄소 생산을 통해 환경은 보호하고 경제발달은 최대화시킬 수 있기 때문에 지속적인 녹색사업기술에 대한 정책적인 지원과 연구가 필요하다. 또한 아직 초기단계에 있는 녹색성장을 위한 인프라 구축이 시급하다. 전문 인력배출을 위한 전문교육과 연구 활동을 위한 학문적 교류, 그리고 생각을 현실로 바꾸어 줄 기술력이 보장될 때 성공적인 녹색성장을 기대할 수 있을 것이다.

녹색성장의 성패는 경제적인 측면에서 보면 누가 먼저 미래의 에너지를 개발하고 저탄소 차량을 상용화 시키느냐에 달려있다고 볼 수 있다. 고갈되어가는 화석 에너지를 대체 할 미래의 에너지는 무한한 시장을 가지고 있고 에너지가 무기가 되는 시대인 만큼 각 나라마다 사활을 걸고 개발에 박차를 가하고 있다. 한국도 '한국에너지 기술연구원'을 통해 재생 에너지연구개발에 임하고 있다.

2) 유비쿼터스 첨단미래도시

최근 대중매체에서 가장 많이 거론되는 단어로 '유비쿼터스', '녹색성장', '융합'이란 단어가 빠지지 않는다. 현재 친환경 녹색성장 미래도시를 꿈꾸며, 다양한 사업과제와 정부의 지원 속에 미래도시의 청사진을 그리고 있지만, 정작 우리가 원하는 유비쿼터스 미래도시의 계획은 제자리걸음이다. 전 세계 대부분의 스마트 또는 유비쿼터스 신도시의 계획을 보면 ITS, 첨단교통 시스템이나 CCTV를 이용한 방범 서비스 등 기존 첨단시스템에서 더 큰 비전을 보여주지 못하고 있는 실정이다.

(1) 개념

만물지능 센서노드와 도시 인프라가 융합된 유비쿼터스 미래도시, 만물지능 첨단 녹색도시를 말한다. 국가 또는 도시 관리 주체인 중앙 및 지방정부가 쾌적한 탄소 청정 도시의 행복한 삶의 질 향상을 위해 도시에 투입되는 에너지와 물질, 도시가 배출하는 폐기물과 폐열을 최소화한다. 이를 위해 지역단위, 건물단위, 시설단위별로 지능화된 Web 2.0 Organic Things 녹색 환경 속에 시공간을 초월하는 유비쿼터스 그린 IT 기술을 융합하여, 에너지와 행복을 실시간으로 극대화시켜주는 생물도시 개념의 쾌적한 도시, 편리한 도시, 안전한 도시, 부유한 도시를 만들어주는 임베디드 시스템으로 정의한다. 녹색환경의 인프라를 통해 도시를 구성하는 에너지, 물, 탄소, 교통, 비즈니스 등 Smart Grid 시스템을 적용하여 보다 편리하고 쾌적한 도시로 정의한다.

(2) 목적

유비쿼터스 미래도시의 목적은 행복의 극대화, 경제의 극대화, 그리고 녹색의 극대화이다. 즉 물리적 공간인 도시 공간 내에 유비쿼터스 만물지능 정보통신 기술을 활용하여, 도시 내의 수많은 Space, Things, People 간에 지능적 정보 교환이 가능한 공간으로서, Web 2.0 도시 공간 내에 환경부하를 감소하고, 엔트로피 증가를 악화시키기 위해 도시에 투입되는 물질 및 에너지 소비를 최소화하고, 재생 가능물질 및 청정에너지를 고려한 녹색 도시 인프라 속에 도시의 빗물처리, 순환·저류 기술을 통해 생태 및 자연이 인간과 함께 살아 숨쉬는 'Green-IT' 기반의 생물형 첨단 친환경 탄소경제도시를 만드는 데 있다.

(3) 문제점

인간의 생활주기 환경개선은 시설투자, 주거환경, 범죄율, 교통, 교육의 질, 보건, 서비스 질 등에 영향을 미치고, 최첨단 과학기술을 응용하여, 도시의 구성요소를 하나의 유기적 복합체로 보았다. 이것은 새로운 도시 활동과 도시 구성요소, 청정 자연 환경을 생태의 다양성, 순환성, 안정성이 지능적으로 조화된 도시 공간 속에 인간편의와 모든 생태가 평화롭게 공존하는 미래형 도시를 꿈꾸는 것이다. 그리고 하나의 도시가 세워지고 새로운 사회 질서가 확립되기 위해 국가, 입법, 사법, 행정, 시민이 하나가 되어 제도를 확립하고 교통, 인프라, SOC 등 사회에 필요한 기반 시설과 비즈니스, 교육, 건강 등 행복한 삶의 질 향상이 서로 공존하는 것이 필요하다.

(4) 구성

유비쿼터스 미래도시는 첨단 녹색생태 도시공간과 구성요소(시설, 사물, 인간)가 Web 2.0 양방향 유무선 유비쿼터스 센서 네트워크(오감 Sensor & 신경 Neuron)로 융합된 생물개념의 유기복합 첨단도시로서, 지능형 녹색 주거, 사무, 자연, 공공, 가상, 사회기반 공간이 쾌적한 삶과 행복의 질 개선을 위해 web 2.0 인간사회 Social Network 기반의 양방향 정신적 행복을 추구하는 개념의 미래형 첨단 녹색 생태도시로 구성하는 도시이다.

(5) 전망

현재 세계 여러 나라의 도시와 그 도시의 정책, 인프라, 시스템 등은 매우 정형화되어 있으며 요즘 각광받고 있는 친환경 첨단 녹색도시의 개념과는 거리가 멀다. 하지만 21세기 새로운 컴퓨팅 개념으로 떠오른 유비쿼터스 컴퓨팅은 유비쿼터스 센서 네트워크의 문제점을 초월한 개체들 간의 소통, 즉 사물 간 또는 사물과 생명체 간에 정보소통 및 공유가 가능하다. 개체인지, 위치인지, 상황인지, 소통인지 기반의 만물지능 소통센서인 신경 뉴론 개념의 유무선 통신 네트워크의 융합을 통해 유비쿼터스 미래도시를 유기적 생명체로 탄생시켰다. 생명체의 개념을 정립하고, 이를 신개념 녹색도시에 접목시킨 것이 유비쿼터스 미래도시, 만물지능 첨단녹색도시인 것이다.

3) 가상현실

인간의 오감각을 통해서 특수한 안경과 장갑을 사용하여 컴퓨터의 소프트웨어 프로그램 내부에서 가능한 것을 현실세계에서 체험할 수 있는 것처럼 유저 인터페이스 기술이 말 그대로 현실이 아닌 가상세계를 말한다.

웹에서 이러한 3차원적인 효과를 제공하는 서비스들이 하나둘씩 생겨나고 있다. VRML Virtual Reality Modelling Language을 지원하는 웹 사이트들이 그것인데, 전자 쇼핑을 예로 들 경우, 마치 3D 게임에서 건물 안을 자유롭게 돌아다니면서 마음에 드는 매장에서 마음에 드는 제품을 선택하여 보고, 전자적으로 대금을 결제할 수 있는 가상 현실적인 서비스가 가능하다. 즉, 컴퓨터에서 현실을 가상으로 구현한 것으로 앞으로 소프트웨어 기술이 향상되면서 그 성능이 보다 향상될 것으로 보인 세 가지를 소개한다.

첫째, 가상현실 Virtual Reality은 이미 우리에게 익숙한 용어로 자주 사용하고 있는 기술이다. 대부분의 비디오 게임은 가상현실을 바탕으로 캐릭터를 조작하는 방식으로 이루어져 있다. 컴퓨터 그래픽 기술의 발전으로 가상현실은 현실에 존재하는 곳을 그대로 인식하기 시작했다. 가상현실은 아무리 정교하게 컴퓨터 그래픽을 만들어낸다 하더라도 인간의 두뇌는 가상현실을 가짜라고 인식한다. 과학자들은 모션캡처로 실시간 전신을 조작할 수 있는 가상현실 세상까지도 인간은 가짜라고 인식한다.

둘째, 증강현실 Agmented Reality은 스마트폰이 보급되면서 널리 알려지게 되었다. 증강현실 어플리케이션은 스마트폰의 보급과 비슷한 시기에 게임기에도 카메라가 장착되면서 증강현실이 가능하게 되었다. 휴대용 게임기에서도 증강현실을 활용하여 현실의 공간에 존재하지 않는 것을 재창조하여 게임기 디스플레이를 통해 보여주는 흥미로운 게임으로 발전하였다. 증강현실이 아무리 발전할지라도 인간은 현실과 증강현실을 혼돈하지는 않는다. 어디까지나 만들어진 가짜라는 것을 이미 알고 있기 때문이다.

셋째, 대체현실 Substitutional Reality은 현실인지 비현실인지 체험하는 사람이 알 수 없게 된다. 기술의 발전으로 360° 촬영한 공간의 데이터를 가질 수 있게 되었다. 헤드마운트 디스플레이 HMD를 장착한 유저는 HMD를 통해 세상을 보게 되는데 이때 과거에 같은 장소에서 촬영한 360° 영상을 플레이해주면 이것이 현실인지 과거인지 알 수 없게 된다. 지금은 시각과 음성만 대체현실로 인지하지만 나중엔 촉각과 후각까지 대체현실로 구현이 가능하다면 엄청난 기술이 아닐 수 없다. 과연 대체현실로 가게 되면 어떤 세상이 될지 궁금증을 증폭시키게 될 것이다. 예를 들어, 현재의 웹 서비스가 애니메이션과 디지털 무비를 지원한다 해도 2차원 형태의 화상 정보로는 한계가 있다. 실제로 웹 서비스를 이용하여 전자 쇼핑을 한다고 할 때 구입하려는 물품의 목록과 사진, 가격을 확인하도록 해줄 뿐 실제로 매장 안을 걸어 다니며 각 상품을 즉흥적으로 골라서 볼 수 있는 3차원적인 기능을 영화 속에서나 기대해 볼 만한 것이다.

3 글로벌시대의 미래환경

지구환경의 변화와 미래는 우리의 노력에 달려 있다. 이미 오염된 환경은 원상복귀 시킬 수 없지만 더 이상 오염되지 않도록 오염 확산금지를 위한 노력을 하고 예방교육과 계몽운동을 통해 환경의 중요성을 인식시켜야 한다. 글로벌시대의 미래 환경을 예상해보면 이와 같다.

첫째, 친환경적 경제개발을 위한 안정된 '녹색성장'의 활성화－국제협정에 의해 대기, 수질, 토양오염이 감시되고 제한되므로 녹색성장만이 미래 산업을 이끌 유일한 해결책이 된다.

둘째, 대체 에너지를 개발을 통한 청정에너지 확보－대체에너지 개발은 인류의 역사와 함께 해온 화석원료의 고갈과 오염문제를 해결위한 유일한 수단이다. 많은 국가들이 연구를 통해 바이오, 풍력, 태양, 조력 등등 많은 대체 에너지를 내놓았지만 아직까지 경제적으로 상용화시킬 수 있는 상태는 아니다.

셋째, 녹색교통의 일반화를 통한 대기오염 방지－녹색교통은 대체에너지와 연관되어 있고 스모그나 오존층 파괴와 같은 기후변화에도 밀접한 관계가 있다. 저탄소 연료를 사용하는 녹색교통의 일반화를 위해 각 나라에서 천문학적 연구비를 투자하는 만큼 곧 가까운 미래에 실현화될 것으로 예측한다.

넷째, 국제협약을 통한 환경오염 통제 및 감시－환경오염의 심각성을 인식하고 있는 각 나라들은 자국의 경제적 이익보다는 우리 모두가 공유하는 글로벌 환경을 위해 국제협약에 적극적으로 참가하리라 본다. 즉 미래의 환경은 국제단체에 의해 적절한 통제와 감시가 이루어지며 오염문제를 같이 풀고 논의할 수 있는 환경이 조성될 것이다.

다섯째, 삶의 질 향상－현재보다 깨끗한 공기, 토양, 그리고 물이 있다면 우리들의 삶은 보다 나을 것이고 또한 녹색성장을 통해 창출되는 일자리를 통해 경제적 안정도 찾게 될 것이다. 이런 측면에서 본다면 환경오염은 단순한 자연의 파괴가 아닌 인간의 삶의 질을 결정하는 중요요소라고 볼 수 있다.

미래 환경은 오늘의 환경에서 시작된다. 이미 오염된 토양과 수질, 그리고 대기는 원상태로 돌이킬 수는 없지만 더 이상 오염되지 않도록 예방할 수는 있을 것이다. 따라서 미래 환경은 새로운 환경이 아니라 현재의 환경을 기반으로 하는 예측된 미래이다. 다행스럽게도 국제협약을 통해 세계 모든 국가들이 환경오염의 심각성을 각성하며 문제점들에 대해 인식하고 있는 만큼 현재보다는 더 악화되지 않으리라 사료된다. 새로운 경제 페러다임을 만들고, 새로운 에너지와 삶의 환경 변화를 통해 '신 인류화'를 이루려는 노력은 좋은 결과를 맺으리라 예측한다.

지구환경의 변화와 미래는 생활공간에서의 의식주를 해결한다는 것은 생존의 전략으로 호흡하는 공기, 마시는 물과 먹는 식량이 상호 연결된 지구환경에 절대적으로 필요 불가분의 충분조건을 의미하는 것이다. 그런데 인간 활동에 의해 지구 평균기온은 지난 100년간 0.74℃ 증가했고, 최근 50년간 온난화 추세는 지난 100년간 보다 2배 이상 급속히 증가하고 있다. 특히, 북반구 중고위도에서 기온 상승이 크게 나타나 북반구 대륙의 적설 면적과 북극해의 해빙 면적은 지난 30년 동안 약 8% 감소했다. 그 밖에 지구 온난화에 의해 홍수, 가뭄, 열파의 발생 빈도가 증가하고, 동식물 서식 환경변화, 하천 유출량 변화와 해양 산성화 등 다양한 형태로 기후변화의 영향이 나타나고 있는 것이다.

21세기 한국의 평균 기온의 상승 추세는 2.2℃로 전 지구 평균을 상회한다. 빙하기 말기에 기록된 가장 빠른 온난화 속도는 기껏해야 1,000년에 약 1℃ 수준이었다. 이때 자연과정에 의해 이산화탄소 농도는 약 100ppm 늘어났으며, 지구의 평균 표면온도는 5℃ 올라갔다. 산업혁명 이후, 온실가스 농도의 증가로 지구는 약 $2.6W/m^2$의 에너지를 추가적으로 얻게 됐는데 같은 기간 태양에너지 약 $0.12W/m^2$ 증가에 비해 매우 큰 양이다.

기후 변화에 의한 지구환경 변화 대응은 심각한 정치적·산업적 함의를 가지고 있기 때문에 냉정하게 평가하기가 어렵다. 인간 활동에 의한 기후 변화는 오늘날 인류가 광범위한 영역의 새로운 문제이므로 개별 분야 대응으로는 극복될 수 없다. 즉 지구 시스템에 대한 전략적 설계와 이 설계가 실현될 수 있는 거점을 국가적으로 육성할 필요가 있다.

국립기상연구소의 연구 결과에 따르면, 21세기 말에는 서울~대전~남원~구미~안동~포항을 거쳐 동해안을 잇는 선까지 북상할 것으로 전망된다. 이에 따라 강수량은 21세기 말에 15~20% 증가되고 변동성이 크게 나타날 전망이다. 전반적으로 21세기에는 호우 빈도가 증가할 것으로 예상된다.

지구온난화는 북극의 얼음과 고지대의 눈을 녹여 햇빛 반사율을 감소시키는 반면, 동부 아프리카에는 엄청난 폭우가 쏟아지고 지중해 지역의 포도나무들은 가뭄으로 인하여 말라버리고 북반구는 지구가 점점 더 열을 받으면서 최악의 상황으로 치솟으며. 북미의 경우 북쪽 지역엔 갈수록 더 많은 비가 오고, 남쪽 지역은 더 메말라간다고 보도했다.

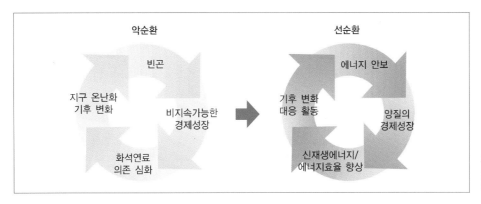

그림 7-3
기후변화의
악순환과 선순환

지구온난화가 초래하는 영향은 기후 요소들 간의 본질적으로 비선형적인 특징을 지닌다. 이로 인해 온난화가 상당히 진행됐음에도 불구하고 기존의 지구환경 체계에 별다른 영향이 없는 것처럼 보이다가도 일정 수준을 넘어서면 비선형적인 체계로 말미암아 전체는 붕괴로 이어질 것이다. 이로 인해 인류는 다양한 문제에 직면하게 될 것으로 예상한다.

Discussion
Questions
토의문제

1. 1992년 6월 리우 환경개발정상회의에서 체결된 기후 변화에 관한 국제 연합 기본 협약(The United Nations Framework Convention on Climate Change), 약칭 기후변화협약은 이산화탄소를 비롯한 각종 온실 가스의 배출에 의해 일어나는 지구온난화를 줄이기 위한 국제 협약이다. 이 협약은 기후변화에 대한 역사적 책임이 있는 선진국들에게 온실가스 배출량을 1990년 수준으로 유지하도록 하고 있으나, 각국의 온실 가스 배출에 대한 어떤 제약을 가하거나 강제성을 띠고 있지는 않다는 점에서 법적 구속력은 없다. 1997년 채택된 교토의정서(Kyoto Protocol to the UNFCCC)는 기후변화의 주범인 6가지 온실가스를 정의하는 한편 선진국들은 2008년에서 2012년까지 온실가스 배출량을 1990년 수준 대비 평균 5.2% 감축하는 의무규정을 마련하였다. 특히 교토의정서는 배출권 거래제(Emission Trading Scheme), 청정개발체제(Clean Development Mechanism)를 통해 기후변화 대응에 시장 메커니즘을 도입하는 한편 이를 통해 개발도상국에 대한 재정지원과 기술이전을 도모하는 등 유엔기후변화체제를 보다 구체화시키는 계기를 마련했다.
   ① 배출권 거래제와 청정개발체제가 무엇인지 설명하여라.
   ② 기후변화가 지구 및 인간에 미치는 악영향에 대하여 서술하고, 기후변화 협약에 대한 대처와 발전 방안을 논하시오.

(계속)

2. 2012년 경제협력개발기구(OECD)가 발표한 '2050년 환경전망' 보고서에 따르면 우리나라는 OECD 회원국 중 물 부족 현상이 가장 심각한 나라로 분류하고 있다. 전 세계 230여 개국 중 80여 개국이 물 부족 국가이며 케냐, 르완다 등은 물 부족으로 인하여 경제발전과 보건 등이 저해되는 물 기근 국가로 보고 있다. UN은 2025년쯤이면 세계 인구의 절반이 물 부족 현상을 겪을 것이라고 전망하고, 전세계 물 사용 증가량이 인구증가 속도보다 빨라 물 부족 현상의 심화가 전세계적인 갈등을 야기할 수 있다고 경고하는 학자도 있다. 이에 UN은 물 부족에 대한 경각심을 일깨우기 위해 매년 3월 22일을 세계 물의 날로 지정하고, 2013년을 세계 물의 해로 지정하기도 하였다. 또한 반기문 UN 사무총장은 1월 다보스 포럼에서 물 낭비의 심각성과 물의 중요성을 강조하기도 했다. 물은 대체재가 없는 자원으로 물 부족 현상이 심화될수록 물이용에 대한 국가별 경쟁과 정치적 갈등이 커질 것으로 우려된다. 이 문제의 해결을 위해 각국 정부의 효율적인 물 관리 정책이 필요한 시점이다. 우리의 물 부족 해결 방안을 제시하여라.

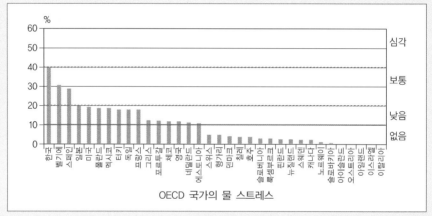

OECD 국가의 물 스트레스

*물 스트레스: (연평균 총 물 수요/연평균 가용 수자원)×100

3. 2009년 녹색성장위원회(Presidential Committee on Green Growth)는 경제위기, 에너지위기, 기후위기의 해결책으로서 '녹색성장 국가전략 및 5개년 계획'을 발표하였다. 그 의미를 살펴보고, '저탄소 녹색성장' 비전을 달성하기 위안 대책에 대하여 알아보자.

8. Chapter

글로벌시대의 교육

1 우리나라 교육의 전망

교육의 미래는 국가의 교육정책에 의해 정해지고 교육정책은 사회의 흐름과 세계 정세의 변화에 의해 결정된다. 미래학자들이 추정하고 있는 교육의 미래는 현재와 다른 새로운 교육패러다임이 필요하고 그러한 변화는 사회 전반뿐만 아니라 거미줄처럼 연결되어 있는 글로벌 교육에도 영향을 미칠 것이다.

역사적으로 보면, 르네상스 이후 인간의 관심이 신앙을 근간으로 한 절대존재에 절대가치를 둔 신본주의에서 과학과 인간의 본성에 근간한 상대주의적 사상에 의해 이 사상의 흐름은 인본주의라는 새로운 장을 열었다. 이후 산업혁명과 첨단 과학의 뒷받침으로 사회는 유물론 사상에 근간한 배금주의 사상의 영향을 받게 되어 교육은 출세 지상주의자들이 세상을 지배하는 수단으로 활용되었다. 실력보다는 연고나 학벌에 의지하고 취업의 도구로 활용되던 교육은 이제 깊은 잠에서 깨어나 미래를 위한 도약을 시작했다.

미래학자들은 미래교육에 장밋빛 청사진을 제시하고 나름대로 예측하고 있다. 하지만 컴퓨터의 진화속도에 의해 변하는 세상은 아무도 예측할 수 없다. 다만 우리는 현재 우리교육의 명암을 통해 사회의 미래를 예측하고 그 사회의 변화를 근거로 막연히 예단할 뿐이다. 마치 우리가 사회에 교육을 가르치고 학습효과를 기대하지만 사회의 변화나 우리의 교육에 대한 열정과 관심에 따라 교육효과가 달라지는 것처럼 자신의 의지와 무관한 환경에서 인생을 자기 주도적으로 계획하고 학습으로 인한 준비를 통해서 살아가야 할 것이다. 교육은 인간의 발전적 전환에 필요로 하는 것들을 제공해 주는 역할을 수행한다.

따라서 이 장에서는 한국사회의 교육을 전망해 보고 한국교육의 미래를 제시해 보고자 한다.

1) 우리나라 교육의 미래방향

글로벌시대는 '농자천하지대본(農者天下之大本)' 사상이 중심이던 조선시대와는 달리 소수의 인재가 사회전체를 책임지는 엘리트 육성 교육이 대세를 이룰 것이다. 예를 들면, 애플의 스티브 잡스는 '아이폰'으로 세상의 정보통신의 흐름을 바꾸어 놓으면서 미국이 정보통신사업의 한 축이 되는데 지대한 영향을 미쳤으며, 빌 게이츠도 인터넷 왕국을 세우면서 전 세계에 지대한 영향을 미쳤다. 이 두 사람의 공통점은 정규학교 교육보다는 사회라는 현실적인 학교를 통해 세상과 소통하며 자신의 역량을 발휘했던 것이다. 즉, 열린 사회일수록 치열한 경쟁보다는 개인의 특성을 개발할 수 있는 기회를 제공하고, 개인의 특성을 살려 꿈을 펼칠 수 있는 사회적 인프라를 구축한다는 것이다. 한국사회도 글로벌시장에 맞서 미래를 이끌어 갈 '한국형 인재' 육성에 초점을 맞추는 새로운 교육의 장을 열어야 할 것이다.

(1) 미래교육의 트렌드

미래교육은 인문학과 과학기술을 접목한 '융합과 통합학문'이 대세를 이룰 것이라 예상된다. 사회가 복잡해지고 과학이 발달할수록 인간의 한계를 넘는 지식이 수반된 전문지식을 필요로 한다. 이전에 상상으로만 여겨졌던 많은 가상들이 현실로 이루어짐으로써 교육 또한 새로운 도전을 받고 있다.

이러한 미래교육은 이성적이며 실험을 통한 객관적으로 증명된 지식만을 선호하는 과학과 원초적 인간성, 무한한 상상력, 그리고 창조력의 근원이 되는 인문학이 만나 새로운 지식의 장이 요구된다. 아울러 물질문명 속에서 잃어버릴 수 있는 인간성과 문명이 자연스런 연계를 통해 물질의 지배를 받는 현대인이 아닌 물질을 지배하는 능력과 덕목을 사회 구성원으로 변화시킬 것이다. 인문학과 과학이 융합되어 맺은 결실은 ICT 기술을 활용한 교육콘텐츠 개발이다. 이제 미래교육은 아날로그 시대에서의 교육방법을 탈피해 보편적인 지식이 더 이상 한 개인의 점유물이 아닌 모든 사람이 공유하고 학습할 수 있는 소통의 교육네트워크를 기반으로 다루어져야 한다.

이에 따라 새로운 교육의 시대가 펼쳐질 미래교육은 오늘날의 교육과는 전혀 다른 모습으로 더욱 빠르고 원활한 정보교류로 인해 지식의 분업화, 전문화, 그리고 융합화를 통해 국경의 시·공간을 초월한 글로벌 교육으로 전개될 것이다. 또한 미래교육의 모습은 많은 변화와 개인의 가능성을 추구할 수 있도록 미래교육의 트렌드를 설정하여야 한다.

(2) 태도의 변화

교육의 역사와 시대적 흐름을 살펴보면 변하지 않는 기본원칙이 있다. 바로 인간의 삶의 질에 필요한 지식추구의 교육과 태도를 변화시키는 일이다. 태도의 변화는 단순한 외적변화가 아닌 정신적, 심리적, 그리고 행동의 변화를 의미한다. 또한 원초적 인간의 본질을 통제하고 사회 구성원으로써 자신의 책임과 의무를 다할 수 있는 소양과 세상을 객관적으로나 합리적으로 보고 판단할 수 있는 관점을 가진 이성적인 사람이 갖추어야 할 기본 자세를 의미한다는 것이다.

교육은 인간의 의식 세계에서 이루어진다. 이 의식 세계의 사고의 과정을 분석하면 교육을 통한 태도의 변화에 대하여 올바른 평가를 할 수 있을 것이다. 의식 성형의 관점에서 윌리엄 제임스William James, 1842~1910[13]가 주창한 '의식의 흐름'에 의하면, 태도의 변화는 개체의 생각이 작은 변화에서 시작하여 인생 자체에 지대한 영향을 미친다는 것을 알 수 있다.

다음과 같이 의식의 흐름 속에서의 교육은 인간에게 단순한 지식을 주입하는 기계적 행위가 아닌 스스로 삶의 정체성을 찾게 하고 세상을 살아가는 태도를 정해서, 그에 맞는 행동을 통해 자신만의 특성을 일반화하여 교양과 인격을 갖춘 미래지향적인 삶을 살아가게 하는 근원이 된다는 것을 파악할 수 있다. 만약, 주입식 교육 또는 입시위주의 교육을 강행한다면, 이러한 '태도의 변화'는 기대할 수 없을 뿐만 아니라 미래가 삭막할 것이다. 따라서 미래는 지식을 저장시키는 하드

---

[13] 윌리엄 제임스(William James, 1842~1910)는 미국의 심리학자·철학자인 제임스의 형이다. 기능주의적 경향의 심리학·프레그머티즘의 창시자로서 하버드 대학교에서 화학과 비교 해부학을 배우고, 또 각지에서 의학을 연구한 학자이다.

표 8-1 의식의 흐름

단계		
1단계	생각이 변하면 태도가 바뀌고	제1의 인생에 대한 의식 성찰의 단계
2단계	태도가 변하면 행동이 바뀌고	의식 훈련의 형성기
3단계	행동이 변하면 습관이 바뀌고	의식 훈련의 발전기
4단계	습관이 변하면 성격이 바뀌고	의식 훈련의 성숙기
5단계	성격이 변하면 인격이 바뀌고	의식 훈련에서 성형으로의 전환기
6단계	인격이 변하면 인생이 바뀐다.	의식 성형의 완성단계(제2의 인생)

웨어식 교육에서 벗어나 배운 것을 스스로 응용하고 삶의 가치를 인식하며 살게 하는 체계적인 교육의 변화가 일어나야 하며 심리적으로 의식 성형이 필요로 할 때이다.

(3) 평생교육

평생교육법14에 의하면 평생교육은 자기 계발을 위한 잠재능력계발을 위한 교육을 의미한다고 명시되어 있다. 유비쿼터스 시대에 맞는 평생교육은 학교나 교육단체의 도움 없이 개별적으로 학습할 수 있고 개인의 부족한 부분만을 보충시킬 수 있는 이 학습방법은 글로벌시대의 맞춤형 교육이라고 볼 수 있다.

평생교육의 질을 높이기 위해 거시적으로는 전문교육기관을 통해 프로그램 개발, 제공, 관리, 그리고 피드백을 통한 지속적인 교육 수준뿐만 아니라 독학자를 위한 홈스쿨링이나 맞춤형 개인학습 프로그램을 통해 교육을 정책적으로 일반화해야 한다. 미시적으로는 자신이 교육의 중요성을 깨닫고 사회생활에 필요한 사회적 기술을 위한 지식습득과 경험을 통한 자발적인 노력이 필요하다. 좋은 정책과 교육 프로그램이 있다 할지라도 개인 스스로의 동기부여가 되어 있지 않는다면 아무런 소용이 없다. 현재 상황에서의 동기부여는 사회에서 실력보다는 졸업장을 우선시하는 학벌 중심의 인식이 바뀌어야 한다. 졸업장이 아닌 한 분야에서의 경험적 지식과 기술만으로도 인정받는 사회풍토가 조성될 때 자신의 평생교육에 대한 열정은 식지 않을 것이다.

---

14 평생교육법 2조 1항으로, '평생교육'이란 학교의 정규교육과정을 제외한 학력보완교육, 성인 기초·문자해득교육, 직업능력 향상교육, 인문교양교육, 문화예술교육, 시민참여교육 등을 포함하는 모든 형태의 조직적인 교육활동을 말한다.

평생교육은 미래지향적인 삶을 현실적으로 완성시키고, 삶의 질을 풍요롭게 할 수 있는 미래사회를 위한 '목적지향성'이 있는 지도자를 양성하고 사회구조 변화를 가져다 줄 것이다.

(4) 통합교육과정의 사이버시대

현재 세계 100위 안에 들어가는 하버드, 옥스퍼드, 그리고 스탠퍼드와 같은 우수 대학들은 학교 홈페이지를 통해 배우고자 하는 열정을 가진 모든 사람에게 강의를 무료로 제공하고 있다.

정보기술의 발달로 인해 한국에서도 최근에 사이버학교에 대한 관심이 높아져 이미 많은 학교들이 오프라인인 캠퍼스에서 교육과 함께 사이버학습 프로그램을 제공하고 있다. 예를 들면, 외국어의 경우 유학을 가지 않고 현지인과 직접 화상을 통해 대화하며 교육의 질을 높이고 배우며, 요리의 경우는 동영상을 통해 최고의 요리사가 하는 방식 그대로를 반복해서 배울 수 있다는 장점이 있다.

국경과 문화를 넘어선 사이버 세계에서는 이러한 교육혁명이 이미 시작되어 미래교육은 사이버교육이 중심이 될 것이라는 사실은 이제 누구도 부인하지 못한다. 애플사에서 제공하는 아이폰 iphone과 아이패드 iPad나 태블릿 Tablet은 이러한 교육이 가능할 수 있는 기반을 제공하였으며, 사람들은 언제 어느 곳에서든지 지하철에서, 거리에서, 공원에서, 자신이 원하는 곳에서 원하는 교과목을 학습할 수 있다.

해외사이트를 이용하는 경우 구글이나 유튜브에서는 자체 번역서비스를 통해 각 나라 언어로 자막 서비스를 제공하고 있기 때문에 이제는 안방에서 해외 교육 프로그램을 클릭 한 번으로 수강할 수 있다. 인터넷 강국인 우리나라는 이미 이러한 교육을 시행할 수 있는 인프라가 구축되어 있다. 이 때문에 교육 콘텐츠를 개발하고 이에 맞는 관리체계만 제공된다면 사이버 학교는 지역적 성격을 가진 학교가 아니라 글로벌학교로 성장하게 될 것이다.

이러한 통합교육과정의 사이버시대의 한국은 높은 교육의 질적인 우수성은 물론 국제적 경쟁을 가진 인재를 양성하게 되어 교육 콘텐츠의 향상을 가져올 것으로 전망한다.

2) 우리나라 교육의 패러다임

(1) 미래 교육

① 미래진로 전환

한국에서의 아날로그 기성세대들의 가치관과 인생관은 대부분 관습적인 교육과 치열한 시험을 통해 지식을 점수로 검증받고 각자의 개성이나 취향에 상관없이 점수에 맞는 대학과 학과를 선택하는 '대학 입학 중심'의 교육을 받았다. 이러한 교육은 정체성이나 적성에 의한 대학진학과 취업을 준비하는데 결정적인 요인이 되지 못하고 오직 높은 점수나 급여가 많은 직장이 결정적 기준이 되었다. 취업을 하기 위해 대학에 입학하고 스펙을 인위적으로 만들어 가는 삶의 방식은 사회적으로도 많은 문제를 야기시켜 이제는 국가적으로 문제의 심각성을 고민해야 하는 지경까지 왔다. 글로벌시대에서는 지역적 문화의 차이와 사회성을 극복하고 범국제적인 마인드와 태도를 갖추어야 하는 만큼 진로 결정을 할 때에는 우선 적성과 미래성을 내다보고 선택하는 지혜를 가져야 할 것이다.

또한 이 시대는 사회의 변화에 맞춰 새로운 직업이 등장하고 사라지는, 직업구조의 변화가 생길 것이다. 이미 아날로그 시대에 인기를 끌던 직업들이 역사 속의 사건으로 사라져 이제는 완전히 자취를 감춘 직업들이 많다. 변해가는 사회의 흐름을 읽지 못하면 현재를 근간으로 한 근시안적인 결정으로 자신의 미래를 망치는 일을 범하게 될 것이다.

미래교육의 진로를 결정하는 중요한 요인들로 진로 기준, 근무 조건, 전문 분야, 그리고 취업 조건 등을 잘 구분하여야 한다. 변화하는 FTA와 국제 개방화 정책에 의해 세계가 '한 지붕 한 가족'이 된 현재에 학벌보다는 실력, 스펙보다는

표 8-2 미래진로 전환

구 분	진 로
진로 기준	적성, 미래 전망, 작업환경, 복지
근무 조건	자택근무, 자유출근
전문 분야	IT산업, 바이오, 생명공학, 대체에너지, 우주항공
취업 조건	전문지식, 커뮤니케이션, 협동심

필요한 기술, 수동적 '을'의 태도보다는 운명을 개척하려는 적극적인 '갑'의 태도로써 새로운 변화의 기능과 역할의 방향을 대비하여 미래를 내다보는 예측력을 길러야 할 것이다.

② 학교전환

학교는 한 사회를 구성하는 구성원들이 갖추어야 할 소양과 지식을 배우면서 사회입문에 필요한 여러 가지를 준비하는 곳이다. 학교를 구성하는 주요인적 요소는 기능적인 측면에서는 가르치는 사람과 배우는 사람이 존재하고, 커리큘럼 측면에서는 이론과 체험을 통해 완성된 지식을 배우는 학습장소이다. 따라서 장소에 관계없이 이러한 행위가 발생되면 학교의 기능을 다한다고 볼 수 있고 현재는 온라인을 통해 유비쿼터스 방식의 학습이 이루어지고 있다.

미래학교의 환경은 경험을 통한 통합교육과정으로 교육을 전개해 나가야 할 것이다. 인간의 관계형성을 할 수 있도록 많은 경험을 통해 체험하는 장으로, 놀이와 실험의 교육장으로 환경을 제공해 주어야 할 것이다. 또한 미래학교 환경은 자기주도적인 학습방법을 통해서 창의성과 인성을 중시하는 인재로 육성할 수 있도록 개인차를 고려해야 할 것이다.

③ 학습전환

미래 학습환경은 깊이 있는 전문분야 학습을 위해 실전과 이론에 박식한 전문교수가 진행하는 교육콘텐츠를 필요로 하고 개인의 환경과 취향에 따라 소규모의 학급이나 1:1형식의 교육이 될 것으로 전망한다.

아울러 학생은 전형적인 교실을 떠나 장소에 구애 받지 않고 어느 곳에서든지 이동하며 학습할 수 있는 사이버 스쿨링과 가정에서 혼자 학습할 수 있는 홈스쿨

표 8-3 학교전환

구 분	학 교
학교 공간	놀이 / 실험 / 경험의 교육장
교과 중심	수준별 / 선별 중심
교육 중점	창의성 / 인성 중심 / 통섭형 인재교육 중심

표 8-4 학습의 변화

구 분	학 습
학습 공간	학습자가 있는 곳은 어디서나 가능(장소보다는 방법에 중점)
매체 활동	홀로그램디스플레이, 위성장치, 전자책
학습 유형	자기주도형 토론, 탐구활동, 연구 중심의 테마학습
교사 역할	동기부여, 학습준비 / 평가

링이 더욱 활발할 것으로 예상되며 교육시스템과 학습 콘텐츠의 활동자료도 개별적인 학습환경에 의해 변화될 것으로 예상된다.

④ 글로벌 인재상

우리나라 고전 속에서의 인재상을 살펴보면 다산 정약용(1762~1836)을 떠오르지 않을 수 없다. 그의 『목민심서(牧民心書)』[15]에 의하면 인재가 갖추어야 할 기본적인 능력은 바로 '암기력과 기억력'이라고 명시되어 있다.

당시 글은 양반이나 특정계급이 독점하고 있었으며, 그 당시 인쇄술이 발달하지 않아 우리 조상들은 모든 것을 외우는 수밖에 없었다. 500년이 지난 지금에도 이론이나 관습이 그대로 전해져 내려와 현재에도 기억력이 뛰어난 사람은 자신이 암송한 것을 기억하여 좋은 결과를 획득하였을 때, '사회적 인재'라고 칭하곤 한다. 이러한 현재까지의 인식은 사회구조가 바뀌지 않았음에도 불구하고 우리의 교육은 아직도 조선시대처럼 암기력과 기억력에 지나치게 의존하고 있어 연고나 학벌에 의해 인재로 선정되는 고리를 끊지 못하고 있다.

글로벌시대에는 이러한 주입식 또는 관습적인 형태에서 벗어나 다음과 같은 미래 인재를 양성해야 할 것이다.

첫째, 자기주도형 Self-directed

둘째, 미래지향적 Future-oriented

셋째, 목표지향적 Goal-directed

넷째, 지식집약적 Knowledge-intensive

다섯째, 상호지향적 Interrelation oriented

---

15 조선후기의 문신으로 실학자 다산(茶山) 정약용(丁若鏞)이 고금(古今)의 여러 책에서 지방관의 사적을 가려 뽑아 치민(治民)에 대한 도리(道理)를 논술한 책이다.

이러한 미래 인재형은 제한된 자원을 놓고 갈수록 치열한 경쟁을 해야 한다. 예전의 사고방식이나 태도로 선진화되고 혁신적인 사고를 갖춘 상대들을 이길 수 없기 때문에 뚜렷한 미래목표를 설정하여 스스로 선택, 결정, 그리고 행동하는 가운데 글로벌 구성원들과 원활한 관계를 통해 윈윈할 수 있는 인재가 미래사회를 이끌어 갈 것으로 예상된다.

인도의 경우에서는 미래의 인재상을 성인 마하트마 간디 Mohandas Gandhi의 철학 속에서 들여다 볼 수 있다. 7가지 사회악은 간디가 암살당하기 직전에 손자인 아룬 간디에게 전해 준 교훈으로 간디가 죽은 뒤에 묘비석 뒤에 새겨 넣었다.

그런데 여기에서 공통으로 사용된 단어를 살펴보면 'without'이라는 단어가 있는데 이 단어에서 'out'을 아웃시키고 나면 미래의 인재상으로 활용할 만한 중요한 덕목으로 탈바꿈될 수 있다. 궁극적으로 인류는 환경의 재앙을 예방하고 종족 간의 갈등을 해소함으로써 자멸을 피해 새로운 인류 문명 시대를 열어갈 수 있을 것으로 판단되는데, 간디의 교훈은 인류 공영을 위한 미래 인재상으로 기억되고 있다.

Sermons on Mahatma Gandhi's Seven Social Sins
인류와 국가를 어렵게 하는 7가지 사회악

① Politics without Principles   원칙 없는 정치
② Commerce without Morality   도덕성 없는 비즈니스
③ Wealth without Work   노동 없는 부
④ Pleasure without Conscience   양심 없는 쾌락
⑤ Knowledge without Characters   인격 없는 지식
⑥ Science without Humanity   인간성 없는 과학
⑦ Worship without Sacrifice   헌신 없는 신앙

3) 우리나라 교육의 전망

(1) 대학교육의 미래

대학교육은 대학 영리가 아닌 비영리 단체로써 한 국가의 교육의 중심축을 맡고 있는 중추역할을 한다. 대학을 통해 육성된 인재들은 그 사회의 지도자가 되어 그 사회의 운명을 결정하기 때문에 대학은 양질의 교육을 제공함은 물론 충분한 인성교육을 통해 교양인으로서 갖추어야 할 소양을 배워야 한다.

정부에서는 교육정책으로 대학을 육성해 오면서 비대해진 대학조직의 쇄신과 양질의 교육을 제공하기 위해 철저한 관리를 하고 있다. 하지만 대학 자체가 문제의 심각성을 인식하고 자성하지 않으면 대학의 미래는 불투명해질 것이다.

현재 과학의 발달과 사회성향으로 본 미래의 대학은 교과서 대신 전자책을 통해 실시간으로 지식을 탐구하면서 전 세계의 누구와도 바로 접촉하여 토론할 수 있는 개방형 특성을 갖게 될 것이다. 또한 고급지식을 파는 지식근로자로서가 아닌 지식탐구자로서의 갖추어야 할 소양과 사회적 기술을 연마하고 자신의 삶을 스스로 설계하고 해결해 나가는 인간이 될 수 있는 기회를 제공해야 할 것이다.

대학교육은 건물이 아닌 기능으로써 대학이 존재하고 지식을 원하는 불특정다수에게 언제든지 수요자인 학생이 원하는 것을 제공함은 물론 학생들 간에 국가와 문화를 초월하여 상호교류까지 가능하게 연결해 주는 중심의 축이 될 수 있도록 글로벌시대 우리나라의 실정에 맞는 미래대학을 준비해야 할 것이다.

(2) 미래인재 양성교육

교육부(2013)가 '학생들이 시험 부담에서 벗어나 행복한 학교생활 속에서 스스로 미래인재는 꿈과 끼를 찾고 창의성, 인성, 자기주도 학습능력 등 미래사회가 요구하는 역량을 배양하는 것을 목적'으로 발표해 제시한 점은 큰 의미가 있다. 지금 우리교육은 큰 전환기에 놓여 있다. 이 점에 많은 논의를 하고 있지만 새로운 패러다임을 맞이해 구조적 변화에 어떻게 대처할 지에 대한 미래교육에 주목해야 한다.

미래인재 양성교육은 사회의 변화를 배우는 것으로 미리 알면 앞서 나갈 수 있다. 또한 미래사회의 변화에 대한 센스를 배우는 것은 미래사회의 경쟁력을 키우는 지름길이다. 21세기의 주역인 미래 세대들은 다양한 지구촌 메가트렌드의 탐구와 분석을 통해 미래사회를 상상하고 대안을 제시하는 미래지향적 사고를 고취하고 창의적인 인재로 커야 한다.

미래교육시스템은 기술역량과 인적자본이 우수해도 이를 제대로 활용할 사회적 메커니즘이 취약하면 창조력은 작동하지 않는다. 이 시대의 교육시스템은 다음과 같이 바뀌나가야 한다.

첫째, 교육의 내용과 방법을 창의성 중심으로 개선해야 한다. 현재 우리의 인적자본 우수성은 세계적 수준이지만 정작 창조적 종사자는 중하위 수준이다.

둘째, 행복한 마음을 교육할 수 있어야 한다. 하지만 불안감은 이 시대의 키워드이다. 롤 모델이 없고 사회로부터의 기대를 감당하기 어려운 에코붐 세대(Echo, 31~34세·베이비부머들의 자녀세대)에 무작정 도전과 창업을 권장하기 이전에 그들의 마음을 일으켜 세워야 한다.

셋째, 성공의 원리를 체득하게 해야 한다. 모두가 성공하고 싶어 하지만 이 시대의 성공은 무작정 열심히 한다고 주어지는 것이 아니라는 것을 일깨워야 한다.

넷째, 교육시스템의 혁신을 위해 변방을 활용해야 한다. 변방이 역사의 새로운 중심이 되어 왔다는 역사적 경험을 상기할 때, 교육의 핵심부보다는 주변부를 중심으로 새로운 혁신방안들을 과감하게 적용할 필요가 있다.

국민 대다수가 창조인력으로 편입되어 혁신의 진원지 역할을 해야 한다. 네트워크로 촘촘히 연결된 창조인력들의 집단지성과 협업이 세상을 바꾸어 나가도록 해야 한다. 이를 위해서는 교육기반이 바로 잡혀야 한다. 그래야 국가의 창조력과 국민의 행복도 제대로 구현될 수 있다.

미래사회가 필요로 하는 인재는 다문화 사회의 교육에서 다양한 역량을 갖춘 만능인이다. 예를 들면, 사회는 창의력, 리더십, 의사소통능력, 문제해결능력, 도전정신 등의 사회적 요구가 커질수록 사회적 기술을 갖춘 인재를 필요로 한다. 문제는 이러한 사회적 기술이 현재 학교에서 제공되지 못하기 때문에 각각 스스로 자기개발을 통해 해결해야 하는 것이 현실이다. 따라서 미래인재 양성을 위한 교육은 엄밀한 사회구조 탐구와 시대흐름에 맞춰 계획적으로 다음과 같이 진행되어야 한다.

첫째, 사회의 원활한 소통과 사회적 갈등방지, 그리고 해결을 위해 다문화 시대에 맞는 커뮤니케이터 교육이 필요하다.

둘째, 사회적 효율성을 높이기 위한 구성원들의 잠재력과 적성을 깨우기 위한 자기개발 교육이 필요하다.

셋째, 사회흐름을 읽고 자신의 의무와 책임을 인지하고 다른 구성원에게 동기부여해 줄 수 있는 통섭형 리더십 교육이 필요하다.

넷째, 급변하는 글로벌 사회의 지각구조를 인지하고 이에 맞는 대책을 세울 수 있는 지식창조형 인재육성을 위한 평생교육이 필요하다.

현재는 미래의 과거이다. 현재는 미래의 흐름을 예측할 수 있으며, 현재의 교육시스템을 분석하면 미래의 지도자의 특성이 보인다. 따라서 현재의 교육시스템이 불완전하고 인재양성에 소홀한 면이 있다면 미래를 위해 현재를 투자해야 한다. 미래인재 교육은 미래의 인재를 양성하기 위한 최선의 선택이다.

2 세계교육

세계교육은 세계를 포괄적인 관점에서 세계이해를 하기 위한 교육이다. 우리는 이제 글로벌이라는 지구촌에서 서로의 존재를 인정하고 문제를 공유하면서 살아가야 하기 때문에 각자의 문화와 국가의 이해관계를 떠나 글로벌한 마인드로 공동의 목표를 이루기 위한 상생의 목적에서 시작되었다. 세계교육은 세계를 하나의 시스템으로 파악하고 그 속에서 각국이 상호의존하고 있다는 사실을 근거로 세계미래교육의 전망을 예측해본다.

1) 세계미래교육

'인간을 위한 기술'이란 구호로 설립된 세계적인 미디어융합 기술연구소인 MIT 미디어랩의 등장은 그동안 안일하게 연구를 해 온 일반 교육기관에게는 신선한 충격이었다.

스스로 IT 강국이라고 자처하는 한국사회에서도 변화의 바람이 불어 그동안 유지해 오던 일방적 교육방식에 탈피하여 창조와 융합을 통한 연구 활동을 통해 다양한 분야에서 새로운 기술들을 개발하기 위한 노력이 시작되었다. 주입식으로 세뇌된 교육과 입시 중심교육은 창의성과 혁신적 마인드가 부족한 한국 학생들에게는 새로운 도전이며 글로벌시대에 들어가는 신고식이었다. 급속도로 변하는 사회변화에 빠르게 대처하면서 자신의 미래는 물론 사회의 미래도 이끌고 갈 미래 지도자들에게 이러한 새로운 연구방식은 오감각을 통해 다양한 해결책을 이끌 수 있는 탐구력을 키워주었다.

토론과 탐구를 통한 다양한 지식의 체험을 통해 자신을 인지하고 세상을 이해하게 되는 선진국의 학습방법은 이제 세계화를 통해 모든 국가에 영향을 미쳐 문화와 언어에 관계없이 지식탐구라는 목적을 이루기 위한 수단으로 인정받았다. 예를 들면, 미국의 맥도날드 햄버거는 자신들의 상품인 햄버거에 대한 전문교육을 회사 자체교육을 통해 전문인을 육성하였다. 또 다른 예는 다국적 회사인 휴대폰 제조업체인 노키아도 중국의 베이징대학교 경영대학원인 광화관리학원에 석사과정인 노키아 관리학원을 운영하는 등 문화와 언어의 한계를 넘어 지구촌 어디서나 자신들의 인재를 양성하고 있다.

현 시대는 인종과 국적을 비교하는 것은 의미 없는 행동이며, 그야말로 열정과 실력만 있다면 세계 어느 곳이든지 일할 수 있는 환경이 되었기 때문에 세계교육의 미래는 치열한 경쟁에서 살아남는 전투력를 가르치는 것이 아니라 자신만의 특성을 살린 블루오션을 통해 꿈을 이루는 실무교육에 초점을 맞춰야 한다. 글로벌시대 미래교육의 장점은 지역보다는 경쟁이 아닌 서로 상생할 수 있는 기회로 안정된 미래사회를 펼쳐 나가야 한다.

(1) 세계미래교육의 변화

사회가 발전하는 속도만큼 세계미래교육도 사회의 요구와 교육제도는 서로 역동적으로 변화하고 있다. 현대 사회는 인간의 한계에 도전하듯이 우주여행은 물론 로봇과 IT기술을 통해 다양한 신제품을 등장시켰다. 하지만 안타깝게도 세계미래교육은 아직 아날로그의 흔적을 여전히 가지고 있고 교육정책을 결정하는 기성세대들은 사회의 흐름을 읽는 속도가 둔화되어 교육정책은 어느 국가를 망론하고 언제나 뒷북을 치기 마련이었다.

미국의 미래학자 제이슨 스완스Jason Sranon는 공교육이 잠재적으로 2030년까지 사라질 것으로 예측했다. 그는 공교육만이 아니라 현재의 모든 교육시스템이 사라질 수 있다고 한다. 또 교실에서 학생을 모아 놓고서는 일괄적 교육이 아닌 맞춤형 교육이 미래교육의 형태가 될 것이라고 예측했다.

미국미래재단에서 제시하는 미래교육은 정부나 특정 교육기관이 아닌 교육콘텐츠 생산자라고 불리는 전문교육 생산업자에 의해 주도되고 있다. 즉 IT산업의 발달로 디지털족들의 활동이 왕성해지면서 자신들이 필요한 지식을 자체 생산하며 잉여지식은 네트워크를 필요로 하는 다른 그룹에 넘기면서 웹의 속성을 살려 스피디하고 실시간으로 새로운 정보를 교류하면서 기존 교육에서 제공하는 지식들을 화석으로 만들 수 있는 힘을 갖게 된다는 것이다.

글로벌 주체를 위한 철학을 중시한 미국교육은 시대의 흐름에 변화되는 교육을 통해 다문화시대에 맞는 권위를 버리고 실용주의에 입각한 교육철학을 가지고 있다. 정부정책으로써 교육이 아닌 글로벌시대의 주체로서 갖추어야 할 미국교육은 주체와 객체가 서로 어우러져 지역적인 미국인이 아닌 세계인으로서 미국인이 되기 위한 변화였다.

(2) 전문가로서의 가치

미국학교는 미래교육을 위해 갖추어야 할 전문가로서의 가치를 새로운 지식과 능력이라고 보았다. 미래교육을 내다보는 전문가는 비판·분석적 사고와 문제해결능력, 의사소통능력, 전문지식 활용방법, 협동능력, 팀 교육 등 미래예측의 방법론을 제시하였다. 이러한 다양한 방식의 예측기법들을 이용하여 전문가들은 교육의 미래를 전망해야 하며, 예측경로를 재설정해야 한다고 주장하였다.

2) 세계교육의 패러다임

글로벌시대 경쟁력은 패러다임의 전환으로 시작된다. 세계교육은 지금까지 우리 경제를 이끌어 온 추진력의 정치, 경제 사회문화적 환경에 급격한 변화를 일으키며 기업은 물론 국민 모두에게 글로벌화에 적응되고 있는 시점에 이르렀다. 즉 급변하는 환경의 변화는 혁명이라 할 만큼 모든 의식과 근본적인 전환을 시대적으로 요구하고 있어 이제 모든 부문은 글로벌화를 통해서나 가능하다고 보지 않을 수 없다. 이러한 의식은 시대의 낡은 경험에 의존하던 사고를 다른 시각과 차원에서 새로운 패러다임으로 전환하여 이루어질 수 있다.

의식과 사고, 그리고 가치 판단의 기본 틀이 되는 패러다임은 미국에서 가장 활발하게 이루어졌다. 제2차 세계대전 이후 세계패권을 거머쥔 미국이 막강한 군사력과 경제력으로 세계 패러다임을 주도하였는데, 실제로 발명왕 에디슨이 설립한 GE나 강철왕 카네기가 철강회사, 빌게이츠의 마이크로소프트사 등 미국업체들로 인해 세계경제의 패러다임은 바뀌었다. 교육도 하버드 대학교를 비롯한 미국대학의 약진으로 '하버드 공부벌레'라는 드라마까지 나올 정도로 교육을 학문적 측면이 아닌 사회적 측면으로 재조명해 모든 사람들의 관심과 흥미를 이끌었다.

글로벌시대의 핵심 키워드인 '스마트' 통신과 인터넷 등장으로 인하여 세계교육 패러다임은 현대의 과학기기의 편의성을 이용한 유비쿼터스식 기반으로 하는 평생교육과 모든 사람에게 교육의 기회를 제공하는 개방형 교육이 세계교육의 패러다임이 될 것이다. 실제로 UN을 비롯한 많은 국가에서 개발도상국에게 컴퓨터를 지원하고 정보 인프라를 무상으로 제공하는 것은 거시적인 측면에서 교육은 이제 지구촌을 하나로 연결해주는 촉진제 역할을 해주면서 교육을 통한 인재양성은 지구촌 전체에 도움이 된다. 인류라는 큰 틀 안에서 교육은 출세를 위한 수단이 아니라 인성과 지성을 갖춘 도덕적 인간이 되기 위한 첫걸음이기 때문이다.

3) 세계교육의 미래 전망

미래학교는 유비쿼터스 스마트시대에 맞게 시·공간을 초월해서 학습이 이루어져야 하며 학습의 질도 현재와는 전혀 다른 커리큘럼을 통해 다음과 같이 이루어져야한다.

첫째, 교육대상은 '누구나'가 되어야 할 것이다. 평생교육을 통해 모든 국민들이 교육의 기회를 주고 원하는 장소에서 원하는 시간에 교육을 받을 수 있는 이러닝 e-learning 시스템을 활성화시켜야 한다.

둘째, 교육방법은 현재 세계우수 100개 대학이 실시하고 있는 강의 오픈제도를 통해 인종과 종교에 관계없이 무료로 고급정보를 공유하는 '개방형'이 대세를 이룰 것이다. 현대 과학의 도움으로 경제적 어려움으로 또는 거리상 문제로 학습을 포기하는 사람이 없도록 하고 원활한 정보교류가 이루어져야 한다. 글로벌시대에서 정보는 곧 힘이고 모든 것의 근원이다. 아날로그 시대와는 달리 급진적으로 발전하는 과학의 발달과 사회구조 변화로 인해 세상은 더 이상 홀로 존재하는 할 수 없고 경쟁도 지역적이 아닌 글로벌화되었기 때문에 개방형 학습방법을 통해 정보를 공유하고 학습기회는 평등화가 이루어져야 한다. 예를 들면, 인도에서는 10달러 노트북이 상용화를 앞두고 있고 MIT 미디어랩의 니콜라스 네그로폰데 교수가 주창하는 개발도상국의 아동들에게 정보의 평등성을 위한 OLPC One Laptop Per Child 운동은 글로벌시대의 정보에 대한 가치를 실증적으로 보여준 사례이다. 미래는 누가 먼저 정보를 선점하느냐에 달려 있다고 보기 때문에 세계교육은 이제 폐쇄적인 학습보다는 개방적인 학습을 통해 국경 없는 교육이 활성화될 것이다.

셋째, 교육목표는 시대에 맞는 인재를 양성하기 위한 기업과 학교가 결합하는 형태의 협력대학이 활성화될 것이다. 학교에서는 이론만을 가르치고 기업에서는 실습기회를 제공하는 이중교육이 아닌 이론과 실제를 한 번에 통합하여 배워서 실제적 지식을 함양함은 물론 글로벌시대에 맞는 전문성과 경쟁력을 가진 전문인으로 양성시킬 것이다. 이러한 교육방식은 이미 미국과 유럽 쪽에서 일반화되어 있고 우리나라도 산학협동의 중요성을 인식하고 초기 인프라를 구성하는 중이다.

넷째, 교육의 부분화가 되어 지식의 양적확대보다는 깊이 있는 전문인을 위한 교육이 필요할 것이다. 산업혁명 이후 분업화되어 가는 사회에서 이제는 분업화를 넘어 '부분화'를 통해 미래 산업을 이끌 전문 인력을 양성해 나갈 것이다. 과학의 예를 들면, 원자, 분자, 나노에 이어 힉스입자, 물체에 질량을 부여하는 입자16까지 발견되는 만큼 세상은 점점 세분화·전문화되어 가고 있다. 기업도 예전에 많은 인력과 노력, 그리고 시간이 필요한 만큼 변화에 능동적으로 대처하지 못했지만 이제는 '1인 창조기업'을 통해 최소의 투자로 최대의 효과를 기대할 수 있다.

---

16 1964년 영국의 피터 힉스가 존재를 예언한 가상의 입자를 말한다. 입자의 존재를 예언한 물리학자 피터 힉스의 이름을 딴 것으로, 현재까지 물질을 구성하는 기본입자 중에서 유일하게 관측되지 않은 가상의 입자이다. 입자의 '표준모형'에 의하면 세상은 기본입자 12개와 힘을 전달하는 매개입자 4개, 그리고 힉스입자(Higgs boson)로 구성된 17개의 작은 입자(소립자)로 이뤄져 있다. 137억 년 전 우주팽창(빅뱅)으로 우주가 탄생할 당시 모든 입자에 질량의 힘을 넣어 주고 사라진 입자를 말한다.

1. 2010년 1월, 서울역의 역사(驛舍) 밖으로 내보낸 뒤 방치해 죽음에 이른 사건이 발생하였다. 역 안에서 노숙생활을 하던 노숙자를 코레일 직원과 공익근무요원이 강제 퇴거 조치하여 사망에 이른 것이다. 검찰 측은 '서울역 직원이나 공익요원은 노숙자를 보호할 의무가 있다.' 고 주장했으나 법원은 '한국철도공사법에 직원의 부조의무를 부과하는 규정이 없다.' 며 이들에게 무죄를 선고하였다. 또한 '민법상의 사무관리나 관습, 조리 등에 의해서 유기죄의 부조의무를 확장하는 것은 죄형법정주의의 원칙상 허용될 수 없고 법관의 자의적 판단을 초래할 수 있다.' 고 덧붙였다. 그러나 재판부는 이들에게 "노숙인의 죽음 앞에서 도덕적 비난은 면하지 못할 것"이라고 준엄하게 꾸짖었다. 즉, 법적으로는 무죄, 도덕적으로는 유죄라는 의미다. 또한 재판부는 "이 사회가 만들어낸 사람들이면서 사회로부터 철저히 소외된 사람들인 노숙자 문제는 우리 사회 구성원 모두가 함께 고민하고 풀어나가야 할 숙제"라고 소회를 밝혔다. 그들이 나쁜 사마리아인으로 비난 받아 마땅한 것일까? 아니면 자신에게 주어진 임무에 충실했던 그들이 법을 무시하고 노숙인을 역사 안으로 들이는 것이 옳았을까? 이 사건은 착한 사마리아인의 법(The Good Samaritan Law)의 국내 도입에 대해 그 필요성을 느끼게 하는 계기가 되었다.

① 착한 사마리아인의 법의 유래와 사회적 의미를 교육적 가치인 사회통합을 위한 나눔과 도덕적 책무이행 측면에서 미래교육의 패러다임의 전환점에 대하여 생각해보자.

② 우리 사회에서 최소한의 공동체 연대성을 확보하기 위해 자기에게 아무 피해가 없는데도 위급한 상황에 처한 사람을 외면하는 사람에 대해 착한 사마리아인법을 제정하는 게 옳은가? 아니면 법은 '최소한의 도덕' 이어야 하는데 착한 사마리아인법의 제정은 도덕과 윤리를 강제하는 지나친 규제인가?

Part 3

글로벌시대의
문제해결

9 >>> Chapter
글로벌시대의 문제인식

1 문제인식

글로벌시대에서는 다양한 문화에서 서로 다른 언어를 사용하는 민족들 간의 교류가 이루어지기 때문에 문화충돌이나 이익관계로 인해 여러 문제가 발생한다. 예를 들면, 일본은 잘못된 역사의식으로 한국과는 독도문제로 한국과 분쟁을 서슴지 않으면서 동시에 러시아와는 쿠릴열도의 4개의 섬을 반환하라고 영토반환 분쟁을 일으키고, 중국과는 센칸쿠 열도(댜오위댜오) 분쟁으로 중·일 간의 군사 간의 긴장을 일으키고 있다. 또한 팔레스타인과 이스라엘의 갈등은 단순히 국가 간의 분쟁이 아니라, 인종 측면에서는 유대인과 아랍인의 대립이고 종교 측면에서 보면 이슬람과 유대교의 문제로 해석할 수 있다.

역사적으로 보면 지구의 역사는 문제의식을 환류하는 경험에 연속이었고 이런 갈등을 해결하기 위해 힘의 논리를 주장하는 전쟁을 사용하거나 또는 설득이나 협상을 통해 국제조약과 협약으로 자신들의 주장을 관철시켰다. 이 장에서는 문제의 내면적 요소를 분석할 수 있는 방법론과 의의에 관하여 실제적인 사례를 통해 탐구하고자 한다.

1) 문제인지

문제인지란 문제가 무엇인지를 인식하고 그것을 객관적으로 확인한 후 문제에 대한 원인을 분석하는 전 과정을 의미한다. 즉, 문제인지는 '결과'가 아닌 '과정'으로 이해하고 그에 맞는 해결책에 접근할 수 있는 정보와 지식을 확보해야 한다는 것이다. 예를 들면, 자신의 집에 도둑이 들어왔다는 것을 인지했음에도 가만히 있다면 도둑이 들어온지도 모르고 잠을 자는 이웃과 다를 게 없다. 이런 측면에서, 우리는 인지에 대한 정의를 외부에서 정보가 들어오면 그것을 활용 가능한 자신의 것으로 만들어 나중에 필요하면 사용할 수 있도록 총체적인 과정이라고 말할 수 있다. 즉, 인지는 정적인 것이 아닌 행동이 수반되는 동적인 것으로 이해하는 것으로 문제를 인지한다는 것은 문제의 원인과 결과를 파악하여 해결책을 세울 수 있는 상태를 의미한다고 볼 수 있다.

문제를 인식하게 되면 그 문제에 대한 확인 과정을 통해서 문제가 가지고 있는 특성을 파악하는 과정을 거쳐야 한다. 개인 간의 문제는 개인의 주관적 생각과 이해관점에 따라 주관적으로 문제를 인식하지만, 글로벌 문제는 국가 간, 문화 간, 인종 간의 이해관계가 상충되기 때문에 문제인식 후 반드시 확인 과정을 통해 객관적으로 문제의 특성을 파악하는 것이 중요하다.

문제인식은 문제로 성립되기 위해서는 그에 맞는 타당성과 함께 현실에 기반을 둔 논쟁의 실체적 주체가 되어야 한다. 즉, 글로벌시대의 문제는 철학적 문제와는 달리 실제적이고 논란의 여지가 있는 특성을 가지고 있다. 예를 들면, 한국과 일본의 독도문제는 독도라는 섬이 실제적으로 존재하고 있는 것을 논란의 소유권을 주장하며 자신들이 주장하는 것이 옳다는 합당한 근거를 논리적으로 증명하려 하지만 논쟁의 대상이 문제가 되지 않는다. 이러한 근거를 대상으로 합당한 요구라고 주장하기 때문에 서로 평행선을 달리는 것과 같이 지금까지 합의점을 찾을 수가 없는 것이다.

영국과 아르헨티나 사이에서 벌어진 영토분쟁 '포클랜드 전쟁(1982)'도 비슷한 양상을 가지고 있다. 포클랜드라는 섬이 실제적으로 존재하고 있는 영토분쟁에 대해 논란의 주체로 소유권을 주장하고 있다. 영국이 실효지배를 하고 있는 섬을 기습 공격으로 빼앗았으나 영국의 반격으로 다시 빼앗긴다. 역사적으로 보면 무인도였던 이 섬은 영국인이 처음 발견(1592년)하고 그 후에 프랑스, 스페인들이 상륙하는 등의 불투명한 소유권이었지만 1883년 영국이 강하게 소유를 주장하며 해군 수비대를 배치함으로 소유권 논쟁에 종지부를 찍었다. 아르헨티나와 전쟁 후 열린 국민 투표에서(2013년) 포클랜드 주민의 99.8%가 영국을 지지했다.

이런 논란을 방지하기 위해서는 문제를 인식한 후에 반드시 문제 확인 절차를 거쳐서 어떤 특성을 가지고 있는지 확인해야 한다. 문제 확인 절차는 다음과 같다

첫째, 문제인식 절차에 따라 문제를 특정 짓는다. 문제를 인식했다는 것은 많은 사실 정보들 중에서 정상과 상이한 편차가 있는 사항을 발견했다는 의미이다. 이와 같이 문제를 발견했다면 이제 좀 더 논리적인 방법으로 문제를 확증해야 한다. 보통 문제가 발생되면 이에 상응하는 대안이나 가설이 존재하는지 보고 문제가 가지는 고유 특성을 살펴본다.

둘째, 문제 형성요인을 찾는다. 문제가 될 수밖에 없는 환경적, 논리적, 여러 매개변수 등을 찾는다. 원인 없는 문제가 없다는 원리를 적용하여 문제 형성요인을 찾는다면 문제가 발생된 필연적 이유와 함께 문제의 중요 요소들의 구체적인 특성을 알 수 있다.

셋째, 사실과 문제는 비논리적 불합리한 주장을 구별한다. 사실과 문제는 엄격한 차이가 있다.

이와 같이, 문제 확인을 위해서는 먼저 문제를 특정한 후에 그것이 문제인지를 논리적, 객관적, 합리적인 방법으로 문제 형성요소를 찾아 문제를 구성하는 중요 요소들이다. 이것은 합리적, 논리적 주장의 사실과 문제의 불합리한 주장을 구별하여 인식된 문제가 문제 해결을 논할 수 있는 참 문제인지를 확정짓는다. 이 과정은 인식된 문제를 형식화된 틀로 가려내어 문제분석에 필요한 문제의 특성과 그에 맞는 해결책을 찾는데 필요한 중요정보를 제공한다.

2) 문제분석

문제분석은 문제의 원인-과정-결과-해결방법을 논리적으로 분석하여 문제의 성격과 해결방법을 모형화하여 미래문제를 예방하는 데 있다. 분석의 초점은 복잡하고 난해한 문제들을 알기 쉽고 명료하게 풀어서 문제의 원인과 해결할 수 있는 정보를 제공하는 데 있다. 기업에서는 최소의 투자로 최대의 효과를 내기 위한 사업전략분석, 시장분석, 국가에서는 국가산업 발전을 위한 국가경제분석, 세계시장 분석, 개인들은 자신의 목적을 성취하기 위해 목표가 되는 대상 분석을 통해 대상을 단순화시킨다. 글로벌 문제에서도 이와 같은 문제대상에 대한 문제분석을

다음과 같이 해결하고자 한다.

(1) 원인파악

원인파악은 문제의 뿌리를 알 수 있는 방법이다. 문제가 발생된 이유와 문제가 어느 정도까지 확산될 수 있는지를 판단할 수 있는 정보이기 때문에 문제 원인파악은 문제해결과 미래문제 방지에 좋은 근거가 된다. 예를 들면, 조류독감, 구제역 같은 가축 전염병은 처음 발생지와 원인을 밝혀내지 못하면 치료와 방제가 힘들다. 또한 국제분쟁에서도 상대가 문제를 일으킬 때 원인을 모른다면 근본적인 대책이나 전략을 세울 수가 없다. 따라서 원인파악은 모든 기본의 시작이고 과정과 논리적 증명이 될 수 있다.

(2) 과정파악

과정파악은 문제가 진행되는 속도와 연관된 사항들을 알 수 있기 때문에 문제가 초기에 발생되었다면 그에 합당한 방법으로 문제를 지연시키거나 해결할 수 있는 실마리를 찾을 수 있다. 예를 들면, 한국전쟁이 발발한 과정이나 제2차 세계대전 당시 독일이 폴란드를 침공한 과정을 보면, 전쟁이 발발하는 이유와 과정을 알 수 있다. 군사 전략가들은 이와 비슷한 징후가 나타날 때는 자국의 군대를 미리 준비시켜 전쟁억제력을 높인다.

(3) 결과파악

결과파악은 문제의 영향정도와 파급효과를 알 수 있는 척도가 된다. 누군가가 문제를 발생시켰다면 그에 맞는 결과를 예측하기 때문에 문제를 일으킨다는 것이다. 결과파악을 한다는 것은 상대방이 무엇을 원하고 목적을 이루기 위해 어느 정도 희생을 각오를 하는지를 알 수 있기 때문에 결과파악은 상대의 의도를 읽는데 중요한 역할을 한다. 통상적으로 외교 분쟁이 일어났을 때 대부분 상대국가에서는 대사를 소환한다. 이는 상대국과 외교단절을 하겠다는 중대 사항이라는 것을 표출시키는 위협적인 수단이다. 결과파악의 문제는 문제가 일어났을 경우 이 문제를 통해 상대가 원하는 결과가 무엇인지를 잘 파악해야 한다는 것이다. 예를 들면, 이명박 전 대통령이 독도를 방문했을 때 일본은 자국대사를 소환 후 12일 만에 다시 한국에 보냈다. 그러나 무함마드 무리 시 이집트 대통령은 시리아 내전사태와 관련해 자국대사를 소환하고 국교단절을 결정했다. 이는 단순히 엄포가 아니라 실제로 국교단절을 위한 수단으로 소환한 것이다. 따라서 결과를 예측하면 상대의 의도를 알 수 있기 때문에 문제원인과 해결책을 강구할 수 있다.

3) 대안선택과 실행

문제분석을 통해 가장 합리적인 방법을 선택하고 가설을 만들어 실제로 대안을 채택할 경우 어떤 결과가 도출되는지를 예측한다. 대안이란 실행하기 전에 체계적인 분석방법을 통해 해결책에 가장 가까운 요소들을 추출해 놓은 예비 해결책과 같은 것이다. 따라서 대안을 마련할 때는 가설을 통해 여러 대안들을 비교분석하여 가장 합당한 것을 선택해야 한다.

인간의 삶에서 문제는 항상 발생하기 마련이다. 문제를 100% 미리 방지한다는 것은 불가능하고 또한 모든 문제에 알맞은 답을 찾을 수는 없다. 우리의 한계 내에서 문제를 인식하고 확인과정을 통해 문제를 특정지은 다음 분석을 통해 문제의 원인과 결과를 찾는다면, 문제해결에 가까운 정책이나 결정을 내리고 미래문제 방지를 위한 전략적 계획을 수립할 수 있는 것이다.

다양한 문화와 인종이 모여 사는 글로벌시대에서는 문제도 그만큼 다양하고 복잡할 수밖에 없다. 또한 한국의 문제가 다른 국가에도 지대한 영향을 미치기 때문에 우리는 다른 국가의 문제를 마치 아웃사이더처럼 방관만 할 것이 아니라 적극적으로 관찰하고 연구하면서 문제파악을 해야 한다. 예를 들면 2008년도 미국의 주택대출업자들의 파산인 '서브프라임모기지[17] 위기 Subprime Mortgage Crisis'는 전 세계

---

[17] 서브프라임모기지(Subprime Mortgage)는 신용등급이 낮은 저소득층을 대상으로 주택자금을 빌려주는 미국의 주택담보대출상품으로 우리말로 '비우량주택담보대출'이라 한다. 신용도가 낮기 때문에 우대금리보다는 높은 금리가 적용된다. 미국의 주택담보대출시장은 집을 사려는 일반 개인들의 신용등급에 따라 크게 3종류 대출로 나눈다. 신용등급이 높으면 프라임(Prime), 낮으면 서브프라임(Subprime), 그 중간은 알트에이(Alt-A: Alternative-A) 모기지이다. 신용등급이 높을수록 우대금리를 적용 받을 수 있다. 모기지 신용등급은 신용평가회사인 FICO(Fair Issac and Company)라는 곳에서 대출신청자의 과거 대출실적과 대출 잔액, 거래기간, 신용대출실적과 신용조회수, 적정수준 대출유지 여부 등 5개 부문을 기준으로 점수를 매긴다. 거래기간이 길수록, 신용점수와 비교할 때 기존대출이 적을수록, 신용조회수가 많지 않을수록, 연체가 없고 적정수준의 대출을 유지할수록 신용 점수는 높게 나온다. 점수는 최저 300점에서 최고 850점까지 나타난다. 일반적으로 신용점수가 620점 미만에 해당하는 사람들이 서브프라임 모기지를 받는다. 신용점수 620점은 넘지만, 소득증명이 불완전하거나 두 번째 주택을 구입하는 경우는 알트에이 모기지에 해당된다.

경제에 막대한 영향을 끼쳤다. 유가가 10달러 오르면 우리나라 무역수지 적자가 80억 달러가 오르기 때문에, 원유생산국의 정치적 사회적 불안은 곧 우리 가계경제에 막대한 영향을 끼친다는 것을 인식해야 한다.

'글로벌시대의 문제'를 배우는 이유도 외교나 국제분쟁의 전문가가 되기 위해 배우는 것이 아니라 매일 언론에 나오는 국제적 사건들이 우리 생활과 얼만큼 밀접하게 연결되어 있고 어떻게 전개해 나가고 있는지, 우리는 어떻게 대응해야 하는지를 배우기 위해서이다. SNS, 페이스북, 유튜브 등 실시간으로 세계의 정보를 쉽게 얻을 수 있는 이 시대에 정보수집과 분석을 통한 문제해결은 우리의 미래에 희망일 것이다.

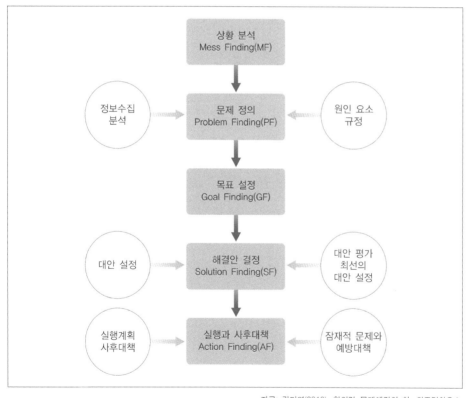

그림 9-1
문제해결
프로세스

자료: 김기영(2010), 창의력 문제해결의 힘. 위즈덤하우스.

2 국제분쟁 문제

국제분쟁은 이제 당사 간의 문제가 아니라 주변국가와 세계에 영향을 끼친다. 국제분쟁의 요인은 주로 영토, 사상이나 이념, 인종, 종교, 민족 등 다양하다. 이들의 공통점은 한쪽은 상대에 의해 경제적 손해를 보거나 부당한 압력을 받고 있다는 것이다. 이스라엘과 팔레스타인의 분쟁은 처음에 영토문제가 원인이 되었지만 미국과 주변 국가들의 참여로 종교문제, 인종문제로 확산되어가고 있다.

베트남전은 민주주의와 공산주의가 '이념' 전쟁을 한 무대였으며, 제2차 세계대전의 주역이고, 죄 없는 유대인을 학살한 히틀러가 일으킨 전쟁은 인종전쟁의 본보기였다. 이처럼 국제분쟁은 당사자 간의 문제가 아니라 지구촌 전 국가들에게 영향을 미치는 만큼 우리도 이제 관심을 갖고 국제분쟁의 원인과 폐해를 자각해야 한다. 따라서 과거를 통해 미래를 설계하는 인간의 본질적 특성을 살려 사례연구를 통해 미래 지향적 사고를 가져야 한다.

1) 종교적 국제분쟁 사례

(1) 힌두-이슬람: 인도와 파키스탄의 카슈미르 분쟁

1947년 8월 15일 인도는 영국으로부터 독립하였으나 힌두교와 이슬람 간의 종교분쟁으로 인해 인도는 내전으로 파키스탄과 인도로 갈라지게 되고 파키스탄은 동파키스탄과 서파키스탄으로 나눠졌으나 동파키스탄은 1971년에 방글라데시로 독립하게 된다. 영국의 식민지였던 당시의 인도 중앙정부는 영국이 다스리고 지방은 번왕[18]의 자치가 인정되었으며, 약 562개의 번왕이 지역을 다스렸다.

문제는 카슈미르의 경우 번왕은 힌두교이지만 주민의 80% 이상이 이슬람신자였기에 번왕이 파키스탄으로 귀속할지 또는 인도로 귀속할지 미루자 주민들이 파키스탄 귀속을 요구하며 반란을 일으켰다. 이때 파키스탄 정부군이 개입하자 번왕이 인도에 도움을 요청하면서 인도로 귀속하기로 결정해 인도는 공식적으로 자국의 군대를 카슈미르에 주둔시킨다. 이에 반발한 파키스탄도 군대를 보내면서

---

[18] 인도 각지에 있던 지방을 다스리는 왕이다.

카슈미르 분쟁이 시작된다. UN의 중재에도 불구하고 세 차례의 분쟁과 테러 등으로 전면전까지 갈 수 있었던 상황에서 인도 출생의 '페르베즈 무샤라프(육군참모총장)'가 무혈혁명으로 정권을 잡게 되어 인도와 화해무드로 가는 중에 2008년 뭄바이에서 파키스탄 과격 테러 단체가 벌인 연쇄 폭탄 테러로 166명이 사망하자 양국관계는 다시 소원해졌다.

(2) 구교(가톨릭)−신교(기독교): 북아일랜드의 종교분쟁

북아일랜드 종교분쟁의 중심에는 영국이 있다. 영국이 12세기 이래 아일랜드를 지배하기 시작하면서 신교도인 영국의 이주민들이 아일랜드에 정착하게 된다. 이들은 구교도인 원주민과 대립하게 되면서 무력투쟁을 하면서 독립의사를 밝힌다. 결국 1937년에는 국명을 '에이레'로 바꾸면서 독립하고 1949년에 다시 아일랜드로 개명하면서 영연방에서 탈퇴한다. 그러나 신교도들이 다수를 차지하던 북아일랜드는 영국에 계속 속하기를 원하면서 구교인 가톨릭계 주민들을 정치적 경제적으로 차별하는 정책을 취하자 아일랜드 공화국군 IRA을 조직하여 신교들에게 맞서게 된다. 이에 영국은 치안을 빌미로 1969년에 자국군대를 북아일랜드에 주둔시켰고 1972년에는 직접 통치를 하게 되자 반발은 더 심해져서 '피의 일요일사건[19]'이라는 유혈사태를 맞게 된다. 하지만 1998년 미국의 클린턴 전 대통령의 적극적인 중재로 양국이 '성 금요일 평화협정'이 맺어지고 북아일랜드에는 평화가 오지만 IRA의 급진파들은 이에 반발하여 저항하게 된다. 1999년에 신·구교 합의로 영국의 통치에서 벗어나 자치정부가 들어선다. 2005년 IRA가 모든 투쟁을 포기한다는 선언을 하기 전까지 신·구교 간의 분쟁은 계속되었다.

(3) 이슬람(시아파)−이슬람(수니파): 이란과 이라크

1979년 호메이니 Ruhollah Khomeini, 1902~1989가 이끄는 이슬람 혁명군은 친미 경향의 팔레비 왕조를 전복시키고 이슬람 원리주의에 입각한 이슬람 공화국을 세운다. 그러나 정권이 안정을 찾기도 전에 이웃 국가인 이라크의 후세인 정권 침공을 받게 된다. 전쟁의 표면상 이유는 양국 간에 체결되었던 샤트 알 아랍 수로의 지배

---

19 1972년 1월 30일 영국의 공수부대가 시민권 쟁취를 위한 가두행진을 벌이던 아일랜드 구교도 시민 13명을 사살한 사건이다.

권과 호르무즈 해협에 위치하는 3개 도서의 지배권을 이라크가 갖는다는 협정을 혁명정부가 이행하지 않는다는 것이었지만 양국 간의 뿌리 깊은 배타적 인종, 종교, 문화 차이가 표면화된 것이라고 볼 수 있다. 즉, 아랍(이라크) 민족과 페르시아민족(이란), 수니파(이라크)와 시아파(이란)의 누적된 갈등이 표면화된 것이다. 8년 동안 계속된 이 전쟁은 유엔의 중재로 휴전하게 된다. 같은 이슬람이었지만 파가 다르다는 이유로 벌어진 이 전쟁은 종교의 갈등이 얼마나 심각한 것인가를 보여주는 단적인 예이다.

2) 민족적 국제분쟁 사례

(1) 르완다 사태(투치족 – 후투족)

벨기에의 식민지였던 르완다는 소수족인 투치족 Tutsi, Ratusi이 다수족인 후투족 Hutu, Bahutu을 다스리는 종족 차별 형식으로 통치되었다. 두 민족 간의 갈등은 벨기에가 철수하면서 더욱 심화되었다. 1962년 독립 후 투치족과 후투족의 정권탈환을 하기 위한 반란이 지속되었고 그때 많은 사람들이 희생되었다. 1990년 후투족들의 학대를 피해 우간 내에 있던 투치족들이 '르완다[20]애국전선 RPF: Rwandan Patriotic Front'을 결성하면서 내전이 확대되었고 1994년에 정권을 잡은 후투족 출신의 '쥐베날 하비야리마나' 대통령이 의문의 전용기 격추로 숨지자 투치족의 소행으로 여긴 후투족들이 투치족을 학살하기 시작하게 된다. 약 3개월 동안 80여 만 명이 희생된 이 학살은 르완다애국전선 RPF이 르완다 수도 키갈리를 점령하면서 막을 내리게 된다.

(2) 동티모르 사태(동티모르 – 인도네시아)

티모르는 크게 동·서로 나누어진다. 동티모르는 1524년 포르투갈의 식민지로 서티모르는 인도네시아를 식민지로 점령하고 있던 네덜란드가 포르투갈의 전투에서

---

20 우리나라는 1963년 3월 21일 르완다와 수교한 뒤, 1972년 8월 르완다 주재 상주공관을 개설했으나, 우리나라 사정에 의하여 1975년 5월 상주공관을 철수하였다. 이후 1987년 9월 주 르완다 상주 대사관을 다시 개설하였으나, 1990년 11월 재차 철수하고, 현재 탄자니아 대사가 그 업무를 겸임하고 있다. 우리나라는 르완다에 대해 1970년 구급차 4대, 1972년 통신시설현대화사업비 5만 달러를 지원한 바 있으며, 2007년 우리나라의 대 르완다 수출액은 1997년 136만 2,000달러로 주종목은 가구와 타이어이며, 수입액은 9만 7,000달러로 주종목은 커피와 향신료이다. 제24회 서울 올림픽 대회에는 7명의 선수단이 참가하였으며, 현재 9명의 한국인이 체류하고 있다. 북한은 1972년 4월 22일 르완다와 수교한 이래, 1975년 8월 상주 공관을 개설하고 각종의 경제협력을 제공해 왔으나, 1992년 철수하였고, 현재 우간다 대사가 그 업무를 겸임하고 있다.

이기면서 실효지배하게 된다. 제2차 세계대전 이후 인도네시아는 1945년 8월 17일에 독립하게 되고 서티모르는 1949년에 인도네시아로 편입되게 된다. 1972년 포르투갈은 동티모르에 자치권을 주었고 1974년 식민지 지배를 반대하는 포르투갈의 군부혁명에 의해 1975년 포르투갈은 식민통치를 종료하게 된다. 이에 동티모르 안에서는 내전이 일어나고 설상가상으로 1976년에는 인도네시아가 27번째 주로 편입시킨다.

이에 반발한 동티모르의 저항이 계속되자 인도네시아 정부는 독립여부를 묻는 주민투표를 1999년에 하게 했다. 독립을 열망하는 주민들의 압도적인 지지를 얻었으나 인도네시아 정부는 이를 인정하지 않고 탄압하게 되자 UN은 평화유지군을 파견하면서 유엔 동티모르 과도행정기구 UNTAET를 설치한다. 2000년 유엔 감시하에 치러진 투표에서 사나나 구스마오가 초대 대통령으로 당선되고 2002년 동티모르는 마침내 신생독립국으로 인정된다. 동티모르는 98%의 주민이 가톨릭신자이고 테툼족이 다수를 이룬다. 이에 반해 인도네시아는 86%가 이슬람신자이고 주민은 자바족과 순다족이 다수를 이룬다. 티모르 Timor 라는 한 섬이 동·서로 나눠지는 비극을 겪은 동티모르 사태는 마지막 식민지 역사의 비극을 보여 준다.

(3) 중동전쟁(팔레스타인 – 유대인)

실체적인 국가 없이 세계를 떠돌던 모든 유대인들의 소망은 시오니즘은 유대 민족국가 수립운동이었다. 하지만 근대에 들어서서 제국주의 때처럼 땅을 강제로 뺏어서 식민지화하는 것은 현실적으로 불가능하기 때문에 영국이 1차 대전 당시 투르크전쟁에서 도와주면 팔레스타인 지역에 유대 국가건설 지원을 하겠다는 영국의 아서 밸푸어의 '밸푸어 선언'은 최대의 기회였다. 유대인들은 팔레스타인 쪽으로 이주하기 시작했고 그러는 사이 아랍인과 유대인의 갈등은 깊어만 갔다. 이러한 갈등은 1948년 이스라엘이 건국을 선언하자 이에 불복하여 주변 아랍 국가들이 전쟁을 일으켰는데 이것을 제1차 중동전쟁이라고 한다. 1964년 팔레스타인은 독립을 위해 '팔레스타인 해방기구'를 설립하고 이스라엘과 게릴라전을 벌였다. 그러는 동안 주변 아랍 국가들은 이스라엘과 계속 전쟁을 벌였으나 결과는 언제나 이스라엘의 승리였다. UN이 이스라엘만 인정하자 이에 격분한 팔레스타인들이 '인티파다인 항쟁'을 일으킨다. 1993년 오슬로 협정으로 양측이 서로를 인정하고 테러를 중단할 것을 합의하게 된다. 그리고 1996년에 팔레스타인 자치정부가 수립되어 평화 상태를 유지하나 시간이 지나도 달라지는게 없었고 2000년 이스라엘 수상 샤론이 알 아크사 사원이 있는 예루살렘을 방문하자 이에 격분한 팔레스타인들은 2차 인티파다를 일으킨다. 이 사건으로 이스라엘이 보복하면서 오슬로 평화협정은 깨지게 되고 2003년에 팔레스타인인에 의한 자살폭탄테러가 발생하자 사태는 더 악화되었다. 이후 미국이 지원하는 이스라엘과 중동국가들이 지원하는 팔레스타인의 대립은 아직도 계속되고 있다.

3) 영유권 국제분쟁 사례

(1) 중·일 영토분쟁 – 댜오위다오 열도[21] 영유권 분쟁

댜오위다오 Diaoyudao는 일본 오키나와 남서쪽 동중국해에 있는 섬이다. 5개의 섬과 3개의 암초로 구성되어 있는 댜오위다오는 중국, 대만, 그리고 일본이 서로 자신의 땅이라고 주장하는 분쟁 중인 섬이다. 이 분쟁은 약 1970년 전후해서 시작된 이 분쟁은 천연자원과 해양자원의 중요성을 깨닫기 시작하면서부터 표면화가 되기 시작한 것이다. 실제로 1900년도 초반까지 아무도 신경 안 쓰던 이 섬을 1969년에 대만이 먼저 석유탐사를 위해 움직이자 곧 중국도 역사적으로 자신의 땅이라고 주장하고 일본은 미·일 간의 오키나와 반환 협정에 의해 이 섬을 실효지배하였기 때문에 자신의 영토라고 주장하게 되었다. 이 분쟁을 통해 중국과 대만은 중화민족이라는 단일성을 가지고 일본에 대항하는 단결심을 보여주기도 하였다. 2004년에 중국인 7명이 댜오위다오에 상륙하며 시위하자 일본 당국이 억류하다 강제추방하면서 중국과 외교적 문제로 비화되기도 하였다. 서로 다른 관점[22]에서 소유권을 주장하기 때문에 협상할 수 있는 기회는 적고 특별한 이변이 일어나지 않는 한 분쟁은 계속될 것으로 예상된다.

---

21 일본명 센카쿠(Senkaku)열도, 중국명 댜오위다오(Diaoyudao) 열도이다. 일본 오키나와(沖繩)에서 약 300km, 대만(臺灣)에서 약 200km 떨어진 동중국해(東中國海) 남부에 위치하며 댜오위다오(釣魚島), 황웨이위(黃尾嶼), 충베이옌(沖北岩), 충난옌(沖南岩), 베이샤오자오(北小礁), 난샤오자오(南小礁), 츠웨이위(赤尾嶼) 등을 포함한 8개의 무인도로 구성되어 있다. 전체 면적은 약 6km²이며 이 중 가장 큰 섬 댜오위도 면적은 약 4km²이다. 여러 섬은 모두 동하이의 대륙에 분포해 있으며, 동쪽은 깊이 2,000m가 넘는 바다옴(해발 6,000m 이상의 바다 밑)으로 이루어져 있다. 모두 바다 밑 화산활동으로 형성된 화산암(火山岩) 구릉지대에 속한다. 섬에는 산차(山茶), 종려나무, 선인장, 바다연꽃 등 자연식물이 풍부하고, 약용으로 사용되는 식물도 많다고 알려져 있다.

22 1997년에 홍콩을 반환 받은 중국은 그 여세를 몰아 역사적 사실을 근거로 주장하였는데 대만은 지형적으로 가장 가깝기 때문이라고 하였고, 일본은 실효적 지배측면으로 주장하였다.

(2) 소·일 영토분쟁 – 쿠릴열도 분쟁

쿠릴열도 분쟁의 핵심은 50여개가 넘는 섬 중에서 4개의 섬에 대한 소유권 분쟁을 의미한다. 소련의 캄차카 반도를 잇는 에토로프와 구나시리, 그리고 홋카이도 북쪽에 있는 하보마이와 시코탄 섬은 1951년에 샌프란시스코 강화조약에 의해 소련이 실효지배를 하게 되어 섬에 살고 있던 일본인들은 모두 쫓겨나게 된다. 1956년 9월 소·일 공동선언을 통해 소·일 간 국교가 정상화되면서 하보마이와 시코탄의 일본 반환 가능성을 시사했으나 1960년 일본이 미국과 미·일 안전보장조약을 하자 태도를 바꾸고 1961년에 흐루시초프는 북방영토문제는 더 이상 존재하지 않는다고 함으로써 소·일 간의 협상은 교착상태에 빠졌다. 이 분쟁은 실효적 지배를 통해 우위권을 차지한 러시아의 태도에 의해 해결될 수 있지만 연이어 쿠릴열도에서 무력시위를 하는 러시아의 현재 태도로 봐서는 아무도 쿠릴열도의 미래를 예측할 수 없다.

(3) 중국·대만 영토분쟁

영국으로부터 홍콩 반환(1997년) 이후 하나의 중국을 표방해온 중국은 대만을 흡수하기 위한 전 방위 압박을 하고 있다. 역사적으로 1949년에 마오쩌둥이 이끄는 중국공산당에 패배한 국민당의 장제스(1887~1975년)가 중국에서 도피하여 대만 섬에 중화민국을 수립하였다. 국제사회는 처음에는 대만을 인정해 주었으나 중국(중화인민공화국)이 유엔에 가입하면서 대만은 국제무대에서 영향력이 사라지기 시작하였다. 중국이 1국가 2체제 형태(홍콩)를 표방하며 대만 통일을 꿈꿀 때 대만 총통인 리덩후이는 1999년에 양국론[23]("중국과 대만의 관계는 특수국가 대 특수국가이다.")을 주장하면서 양국관계는 심각해졌고 중국 정부는 만약 대만이 양국론에 입각하여 헌법을 개정할 경우 무력으로 응징할 것이라고 경고하기도 했다. 현재까지 양국의 주장은 평행선을 달리고 있고 문제해결은 묘연하다.

---

23 양국론의 추후전망은 현재 중국이 경제발전이라는 국가 최고 목표를 추진하는 한, 대만과의 관계에서도 안정 및 경제·교역관계를 우선시할 것이나, 한편으로 중국은 대만의 독립화 경향에 대해 무력사용 가능성을 배제하지 않고 있다. 단, 중국은 일방적 군사 훈련 혹은 무력시위 방식을 취하고 있어 단기적으로 양측 간 무력충돌이 발생할 가능성은 높지 않다. 중·장기적인 문제는 대다수의 대만 주민(85% 이상)이 대륙과의 연고가 적은 대만 출신이고, 국민당과 대만의 독립을 강령으로 하는 민진당 내에서도 대만 출신이 현재 세력을 확장하고 있기 때문에, 이에 대한 중국의 압력은 지속될 것으로 전망된다. 특히, 미국과 중국의 관계는 상징성이 높으나, 실질적인 내용이 낮은 반면, 미국(의회 중심)과 대만간의 관계는 상징성이 낮으나, 실질적인 내용이 높기 때문에 향후 '대만문제'에 대한 미·중 간의 갈등도 지속될 것으로 보아야 한다. 중국의 대만 침공 시에는 미국변수가 가장 중요한, 그러나 불확실한 외적 요인으로 작용하게 될 것이다.

1. 냉전의 종식 이후 새롭게 형성되는 세계질서는 어떠한 모습으로 전개될 것인가? 또한 이 새로운 세계질서에서 국제적 갈등과 긴장의 요인들은 무엇인가? 보다 안정적이고 평화로운 세계질서를 위해서는 어떠한 노력과 조치들이 모색되어야 하는가? 이 물음에 미국의 정치사상가인 헌팅턴(S. Huntington)은 『문명의 충돌』에서 냉전 이후에 새롭게 변화된 세계정세를 제대로 파악하기 위해서는 '문명 충돌(The Clash of Civilizations)'이라는 새로운 패러다임이 필요하다고 주장하였다. 헌팅턴은 세계를 중화권, 일본권, 힌두권, 이슬람권, 크리스트교권, 라틴아메리카권, 아프리카권의 7개 문명 권역으로 나누고, 각 문명권은 핵심국을 중심으로 이합집산을 계속한다는 문명 패러다임을 역설하였다. 그는 미래의 새로운 세계에 있어서 인류의 충돌은 정치적이거나 경제적인 이유보다는 문화적 차이로 인한 충돌이 주가 될 것이라고 예측하였다. 9·11 테러 사건으로 인해 세상은 많은 변화를 가져왔다. 이 사건은 전 세계에 '테러'에 대한 공포증을 만들었고 이후 끊임없는 전쟁의 시발점이 되었다. 각 문화권의 서로에 대한 몰이해와 그로 인한 오해가 표면화되고, 서로 간의 불신의 벽이 더 높아졌으며 선악에 대한 경계 구분이 모호해지고 있는 것이다.
   ① 9·11 테러 사건의 발생 원인과 이 사건은 테러인지 아니면 문명의 충돌인지를 진단하고, 더 나아가 그러한 사건의 재발방지를 위한 국제사회가 모색해야 할 방안을 제시하여라.

2. 최근 일본 정부가 '독도는 일본 고유 영토'라는 주장을 중·고등학교 학습지도요령 해설서에 명시하기로 했다고 발표했다. 더 나아가 "독도가 한국에 불법 점거돼 일본 정부가 항의하고 있다."는 내용을 담았다. 이번 조치로 '독도는 일본 땅'이라는 일방적인 주장이 일본의 모든 사회·지리·역사 교과서에 실릴 것으로 보인다. 중국과 영토분쟁 중인 센카쿠(중국명 댜오위다오)에 대해선 일본 고유 영토로 명기하면서 '해결해야 할 영유권 문제는 존재하지 않는다.'고 했다. 한국과 중국 등 주변국에는 신경 쓰지 않고 오로지 제 갈 길만 가겠다는 도발적 표현들이다. 또한 아베 정권이 평화헌법 개정 추진, 야스쿠니 신사 참배, 위안부 망언에 이어 차세대 교육에서도 역사왜곡을 강화하며 극우주의·군국주의의 길로 치닫고 있는 상황이다. 이러한 일련의 움직임은 일본의 과거 침략 사실을 부인하고, 다시 침략전쟁을 할 수 있는 나라로 거듭나는 데 초점이 맞춰져 있다. 최근 일본 정부는 '일본군 위안부와 난징 대학살 등 근현대사를 교과서에 기술할 때는 정부 견해를 존중하라.'는 교과서 검정기준을 재개정하기도 했다. 이는 학생들에게 일본 극우정부 역사관을 그대로 심겠다는 강한 의지의 표현이다. 독도는 일본이 1905년 한국의 외교권을 박탈하는 과정에서 강제로 편입시킨 땅이다. 샌프란시스코 강화조약에 독도가 한국 땅이라는 명문 규정이 없다고 해서 일본 군국주의의 독도 강탈을 합리화하는 것은 손바닥으로 하늘을 가리는 일이다.
   ① 독도의 가치(자원 및 지정학적 위치)와 한·일 영유권 분쟁의 해결방안에 대하여 알아보자.
   ② 2014년 2월 미국 버지니아 주 의회에서 공립학교 교과서에 '동해(East Sea)'와 일본해(Sea of Japan) 병기를 의무화하는 법안이 통과된데 이어 뉴욕·뉴저지·코네티컷·로스앤젤레스·애틀랜타 등 미주 전역으로 확산될 움직임을 보이고 있다. 한·일 간 동해·일본해 명칭을 둘러싼 국제적 동향에 대하여 알아보자.

10 >>> Chapter
글로벌시대의 문제해결방법

1 의사결정론

우리는 세상을 살면서 수많은 의사결정에 직면하게 되며, 그 과업을 수행하기 위해서는 바람직한 의사결정을 해야 하는데 이는 현실세계에서 매우 중요한 것이다.

우리는 물건을 살 때, 미래 직업을 결정할 때, 문제해결을 위한 결정을 할 때, 또는 모든 의사결정을 할 때 이미 발생한 사건들로부터 일정한 유형을 찾거나 어떤 사건의 인과관계를 검증하는 것, 그리고 미래예측에 도움이 되는 암시를 찾아내는 것 등이 포함되는 것과 과거 분석의 직관보다는 수학석 논리체계에 의존하는 미래 예측적인 두 가지 사고가 결합되어 나타나는 결과이다.

의사결정론은 전략과 법칙을 사용하고, 개별 요소들의 정확성을 평가하고, 가용 정보를 종합하여 하나의 통합된 전망을 만들어낸다. 우리가 무엇인가를 행할 때 적절하고 알맞은 대안을 체계적으로 분석 평가해서 최선의 대안을 선택하는 과정으로 볼 수 있다. 그러나 과정이 아무리 옳다고 하더라도 올바른 의사 결정을 내리기 위해서는 반드시 체계적인 과정을 통해 문제인식을 먼저 해야 한다. 문제는 항상 우리들의 생각과 한계 밖에 있는 것처럼 비추어지기 때문에 냉철하고 이성적인 사고로 문제의 실체를 파악한 후 그에 맞는 방법론을 적용시키는 것이 가장 합리적인 방법일 것이다.

1) 개념

의사결정decision making이란 의사결정에 대한 정의는 학자들마다 주장이 다르지만 일정한 목표를 설정하고 그 목표를 효과적으로 달성하기 위한 몇몇 대안 중에서 가장 실행 가능한 대안에 접근하기 위해 선택하는 일련의 합리적이고 이성적인 인간행동을 말한다. 이런 측면에서 본다면 의사결정은 미래지향적 또는 목표 지향적 특성을 가진다고 볼 수 있다. 실제로 의사결정은 문제가 발생 시 체계적으로 대안을 마련하는 행위이기 때문에 문제를 인식하고 분석하는 것이 가장 중요하다.

사이몬H. Simon은 의사결정을 과정인지, 설계, 그리고 선택으로 나누었다.

과정인지단계는 어떤 문제가 존재하는지를 알아보는 '문제인지'단계로써 문제를 파악하고 이해하며 정보를 수집하는 단계이다.

설계단계는 대안을 마련하는 단계로써 대안을 분석·개발하면서 다중의 대안들을 비교·평가하는 단계이다.

선택단계에서는 선택의 기준을 정해서 그에 맞는 대안을 선택하는 것이다. 선택된 대안은 문제점이 없는지 재검토하는 과정을 거쳐 최종 선택을 한다.

의사결정은 합리적인 대안을 찾기 위한 노력이다. 어떤 개념을 가지고 어떤 과정을 거치더라도 결국은 원하는 대안을 선택하기 위한 체계적이고 합리적인 선택을 하는 것이다. 중요한 것은 원인이 되는 문제인식을 확실히 인지해야 올바른 대안이 나온다는 것이다.

2) 유형

의사결정은 단독결정에 의해 이루어지기보다는 위원회 등 집단결정을 이용하여 전문적 지식이나 정보 또는 자료를 바탕으로 의사가 반영되어서 최종 의사결정이 이루어져야 한다. 그 성격이 의결기관이냐, 자문기관이냐, 그리고 최고결정권자의 그 위원회에서 어떤 위치에 있느냐에 따라 차이가 있다.

표 10-1 의사결정의 유형

유 형	의사결정의 과정에 따른 유형의 내용
정형적 의사결정	• 이미 설정된 기준에 따라 일상적이며 반복적으로 이루어지는 의사결정 • 표준화된 틀 안에서 결정 • 의사결정의 절차, 규정, 방침을 사전에 만들어 놓고 이에 따라 규칙적인 의사결정 행위 전개 • 이 결정은 단순하기 때문에 비용과 시간이 절약 • 효율적 장점의 처리
비정형적 의사결정	• 의사결정을 위한 과거의 관례나 절차 없이 내려지는 구조적 의사결정 • 충분한 시간과 판단자료가 없는 가운데 의사결정권자의 직관과 판단 • 전문가에 의해 수행 • 특수상황이거나 정형화되지 않은 결정에 사용 • 결과는 예측하기 힘듦 • 새로운 결정이나 일반적이지 않은 특별결정을 내릴 때 사용

유 형	분석단위에 따른 유형의 내용
개인적 의사결정	• 개인적인 문제나 업무를 개인적으로 분석하고 판단하는 과정 • 개인이 결정하기 때문에 개인의 경험, 성격, 가치관, 처리능력, 관여도에 따라질 결정 • 주관적 성격을 가지기 때문에 저 현성에 한계 • 신속히 결정 시 개인의 독창성과 창의력 있는 결정 요구 시 사용
집단적 의사결정	• 개인보다 조직의 위계구조나 관리집단을 통하여 이루어지는 의사결정 • 동의 의견을 수렴하여 결정하는 방법으로써 고도의 기술성과 전문성이 요구되거나 구성원들의 참여의식을 높이고자 할 경우 사용 • 개인적 결정보다는 의사결정의 질을 높일 수 있으나 신속성이 떨어짐 • 장점은 집단 내의 모든 인적 자원을 모두 동원하여 개인적 결정보다 양적으로는 우세하나 질적인 면에서는 개인차에 의해 결정되기 때문에 단정 짓기 힘듦
조직적 의사결정	• 조직의 정규적 관리과정을 통하여 수행되는 의사결정

유 형	의사결정에 따른 유형의 내용
직관적 의사결정	• 합리성보다는 감정에 근거하여 결정하는 의사결정
판단적 의사결정	• 개인이 가지고 있는 지식과 경험에 의하여 결정하는 의사결정
문제해결적 의사결정	• 관련된 사항에 대한 정보수집, 연구, 분석과 같은 합리적이고 과학적인 절차를 밟아가며 결정하는 의사결정

유 형	의사결정의 계층에 따른 유형의 내용
업무적 의사결정	• 주로 일선 관리층이 내리는 구조적 의사결정
관리적 의사결정	• 중간 경영자가 주로 수행하는 의사결정
전략적 의사결정	• 최고경영자가 담당하며 주로 비구조적 문제를 다루는 의사결정

(계속)

유 형	불확실성에 따른 유형의 내용
확실한 상황하의 의사결정	• 대안 및 가능한 결과에 관한 정보를 축적한 상태의 실패확률이 적은 특성의 의사결정
위험하의 의사결정	• 정보를 가지고 있으나 전체적인 상황을 파악하기에는 미흡하며, 실패 가능성이 존재하는 의사결정
불확실성하의 의사결정	• 자료도 빈약하고 신빙성도 없으며 상황이 매우 유동적인 경우의 의사결정

유 형	권한의 분산에 따른 유형의 내용
집권적 의사결정	• 의사결정이 주로 최고관리자에 의해 이루어지는 것 • 신속하고 조직적 대응이 빠르고 책임소재 명확함
분권적 의사결정	• 권한위임을 통해 의사결정이 조직 하부에서 이루어지는 것 • 책임경영제도 확립과 구성원의 사기향상 및 환경적응 능력의 경우

유 형	구성원의 참여에 따른 유형의 내용
참여적 의사결정	• 의사결정의 참여 폭을 하부에 확대하는 방법 • 참여유도 및 창의성을 향상시키는 유형
비참여적 의사결정	• 최고 관리자가 의사결정과정에 하부구성원을 참여시키지 않고 소수 전문 관리자만이 의사결정에 참여하는 유형

3) 의사결정의 모형

의사결정 모형은 여러 학자의 주장에 따라 다양한 모형이 제시되고 있다. 대표적인 학자 사이몬H.Simon은 의사결정자가 의사결정을 요구상황에 대한 환경을 탐색하는 지적활동, 취할 수 있는 행동과정들을 발견·기획활동, 선택하는 활동 3단계의 과정으로 모든 의사결정의 모형에는 합리적 성격을 띠고 있다고 했다. 합리성의 제약이라는 관점에 따라 합리모형, 만족모형, 점증모형, 혼합모형으로 나누어진다.

(1) 합리모형

합리모형Rational Model은 의미 그대로 합리성을 강조하는 고전적인 모형이다. 이 이론은 인간이 이성과 합리성에 근거하여 행동하는 존재라는 전제에서 시작하는 것으로써 결정권자는 모든 문제나 목표를 파악하여 가장 합리적인 최적의 대안을 선택할 수 있다고 보는 모형이다. 이런 목적을 이루기 위해서는 먼저 목표설정을 하여 문제인식을 정확히 해야 한다. 사수가 총을 쏠 때 과녁이 정확하지 않으면 맞출 수 없는 것처럼 목표를 명확히 하는 것이 곧 최적의 대안을 도출시킬 수 있는 유일한 방법이다. 목표가 정해진 후에는 그에 맞는 대안을 포괄적으로 탐색하면서 그 대안이 실시되었을 때 발생될 결과를 예측하고, 예측된 결과들은 평가를 통해 최적의 대안을 선택한다.

합리모형의 문제점은 인간을 전지전능으로 보는 데 있다. 문제를 만든 것은 인간이기 때문에 문제가 있다는 것은 인간은 완전하지 못하다는 것을 반어적으로 보여준다는 사실을 명심한다면, 당연히 인간인 의사결정권자도 전지전능하지 못하고 한계와 약점을 가진 결점 있는 인간이라는 것을 알 수 있다. 따라서 정보수집이나 대안을 찾는데도 한계가 있을 수 있고(정보수집의 제약성), 미래 일을 예측하는 것도 개인의 능력에 따라 편차가 있을 수 있다. 이러한 약점에도 불구하고 이모형이 유용한 것은 합리적인 방식으로 대안을 찾기 때문에 모든 대안은 합리성에 기초하여 도출된 것이다.

결국 조직의 목표 달성을 극대화하기 위한 최선의 해결책을 합리적으로 선택할 수 있다는 것이다.

(2) 만족모형

만족모형 satisfying model은 지나치게 객관성을 강조한 합리모형의 제약성을 극복하기 위해 의사결정자의 주관적인 입장을 고려한 모형이다. 합리모형의 약점을 보완하기 위해 사이몬 H. Simon과 마치 J. March가 제시한 이 모형은 인간의 한계성을 인정하고 최적화가 아닌 만족화에 기준을 맞춘 모형의 접근방법이다. 제한된 합리성을 가진 인간의 능력으로는 대안에 대한 충분한 정보수집이 불가능하고 또한 모든 대안을 예측, 평가, 선택하는 것은 현실적으로 어렵기 때문에 최선의 대안보다는 결정권자가 만족하는 대안을 찾는다.

만족모형의 문제점은 만족은 주관적, 심리적, 내면적 요소이기 때문에 만족의 정도를 측정할 기준이 없다는 것이다. 왜냐하면 인간들은 개개인이 서로 다른 경험, 지식정도, 환경에 영향을 받기 때문에 만족의 정도는 사람에 따라 다르기 때문이다. 제한된 합리성으로 한정된 수의 대안만을 추구하고 주관적 만족에 의해 대안을 찾기 때문에 창의적 대안은 찾기 힘들다.

결국 만족모형은 어떤 문제에 대한 최선의 해결책은 없고 현실적으로 단지 다른 해결안보다 더 만족스러운 해결책이 있을 뿐이라는 점을 강조했지만 만족의 정도가 주관적이기 때문에 보편타당성이 부족하다는 한계를 가질 수밖에 없다는 것이다.

(3) 점증모형

점증모형 incremental model은 점증이라는 용어가 의미하듯이 기존의 정책이나 결정을 점진적으로 수정해 나가는 것이다. 린드블롬 C. E. Lindbloom, 스나이더 Snyder, 월다브스키 A. Wildavsky 등이 제시했다. 만족모형과 합리모형의 비현실성과 문제점을 보충하기 위해 의사결정은 갑자기 일어나는 것이 아니라 기존의 상태에서 향상된 대안을 시간을 두고 점증적으로 부분적으로 소폭으로 일어난다는 모형이다. 언급된 두 모형의 획기적인 대안보다는 현실적이며 정치적인 방법으로 의사결정자의 제한된 합리성을 보완하고 지속적인 기존 정책의 점증적 수정과 의사결정 참여집단의 합의를 중시한다. 이 모형은 문제가 복잡하고 불확실하며 갈등이 많은 문제인 경우, 현재의 상황과 유사한 매우 제한된 몇 가지 대안에 대하여 그 결과를 계속적으로 비교함으로써 의사결정자들이 상당한 수준까지 동의를 하게 될 때 최종대안을 선택하게 된다. 합리모형이 포괄적으로 인간의 완전무결한 합리성을 바탕으로 결정한다면 점증모형은 이미 결정된 기존의 결정을 중심으로 제한적 방법으로 결정하기 때문에 대안은 기존의 것과 크게 다르지 않고 대안 평가도 정보가 충분한 몇 개의 대안만을 대상으로 하며 정책의 좋고 나쁨은 객관적인 기준이 아닌 결정 관련자들의 합의에 달려 있다.

점증모형의 문제점은 의사결정이 제한적이며 완전한 결정이 아닌 순차적인 결정으로 원하는 목적에 근사치에 도달하는데 이 과정에서 목표와 수단은 상호 조절되며 참여자들의 합의가 필요하다. 분명한 평가기준이 없고 영향력이 있는 집단에게 유리하며 계획성이 결여되어 있다는 것이다. 또한 개혁이나 혁신적인 의사결정에는 부적합하다. 결국 이러한 점증모형의 해결책은 구체적이고 실제적인 대안들을 계속적으로 비교하는 것이다.

(4) 혼합모형

합리모형과 점증모형을 합친 혼합모형 mixed-scanning model 으로 에치오니 A. Etzioni 가 제시한 모형이다. 에치오니가 주장한 합리모형의 비현실적인 성격과 점증모형의 보수성을 보완하여 현실적이며 합리적인 결정을 낼 수 있는 제3의 의사결정 모형으로 두 입장을 절충하여 제시하였다. 따라서 이 모형은 먼저 넓은 영역에 대한 의사결정을 합리모형에 근거하여 개괄적으로 탐색하고, 그중에서 세부적인 관심을 가져야 할 좁은 영역은 점증모형의 입장에서 면밀하게 비교·탐색하는 모형이다.

혼합모형의 문제점은 의사결정 과정이 다소 불분명하고, 합리모형과 점증모형을 절충한 모형이라고 하지만 의사결정자의 기본 방향에 대한 통제의식을 제외하면 점증모형과 크게 다를 것이 없다는 점이다. 또한 합리모형은 의사결정자의 한계와 모형이 요구하는 완벽성과 차이가 나고 대안을 미리 완벽하게 예측 평가하는 것은 불가능하며 결정권자의 완벽성을 기대하는 자체가 문제가 있다는 점이다. 이에 반해 점증적 모형은 기준이 되는 기존 결정이 존재해야 하고 혁신적이고 새로운 결정보다는 점진적인 변화만을 요구하기 때문에 정책의 전반적 쇄신은 기대할 수 없다. 그러나 세부적 결정은 점증적 방식으로 결정해야 한다고 주장한다. 약점은 독자적인 이론이 아닌 점증모형과 합리모형의 성격을 띠고 있다는 것과 두 모형의 취약점을 완전히 해소하지 못 한다는 것이다. 결국 혼합모형의 해결책은 합리적 모형을 통해 기본적으로 결정하는 것이다. 물론 결정과정을 기본적 결정과 세부적 결정을 나누어 방법론을 달리하는 방법도 최대의 장점으로 볼 수 있다. 표 10-2는 의사결정(정책결정)모형을 분류하였다.

표 10-2 의사결정모형

모 형	주요 내용	
합리모형 (Rational Model)	• 인간의 합리성을 강조하는 고전적 모형 • 인간의 객관성만 강조 • 논리적 당위성 강조	
만족모형 (Satisfying Model)	• 사이몬(H. Simon)과 마치(J. March) • 의사결정자의 주관적 입장 강조 • 만족할 만한 대안을 선택	• 합리모형의 한계에 의해 고안 • 제한된 합리모형

(계속)

모 형	주요 내용
점증모형 (Incremental Model)	• 린드블룸(C. E. Lindbloom), 스나이더(Snyder) • 기존의 정책 및 결정을 점진적 수정 • 보수적 문제점을 계속 안고 갈 수 밖에 없음 • 기존의 틀에 의해 개선된 대안을 추구하는 모형 • 온건지향적, 보수적인 조직
혼합모형 (Mixed Scanning Model)	• 에치오니(A. Etzioni) • 합리모형+점증모형의 혼합모형 • 정책 및 기본적 방향설정은 합리모형에 의해 결정, 기본방향이 결정 된 후 세부적인 문제 는 점증모형에 의해 결정 • 점증모형과 유사
최적모형 (Optimal Model)	• 드로우(Dror) • 합리모형+초합리성 • 점증모형의 타성적이고 현실안주적인 성격을 비판하며 그 대안으로 제시 • 정책결정은 합리성으로만 이루어지는 것이 아니며 때로는 초합리적인 것과 같은 잠재의식 이 개입되어 이루어짐 • 객관적·직관적 판단 및 창의성·상상력과 같은 초합리성 중시, 초합리성이 정책결정의 불 가결한 요소임을 강조
쓰레기통모형 (Garbabge can Model)	• 코헨(M. Cohen), 마치(J. March), 올센(J. Olsen) • 비합리적 의사결정 모형 • 조직화된 무질서 모형: 문제의 선호, 불명확한 기술 및 유동적인 일시적 참여를 특징 • 문제, 해결책, 참여자, 선택기회의 요인들이 각각 흘러가는 유형 절차의 결정과정

4) 의사결정에 미치는 영향

인간 사회에서 야기되는 모든 정치현상의 본질은 사람 간의 '의견 차이'에 있다. 그리고 의견 차이는 사람들이 제각기 다양한 목표와 관심을 갖고 있으며 다양성을 토대로 하는 서로 다른 이해관계에 놓이게 됨으로써 발생되는 현상이다. 다양성은 흔히 불평등 또는 불공평의 감정을 유발한다. 불평등하다는 생각은 바로 상대적 열등의식과 권력에 대한 불평등의식으로 연결된다. 불평등 열등의식은 우리에게 자원이 늘 부족하다는 사실로 인해 더욱 증폭된다.

이러한 관점으로 볼 때 인간의 다양한 이해관계는 정치를 이해하는 중요한 개념이며, 정치는 사람들의 다양한 이해관계를 이용하여 의사결정을 이끌어내는 수단이 된다. 이해는 한 개인이나 집단이 집착하는 관심사이며 얻고자 하는 대상이기도 하다. 그래서 의사결정이나 문제해결에 있어 같은 사안을 놓고 어떤 사람은 자기 이해에 따라 그 사안이 중요하다고 생각하는 반면, 또 다른 사람은 중요하지 않다고 생각하기도 한다. 모든 의사결정에는 찬성과 반대가 있을 수 있다. 만일 의사결정이 자기 이해에 반하면 결정을 바꾸거나 그게 관철되지 않으면 결정을 무산시켜서 자기 이익을 보호하거나 손실을 최소화하려고 할 것이다.

2 글로벌시대의 문제해결방법

1) 리더십

(1) 리더십의 정의

리더십은 집단의 목표나 내부 구조의 유지를 위하여 성원(成員)이 자발적으로 집단 활동에 참여하여 이를 달성하도록 유도하는 능력이다. 리더십은 정치학이나 사회학의 커다란 문제로 다루어져 왔으나, 기업이 사회적 조직으로 중요성이 부각되자 이를 반영하고자 기업경영의 리더십이 경영 관리가 문제 제기가 되었고, 경영자의 리더십은 기업의 발전을 좌우하는 것으로서 매우 중요시되었다. 리더십이 지배와 다른 것은 그 기능의 수행을 피지도자의 자발성에 기대하는 점과, 집단의 성질에 따라 특성이 반드시 고정적인 것은 아니다. 피들러 F. E. Fiedler의 상황적합적 리더십 특성 이론은 리더의 특성을 중심으로 한 연구이기는 하지만 지금까지 모든 상황여건에 부합하는 유일 최선의 특성은 발견되지 않았기 때문에 상황의 개념을 새롭게 도입하는 리더십 유효성은 리더가 가지고 있는 주요 특성과 상황의 적합도 정도에 달려 있다는 연구결과를 도출하였다.

리더십은 기능의 방법에 있어서 탄력적이어야 하며, 이를 위해서는 리더에게 통찰력과 적응성이 요구된다. 그러므로 리더십의 자성론을 연구하는 학자도 많은데, 웰 아워크는 필요한 자성의 요건으로서 용기·의지력·마음의 유연성·지식·고결한 성품을 지적하였으며, 특히 공정과 성실함을 끊임없이 간직함으로써 부하에게 신뢰를 받는 일이 중요하다고 하였다.

리더십은 단체의 목표달성을 위해 구성원들에게 동기부여를 통해 참여할 수 있도록 영향력을 미치는 지도자의 능력을 의미한다. 따라서 리더십을 발휘하기 위해서는 복수이상의 사람들이 모여서 공동목표를 가지고 공동의무와 책임을 가지고 있는 '단체'에서 시작된다고 볼 수 있다. 왜냐하면 사람은 사회적 동물이기 때문에 혼자서 살 수 없고 따라서 사회생활을 하면서 어느 조직에 속하게 되기 때문이다. 예를 들면, 학생들은 학교, 직장인은 회사, 친교를 위한 동호회 같은 단체에 속해 있는 단체의 성격에 따라 자신에게 주어진 역할을 감당해야 한다. 예전에는 커뮤니티 중심으로 생활을 하여 문제 발생 시 해결방법은 그 커뮤니티를 이끄는 책임자의 명령 하나로 해결되었다.

여러 학자들의 정의를 통해 리더십의 특징을 정리해 보면 리더십은 집단 목표달성을 위해 자발적으로 노력하도록 개인들에게 영향력을 행사하는 활동이며 리더십은 구체적인 목표를 달성하기 위하여 의사전달과정을 통해 개인에게 영향력을 행사하는 과정이고 리더십은 집단 목표를 달성하기 위하여 집단 구성원의 활동을 지도, 조정하는 데 비강제적인 영향력을 행사하는 것이다. 따라서 리더십은 집단 목표를 효율적으로 달성하기 위하여 리더가 개인 또는 집단의 활동에 의도적으로 영향력을 행사하는 과정으로 정의할 수 있다.

이처럼 시대가 바뀌면서 사회가 거미줄처럼 복잡한 관계로 이어져 있는 사회에서는 문화, 환경, 교육정도, 성향 등을 고려하여 문제를 해결해야 한다. 특히 글로벌시대에서는 상이한 환경에서 오는 문화적 충격으로 인한 리더는 모든 것을 고려하여 문제해결에 합당한 결정을 내려야 할 것이다.

⑵ 리더의 조건

글로벌시대에 맞는 리더의 자세는 다음과 같다.

첫째, 조직 전체를 모니터링할 수 있는 관찰력과 통찰력이 있어야 한다. 조직은 다양한 성향을 가진 사람들이 모인 단체이다. 리더는 관찰을 통해 구성원들의 특성과 역량을 알고 그들이 스스로 선택하고 결정해서 맡은 일에 최선을 다할 수 있도록 북돋아 줘야 한다.

둘째, 리더는 군림해서는 안 된다. 리더는 계급이 아닌 조직 안에서의 역할을 명시한 명칭이다. 따라서 리더는 항상 조직 구성원보다 낮은 자리에서 그들을 돕는자의 입장에서 그들이 서로 마음을 열고 융합될 수 있도록 서로를 연결해주는 다리역할을 해야 한다. 군림하는 리더는 리더가 아닌 폭군일 뿐이고 그 조직은 한 사람을 위해 존재하는 감정과 이성을 상실한 '집합체'일 뿐이다. 진정한 권위와 존경은 위에서 밑으로 내려가는 것이 아니라 밑에서 위로 올라가는 형식이 되어야 한다. 따라서 리더로서 권위는 스스로 만드는 것이 아니라 구성원들에 의해서 위임되고 인정되어야 한다.

셋째, 리더는 조직의 미래를 예측해야 한다. 한 단체를 이끄는 책임자는 마치 운항중인 배의 선장과 같다. 날씨, 파도, 그리고 여러 변수들을 생각하여 안전하게 항해할 수 있도록 하는 것이 선장의 책임인 것처럼, 조직의 리더는 모든 구성원들과 함께 목표를 도달할 때까지 함께 하며 한 사람도 낙오되는 사람이 없도록 격려하면서 모든 구성원들이 목표를 이룰 때 까지 완주하도록 해야 한다.

넷째, 리더는 항상 열린 귀를 가지고 있어야 한다. 누구나 들을 수 있지만 '경청'은 누구나 할 수 있는 것이 아니다. 열린 마음으로 아무런 선입관이나 고정관념 없이 들어주는 자세는 한 조직 전체를 이끄는 리더만이 할 수 있는 덕목이다. 조직원 모두를 하나로 보고 특정인을 편애하지 않고 어떤 소리도 주의 깊게 들으면서 조직 안의 모든 의견을 수렴해야 한다. 조직이 무너지는 것은 외부의 영향보다는 내부의 붕괴가 더 많다.

마지막으로 리더는 비전을 주어야 한다. 조직은 한두 사람에 의해 운영되는 단체가 아니다. 각 개인마다 다른 생각과 의견이 있다면 그 조직은 순간에 무너질 것이다. 리더는 구성원들에게 조직에 있어야 하는 당연성과 함께 성취감을 주어야 한다. 그러기 이해서는 그들의 꿈과 잠자는 역량을 자극할 비전을 심어 주어야 한다.

리더십은 글로벌시대를 살아가는 현대인들이 문제해결을 위해 갖추어야 할 삶의 지혜이다. 자신이 속해 있는 조직에서 자신의 역할과 의무를 이해하고 조직이 가는 방향을 명확히 파악하는 것은 매우 중요하다. 왜냐하면 모든 문제의 근원은 대개 사람들 간의 관계 속에서 또는 구성원 조직의 적응력 부족으로 인해 발생되는 경우가 많기 때문이다.

(3) 리더의 자세

리더라면 타인에게 영향력을 행사하는 순간을 돌이켜보고 그에 대한 책임의식을 가져야 한다. 자신이 맡은 막중한 책임의식을 수시로 상기해야 하며, 자신의 선택과 행동이 타인의 삶에 미치는 영향에 대해서도 깊이 고려해야 한다.

결국 리더는 인간존중을 바탕으로 다른 구성원들이 잠재력을 발휘할 수 있도록 도와주고 이끌어 줘야 한다. 손자병법에서 배우는 리더의 자세는 다음과 같다.

첫째, 지(智): 리더는 지혜가 있어야 한다.
둘째, 신(信): 리더는 신의가 있어야 한다.
셋째, 인(仁): 리더는 부하를 사랑하는 마음이 있어야 한다.
넷째, 용(勇): 진정한 용기는 필부지용(匹夫之勇)과 다르다
다섯째, 용(嚴): 읍참마속(泣斬馬謖)의 엄격함이 있어야 한다.

글로벌시대의 리더가 갖추어야 할 자세는 하나의 국가에만 이익을 주는 것이 아닌 다국에 이익이 되는 방향을 가지는 것이다. 글로벌시대란 무역자유화시대로 가는 현재에 쓰이며 대개 기업에 해당하는 문제이다. 예를 들면, 알라바마 공장 준공으로 인하여 미국공장이 들어서고 거기서 만들어진 제품이 미국에서 팔린다. 다수의 고용이 필요하여 미국인의 실업률이 감소하면서 임금을 지불하므로, 지역 경제에 보탬이 되고 국가예산도 늘어난 한 예를 통해 알 수 있다.

자본주의란 개인의 이익에만 치부되지는 않는다. 전체는 개인이 모여서 이루어진 것으로 개개인이 이익이 되는 방향이면 전체적으로도 이익이 됨을 알 수가 있다. 개인과 전체를 나누어 생각하는 것은 사회주의자적인 생각이며 두 가지가 공통분모가 더 많이 존재한다는 사실이다. 둘 다 이익이 되는 방향으로 전제해야 되며 그것은 자본주의사고와 관련되어 있다.

감정적인 대립은 왜곡된 형태로 대응된다. 무역장벽을 설치하는 자들도 다른 나라 정부 관료이다. 둘 다 자본주의적 사고로 개인과 전체에게 이익을 준다. 자본의 확대를 형성하고 그것이 남에게 분배되는 성질을 가진다. 세금이 마치 전체의 이익인양, 결과적으로 국민들이 매우 힘들게 살게 됨을 의미한다. 사회주의적 이분법사고는 치명적인 논리적 결함을 보유하며 이것은 개인과 이웃의 이익을 해치는 자본주의적 사고가 글로벌시대에 갖추어야 될 능력이며 자세이다.

(4) 글로벌시대의 리더의 역할

글로벌시대는 개방이다. NAFTA, FTA, ASEM, EU, 그리고 WTO의 출범, 이처럼 세계가 하나의 시장으로 형성되고 있다. 중요한 리더의 특성을 평가하기 위하여 피들러Fiddler는 리더에게 그가 가장 싫어하는 동료작업자를 어떻게 평가하는가에 대한 점수로 리더십 스타일을 파악할 수 있다는 가정하에 LPCLeast Preferred Co-worker 설문을 개발하였다.

자국 내 기업의 이익만을 생각하고 자국의 보호무역만을 중시한다면 시대를 역행하는 행동이다. 절대 우위에 있는 상품을 적극 수출하고 다른 나라의 상품에 대한 관세를 철폐하거나 세율을 낮춰야 한다. 즉 개방에 적극적으로 뛰어드는 것이 경제적 리더의 역할이다. 또한 비교우위에 있는 상품에 대해서는 특화를 하고 가격경쟁에서 밀리는 상품은 좀 더 나은 질과 첨단기술을 도입하는 방식으로서 기술경쟁으로 대응해야 할 것이다. 개방에 따른 피해를 입는 기업에 대한 보조금을 지원하기보다는 기업의 기술력을 높여서 첨단화로서 대응하는 것이 글로벌시대 리더의 역할이라 할 수 있다.

2) 동기부여

어떤 목표를 지향하여 생각하고 행동하도록 이끌어 내는 일, 즉 동기부여(유발)는 개인의 욕구(필요)를 만족시키는 조건하에 조직의 목표를 향해 조직 구성원들이 자발적으로 의욕을 가지고 성취감을 가질 수 있도록 안내하는 것이다. 동기부여에서 핵심은 타인의 감정을 이해하는 것이다.

(1) 어원 및 개념

동기부여란 motivation의 motive(동기)라는 명사로부터 파생되었는데, 이 motive 는 '움직이다'라는 뜻을 가진 라틴어 movere로부터 나온 단어이다. 따라서 motive 는 간단히 말해 '사람으로 하여금 행동하게 하는 그 무엇'이라고 정의할 수 있다. 이런 motive나 motivation이라는 말은 그 어원에서도 알 수 있듯이 사람의 내면에 있는 무엇인가가 작용해서 그 사람을 앞으로 나가게 만든다는 것을 암시한다. 행동

$$성과(job\ performance) = 능력 \times 개인의\ 자발적\ 의욕$$

하게 만드는 것은 욕구나 욕망일 수도 있고 아니면 단순한 감정일 수도 있다. 하지만 중요한 것은 인간으로 하여금 어떤 식으로든 행동하게 한다는 사실이다.

동기부여란 리더의 직무 중 하나로 자신이 속한 조직 구성원들을 동기부여를 시켜 성과를 높이는 것이다. 동기부여가 잘 되어 있는 조직 구성원들로 구성된 조직은 그렇지 않은 조직에 비해 당연히 성과가 높다. 업무수행 성과는 개인의 능력뿐 아니라 개인의 자발적 의욕에 의해서 기인된다.

이와 관련해서 지금도 널리 알려져 있으면서 지구상에서 가장 오래된 이론을 찾으라고 하면, '당근과 채찍'이라는 속담을 들 수 있다. 이 속담의 밑바닥에는 다른 사람을 동기부여시키는 것에 대한 이론과 가정이 깔려 있다. 즉 뛰게 한다는 것은 반드시 상이나 벌인 당근과 채찍을 주는 것으로 이루어진다는 사실이다.

동기부여란 인간의 행동을 활성화하고, 행동의 방향을 설정하거나 목표를 지향하도록 경로화하고, 행동을 지속적으로 유지하도록 하는 내적 동인에 영향을 미치는 반복적 과정이다. 동기는 이성과 감정을 사람의 행위원인을 설명하는 것이기 때문에 각 개인의 성격과 능력, 주어진 환경, 그리고 다양한 변수와 감정 상태에 따라 같은 조건에서 다른 반응을 보이기 때문에 보편적 설명으로는 동기가 무엇이라고 단정 짓기 힘들다. 우리가 알 수 있는 것은 그동안 연구해 온 심리학자들의 연구결과를 토대로 인간들은 어떤 경우에 행동하고자 하는 욕구를 갖게 되는지를 추측할 뿐이다. 심리학과 정신분석학에서 이루어진 연구결과를 보면 서로 상이한 점도 있지만 공통된 점도 있다. 따라서 우리는 이들의 연구결과를 토대로 동기가 어떻게 발생되는지에 대해 다각적인 관점에서 연구할 필요가 있다.

(2) 동기부여 이론

① 매슬로우의 욕구이론

매슬로우 Maslow, A.H., 1908~1970는 미국에서 태어난 심리학자로서 인간 본성에 관한 세 가지 감정에 입각하여 모티베이션 이론을 전개하였다.

첫째, 인간은 절대로 만족될 수 없는 욕구를 갖는다. 둘째, 인간의 행위는 만족되지 않은 욕구를 충족시키려는 목적을 갖는다. 셋째, 욕구는 그의 강도에 따라 계층을 이룬다. 이것이 바로 욕구단계설 이다.

- 1단계: 생리적 욕구 physiological needs
- 2단계: 안전 욕구 safety needs
- 3단계: 소속감과 애정 욕구 belongingness and love needs
- 4단계: 존경 욕구 esteem needs
- 5단계: 자아실현 욕구 self-actualization needs

매슬로우에 의하면 인간은 욕구를 순서대로, 즉 기본적인 욕구로부터 높은 단계의 욕구로 만족시키려 한다고 했다. 예를 들면, 작업장에서 작업자의 중요한 욕구를 만족시켜 주는 경영자는 작업자들의 근로의욕을 높여주어 높은 생산성을 가져오게 된다는 것이다. 인간의 욕망은 생득적으로 욕구를 가지고 태어나며, 동기는 인간이 이러한 욕구를 충족시키기 위한 과정 속에서 생기는 인간의 원초적 행동을 촉진시키는 심정상태라 할 수 있다. 즉, 동기는 목표 지향적 행동을 이끌어내는 심리적 특성이기 때문에 동기가 발생되기 위해서는 먼저 무언가를 하고 싶은 강한 욕망이 우선되어야 하는 것이다.

동기부여 이론들 중에서 매슬로우의 욕구단계설만큼 경영자들의 사고에 큰 영향을 미친 이론도 없을 것이다. 이 이론의 요지는 욕구라는 것은 마음속에 있는 프로그램에 의해서 동기부여된다는 것이다. 매슬로우는 「동기부여의 이론」이라

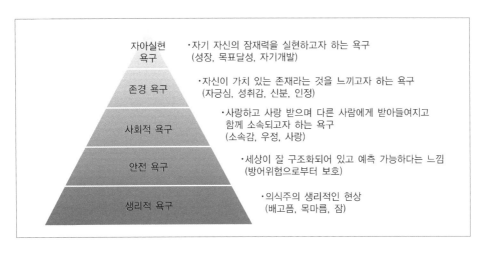

그림 10-1
매슬로우의
욕구 5단계

표 10-3 매슬로우의 욕구 5단계

단 계	내 용
생리적 욕구	• 생리적 욕구는 욕구계층의 최하위에 위치하고 있으며, 이는 생활을 영위하는 데 가장 필수적인 욕구이기도 하다. 생리적 욕구는 다른 욕구들과 관련 없이 비교적 독립적이다. 대부분의 경우 이 욕구는 육체의 부위와 연관이 있다. 풍요한 문화권에서는 동기부여적 요인이 아니라 예외적인 것이다. 생리적 욕구는 비교적 짧은 시간 내에 반복적으로 충족시키지 않으면 안 된다.
안전 욕구	• 생리적 욕구가 어느 정도 충족되고 나면 새로운 욕구가 출현하게 되는데 그것이 바로 안전에 대한 욕구이다. 위협이나 위험에 대해서 어른들은 직접적인 반응을 억제하는 경향이 있기 때문에 이런 욕구는 아이들에게서 쉽게 발견될 수 있다. 매슬로우는 아이들이 규칙적으로 반복되는 것이나 리듬을 좋아하고, 예측가능하며 질서정연한 세상을 좋아하는 것은 안전에 대한 욕구의 또 다른 표현이라는 사실을 발견했다.
사회적 욕구	• 생리적 욕구와 안전에 대한 욕구가 충족되면 다음에는 사랑과 애정, 소속감에의 욕구가 동기부여의 중심으로 떠오른다. 사람은 친구나 가족이 없으면 참을 수 없는 공허감을 느끼게 된다. 그런 사람은 애정을 주고받을 수 있는 인간관계와 자신이 속할 수 있는 그룹을 갈망하게 된다. 이것을 가장 잘 표현하는 말이 바로 사회적 욕구이다.
존경 욕구	• 자존 및 타인으로부터의 존경에 대한 욕구들로서 성취, 능력, 자신감 및 지식에 관한 욕구들을 가리킨다. 이 욕구는 두 가지 측면, 즉 본인 스스로가 자신이 중요하다고 느껴야 할 뿐만 아니라, 이 감정이 다른 사람으로부터 인정을 받는 것이다. 이 양자가 결합될 때만 비로소 올바른 의미의 자존심이나 자기 확신이 생기게 된다.
자아실현 욕구	• 위에서 말한 모든 욕구가 충족되었더라도 자신의 소질에 맞는 무엇인가를 하지 않으면 새로운 불만 내지는 불안을 경험하게 된다. 매슬로우에 의하면 자아실현이란 잠재적인 것을 실현시키고자 하는 자기완성의 욕망, 자기존재를 훨씬 더 크게 부각시키려는 욕망이며 할 수 있을 것으로 기대되는 모든 것을 이루고자 하는 욕망을 말한다. 이러한 욕구들이 분명하게 드러나기 위해서는 생리적 욕구, 안전에 대한 욕구, 사랑과 존경에 대한 욕구 등이 먼저 충족되어야 한다.

는 논문에서 원초적인 인간의 욕구는 우열이 있는 일종의 계층구조로 되어 있다고 주장했다. 그는 인간의 욕구를 다섯 개의 세트로 파악했으며, 그것들은 서로 역동적인 관계 내지는 계층 구조를 이루고 있는 것으로 파악했다. 어떠한 욕구가 충족되면 또 다시 그보다 더 높은 단계의 욕구가 나타나게 된다는 것이다.

매슬로우의 욕구 5단계 이론 자체에 대한 비판들이 있음에도 불구하고 경영자들에게 많은 시사점을 준다. 이 이론은 상황이 변함에 따라 각기 다른 욕구가 작용하게 될 것이라고 기대하게 되는 이유를 설명하는 데 널리 이용되고 있다.

② 허즈버그의 위생-동기이론

허즈버그F. Herzverg는 "당신은 직업에서 어떤 경우에 만족 또는 불만족을 느끼는 가?"라는 질문에서 자신의 직무에 만족하는 사람들과 그렇지 못한 사람들을 분석하여 중요한 사실을 발견하였다. 하나의 요소가 충분하면 자신의 직무에 만족하고, 그 요소가 부족하면 자신의 직무에 불만족한 것이 아니라 자신의 직무에 만족하는 이유와 만족하지 못하는 이유가 각각 다른 차원이라는 것이다.

그는 직무만족에 영향을 주는 요인을 '동기요인Motivator'이라 하고, 직무불만족 요인을 '위생요인Hygiene Factor'이라고 하였다. 그의 주장에 의하면, 불만요인(위생요인)을 제거하는 것은 소극적이며 단기적인 효과에 불과하지만 만족요인(동기요인)을 강화하면 적극적이며 장기적인 효과를 가져 온다고 하였다. 이것이 이른바 위생-동기이론Hygiene-Motivator Theory이다.

③ 스키너의 행동주의 이론

행동심리학자 스키너B. F. Skinner는 인간은 자극에 반응하는 존재라고 정의하였다. 즉, 인간은 기계적으로 자극에 의해 반응하게 되고 이 경우 어떤 자극을 받느냐에 따라 어떤 행동을 하느냐가 정해지기 때문에 인간의 행동은 예측할 수 있다는 것이 스키너의 주장이다. 조작적 조건화는 자극에 대해 반응을 보일 때 선택적으로

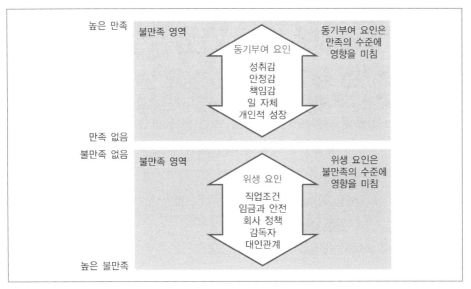

그림 10-2
인간욕구의
만족, 불만족

그림 10-3
스키너의 강화이론
(자극과 반응)

자극 → 행위자 → 반응 → 강화 → 적극적 강화 / 회피 / 처벌 / 소거

보상을 하게 되면 행위자는 자신이 좋아하는 보상이 나오면 그 행위를 계속하게 된다는 것이다. 예를 들어, 잘못된 행동을 했을 경우에는 거기에 맞는 보상(체벌)을 하게 되며 행위자는 그 행위를 하지 않으려고 하며, 반대로 좋은 일을 했을 때 거기에 맞는 보상, 칭찬, 상금을 받게 되면 계속 그 행위를 하게 된다는 것이다. 이것을 스키너의 강화이론이라고 한다.

적극적 강화와 회피는 바람직한 행위 증대이며, 소거와 처벌은 바람직하지 않은 행위의 감소이다. 브룸 V. H. Vroom은 사람은 자신의 노력의 정도에 따른 결과를 기대하게 되며 그 기대를 실현하기 위하여 어떤 행동을 결정한다고 주장했다. 즉, 우리가 어떤 행위를 하려 할 때 우리는 그 일로 인해 받는 보상에 대한 기대를 하게 되고 그 기대가 실현될 수 있도록 실제로 행동을 하게 되는 것이다. 만약 우리가 우리의 능력을 넘어선 것을 기대하고 행위를 한다면 그것은 결코 얻어질 수 없을 것이다.

예를 들면, 학급에서 학업성적이 부족한 학생이 하버드 대학에 들어가겠다고 공부를 한다면 그것이 이루어질 수 있는 확률은 얼마나 될까? 이런 경우 과연 학습동기가 생길까? 브룸에 의하면 얻어질 확률이나 행동의 결과로 얻어질 가치가 실현가능성이 없는 상태가 되면 결코 동기는 발생하지 않는다고 한다.

무엇이 행위를 하게 하는가? 하는 질문에 한마디로 명쾌하게 답할 수는 없다. 언급된 이론들을 보면 저마다 논리적으로 자신의 주장을 증명하면서 동기에 대한 정의를 증명하였기 때문이다. 다만 우리가 이 이론들의 공통적인 부분들을 탐구해보면 인간은 욕망이나 필요성에 의해 행동을 하게 되는데, 이때 내면적으로 성취감, 자기만족, 외면적으로는 집, 돈, 취업 등의 자극을 받거나 또는 원초적인 자극인 의식주에 의해 욕구충족을 위해 행동을 하게 된다. 이러한 행동은 대개 목표 지향적 성격을 갖게 된다. 문제는 자신이 기대하는 것이 이루어질 확률이 낮거나 자신의 노력에 비해 기대 결과가 낮다면 동기성이 생기지 않는 것이다. 그리고 원하는 행위를 계속 지속시키거나 중지시키려면 적절한 보상과 처벌을 사용하면 어느 정도 행동을 조정할 수 있다는 것이 동기이론의 공통점이다.

3) 창의적 문제해결방법

인간은 창의적 사고를 가졌다. 창조형 인간이란 매사에 문제의식을 가지고 자신이 하고 있는 일에 대해 개선할 점이 없는지, 보다 효율적인 방법으로 일을 할 수는 없는 것인지, 끊임없이 창조적인 고민을 던지며 일하는 사람이고, 일을 찾아서 하는 사람이다. 창조형 인간은 늘 시나리오를 가지고 생활한다.

예를 들면, 회사에서 품질관리부서에 근무하는 직원이 회사에서 신제품이 출시될 경우, 나름대로 자신의 기술적 지식으로 판단해 보았을 때 '문제가 발생될 것이다.'라는 판단이 서서 그런 문제가 발생되면 어떻게 대처해야겠다는 대안을 작성해서 가지고 있다가 실제로 그런 문제가 발생되면 즉시 대처하는 것이다. 이런 시나리오를 많이 가지고 있을수록 직장생활은 행복하고 불확실성을 극복할 수 있다.

인재는 미래 사회의 가장 강력한 경잭력의 원천이고, 교육은 인재를 양성하는 가장 중요한 요인이다. 인재를 효과적으로 양성하고 배출하는 것은 교육의 중요한 시대적 요청이다. 글로벌 지식 정보화 사회에서는 새로운 인재의 자질과 덕목을 요구한다. 지식의 창출과 활용을 위한 전문적 역량을 갖춘 창의적 인재의 필요성이 더욱 높아지게 된다. 의사소통능력은 상대방의 생각과 태도, 신념과 가치관에 대해 알고 이해해야 한다. 전문적 역량을 발휘해서 지식과 지혜를 동원하여 문제의 핵심을 파악하고 토론과 대화를 통해 합리적 결론을 도출하고 이를 바탕으로 다른 사람을 설득하는 능력과 역량은 조직생활에서 매우 중요한 대인관계에서 기술 협업능력을 강조하고 있다.

한국은 창의성과 인성을 강조한다. 그러나 인성강국을 외치면서 우리의 교육현실은 인재 양성을 제대로 못하고 있는 실정이다. 입시 위주로 진행되면서 새로운 변화를 적극적으로 수용하지 못하기 때문이다. 기존의 경직된 교육제도를 하루빨리 진단하여 미래사회를 대비하는 다양한 요구에 부응할 수 있도록 유연하고 창의력 있는 교육체제로 전환하여야 할 것이다. 교육구조를 학습자 중심 구도로 전환하여 투자하여야 할 것이다. 낙후된 교육환경을 개선하여 국제적 수준으로 선진화시켜 미래사회 대비 창의성과 인성을 갖출 수 있는 인재 양성에 총력을 기울여야 할 것이다.

1. 글로벌 사회에서 기업의 생존은 인적자원의 관리의 성패에 따라 결정된다. 즉, 인적자원 관리는 경영활동의 주체적 위치에 있는 인간을 대상으로 하는 관리이며, 기업의 모든 활동은 인적자원 없이는 어떠한 목표도 달성할 수 없으므로 이는 경영성과를 결정하는 중요한 요인이다. 따라서 기업의 생산성을 극대화하기 위한 합리적인 인적자원 관리를 위해 어떻게 해야 할까? 바람직한 인적자원 관리를 위한 중요한 방법 중에 하나는 동기부여이다. 동기부여는 직원의 잠재 역량을 끌어내 업무 성과를 향상시키는 효과적인 방법이며, 직원 창의성을 개발시키는 열쇠이다. 2007년 영국의 조사기관인 FDS 인터내셔널이 23개 국가의 18세 이상 직장인 1만 3,832명을 대상으로 일에 대한 태도와 만족도, 일과 삶의 균형 등에 대해 조사(What Workers Want: A Worldwide Study of Attitudes to Work and Work-Life Balance)에서 한국인의 일에 대한 의욕은 최하위 수준으로 나타났다. 최근 우리의 기업들은 공정한 인사 및 보상 제도를 실천하기 위해 많은 프로그램을 시행해왔다. 그러나 일에 대한 조직 구성원의 의욕이나 잠재 역량을 이끌어낼 수 있는 시스템이 제대로 작동하고 있는지부터 생각해야 한다. 동기부여는 조직 구성원이 의욕과 열정을 가지고 업무수행을 하는 요소이며 기업 전체의 성과를 결정하는 핵심 키워드이기 때문이다.
① 기업에서 직원의 동기유발 방법을 적용한 사례를 조사하여 분석하여라.
② 의사결정의 어려움이 있을 때 문제해결방법에 대하여 논하시오.

2. 필부지용(匹夫之勇)은 '맹자(孟子)'의 『양혜왕(梁蕙王) 하편』에 나오는 말이다. 춘추시대 제(齊)나라 선왕(宣王)이 맹자에게 이웃 나라와의 교제 방법에 대해 물었다. 이에 맹자는 "오직 인자(仁者)라야 능히 큰 나라로서 작은 나라를 섬길 수 있으며, 지혜로운 왕이라야 작은 나라로서 큰 나라를 섬길 수 있습니다."라고 대답했다. 그는 또 "대국의 입장에서 소국을 섬기는 자는 하늘을 즐거워하는 자이고, 소국의 입장에서 대국을 섬기는 자는 하늘을 두려워하는 자이니, 하늘을 즐거워하는 자는 천하를 보전하고 하늘을 두려워하는 자는 자기 나라를 보전합니다."라고 선왕에게 충고하였다. 그러나 선왕은 작은 나라를 받들기보다는 작은 나라를 합병해 나라를 키우고 싶었고, 큰 나라와 싸워 이김으로써 제후의 맹주가 되고 싶었기 때문에 맹자의 가르침을 따르지 않고 "과인은 용기를 좋아한다."고 말했다는 것이다. 이에 맹자는 "왕께서는 작은 용기를 갖지 마십시오. 너 같은 자는 나의 적수가 아니라고 말하는 것은, 겨우 한 사람만을 대적할 수 있는 '필부의 용기'이니 왕은 제발 더 큰 용기를 가지십시오."라며 왕도 정치의 실행 방법을 제시했다고 한다. '필부지용'은 사려분별 없이 혈기만 믿고 함부로 날뛰는 소인들의 경솔한 용기(행동)를 말한다. 4년마다 지방의회 의원 및 지방자치단체의 장을 뽑는 지방 선거가 있다. 이것은 4년 동안 지역 주민의 일상생활에 가장 직접적인 영향을 미칠 진정한 지역 일꾼을 뽑는 선거는 유권자들의 올바른 판단과 선택에 달려 있다. 제대로 검증받지 못한 수많은 인물들이 필부지용의 얕은 소견으로 입후보하면서, 우리에게 진정으로 필요한 인자하고 지혜로운 후보를 선택해야 하는 국민들의 마음을 혼란스럽게 할 수 있다. 진정한 지방선거의 전제조건은 무엇인지 고사성어 '읍참마소(泣斬馬謖)'의 관점에서 살펴보고, 국민들의 바람직한 선택은 무엇인지 알아보자.

11 ≫ Chapter

글로벌시대의 갈등관리 전략

1 갈등의 개요

갈등은 사람들 사이에서 일어날 수 있는 자연스런 심적 충돌현상이다. 의사결정에서 갈등은 서로 다른 의견의 충돌 또는 대립을 벌이는 상태를 의미하는 것이다. 갈등을 서로 조정하고 협의해서 원하는 결과를 도출시키기 위해서는 갈등의 원인을 파악하여 대화할 수 있는 시발점을 찾아야 한다.

갈등을 관리하기 위해서는 갈등의 양면성, 즉 부정적 혹은 긍정적인 측면을 파악하여 갈등의 부정적인 면을 최소화하고 갈등이 발생했을 경우에는 갈등의 원인, 정도 등을 분석 평가하여 상황에 맞는 조치를 취해야 한다. 갈등은 대체로 자신의 이해와 관심에 상충되거나 서로의 생각과 가치관이 서로 달라서 공존하지 못하거나 상호 의존적인 관계일 때 발생된다.

갈등관리는 부조화적이고 양립할 수 없는 상황에서 최선의 해결책을 찾는 행위인 만큼 전략적 사고와 함께 문제의 전반을 읽을 수 있는 능력이 필요하다. 이러한 측면을 고려하여 갈등관리를 할 수 있는 기본 지식과 기술에 관해 논하고자 한다.

1) 갈등의 개념 및 원인

갈등은 학자들에 따라 다양하게 정의된다. 심리학자인 에드워드 Edward, 1968는 갈등을 한 개인이 동일한 시점에서 둘 이상의 상호 배타적 행위를 하도록 동기부여되는 상황이라고 하였고, 사회학자인 슈미트와 코찬 Schmidt & Kochan, 1972은 규범적 기대

행동의 위반, 의사결정 기본 틀의 붕괴 등으로 정의하였다. 와그너와 홀렌백 Wagner & Hollenbeck, 1992은 개인 간 또는 집단 간에 일어날 수 있는 대립과정을 갈등이라 주장하였다. 폰디 Pondy, 1967는 갈등을 동태적인 과정이며 이는 잠재, 인지, 표출의 과정을 거친다고 하였다. 로빈스 Robbins, 1978는 두 개 또는 그 이상의 집단 간의 반대나 적대적 상호작용을 갈등이라고 하면서 이는 연속체상에 존재한다고 하였다.

갈등은 다음과 같은 상황에서 발생한다. 첫째, 보통 두 개 이상의 상반되는 경향이 거의 동시에 존재하며, 둘째, 서로 다른 목표와 가치의 충돌로 발생하고, 그리고 상대가 자신에게 방해가 되거나 부정적인 영향을 준다고 생각할 때 발생한다.

갈등에 대한 관점은 보는 측면에 따라 조금씩 다르다. 전통적인 관점에서 보면 갈등은 부정적이거나 역기능적이고 전체의 부조화를 일으키는 원인이기 때문에 제거해야 할 대상으로 피하는 것이 좋다. 인간관계의 관점에서 보면 갈등은 자연적인 것이기 때문에 수용해야 하지만 최소화해야 하는 해소 대상이기도 하다. 상호작용주의 관점은 갈등의 순기능과 역기능 모두를 인정하면서 긍정도 부정도 하지 않는다. 다만 갈등은 절대적으로 필요한 것이며 적정 수준의 갈등은 조직의 변화와 발전, 그리고 다양한 의사표현의 기회를 제공한다.

2) 갈등의 기능

모든 사물에는 양면성이 있는 것처럼 갈등에도 양면성이 있다. 기능측면에서 보면 이것을 갈등의 순기능과 역기능이라 한다. 표 11-1에서 순기능은 가능의 긍정적인 측면을, 역기능은 기능의 부정적인 측면을 설명한 것이다.

3) 갈등해결 유형

킬맨 R.H. Kilman과 토마스 K.W. Thomas의 갈등해결방법을 분석해 보면 다음과 같은 5가지 패턴으로 구분할 수 있다.

표 11-1 갈등의 기능

순기능		역기능	
기 능	내 용	기 능	내 용
통합성	• 합리적으로 해결되면 재통합의 계기가 된다. 서로의 존재와 필요성을 다시 확인하는 기회가 된다.	부조화성	• 개인 간 혹은 조직 간의 부조화를 야기시킨다.
소속성	• 자신의 사회적 위치와 조직 내에서 소속을 확실히 해준다.	불안정성	• 문제의 원인을 타자에게 귀인시킨다.
예방성	• 학습효과로 조직 내의 새로운 갈등을 예측하거나 방지할 수 있는 대안을 세울 수 있다.	경계성	• 갈등원인과 영향에 따라 구성원들 간의 경계심을 고조시켜 원망과 비난이 난무하게 된다.
안정성	• 갈등은 잠재되어 있던 문제가 외부적으로 표출된 상태이다. 갈등해결은 곧 개인이나 조직의 안정성을 추구한다.	억제성	• 갈등이 모든 문제의 시작이라고 인식되면 새로운 일을 착수하거나 적극적으로 나서지를 못한다. 즉, 부정적 성향을 갖게 된다.
혁신성	• 서로의 한계를 인식하면서 미래를 위한 목적지향적인 사고로 새로운 성향을 취하게 된다.	폐쇄성	• 조직구조 의사소통으로 갈등이 발생하면 조직 안에서 대화가 단절되고 조직 구성원간의 관계가 소원해진다.

(1) 경쟁

경쟁 competing은 약육강식의 법칙 the law of the jungle이 적용되는 경우이다. 오로지 성공이냐 실패냐 하는 양단식의 방식으로 자신의 목표달성을 위해, 다른 사람의 도움을 찾지 않고, 적극적으로 행동한다. 비교적 빠르고 결단력 있는 행동이 필요할 때 사용하는 것이 일반적이다.

(2) 회피

회피 avoiding는 문제의 경중[24]에 관계없이 단지 갈등을 피하고 싶을 때 사용한다. 자신도 목표를 추구하지 않지만 다른 사람이 목표 달성하는 것을 돕지 않는다. 이런 경우 문제가 하찮거나 또는 성공할 가능성이 없을 때는 회피함으로 시간과 노력을 아낄 수 있다. 이런 부류의 갈등은 또한 시간이 지남에 따라 저절로 해결되기도 한다.

---

[24] '중요함과 중요하지 않음'을 말한다.

(3) 순응

순응accommodating은 상대가 전문가이거나 자신보다 더 나은 해결책을 가지고 있을 때나 상대와 관계를 계속해서 유지하고 싶을 때 자신의 목적이나 원하는 결과에 반할지라도 상대에게 우선권을 주는 것이다. 즉 자신보다는 상대를 먼저 생각하고 배려하여 자신의 주장은 표현하지 않는다.

(4) 협력

협력collaboration은 서로가 윈윈Win-Win하기 위한 유형이다. 서로가 동등한 자격과 수평적 관계가 되어 있을 때 최대효과를 볼 수 있다. 서로가 자신들의 목적을 달성하기 위해 필요로 함으로 신뢰가 우선되어야 하고, 서로 의지할 수 있도록 실력이 비슷해야 한다. 시간이 걸려도 새로운 해결책을 찾기 원하는 경우도 있다.

(5) 타협

타협compromising은 목적을 달성하기 위해 양자 간의 양보와 협의를 하는 것이다. 서로가 상호 문제해결을 위한 타협이 이루어지지 않으면 양쪽 다 실패를 하게 되는 경우가 된다. 양쪽의 욕구를 어떻게 조정하고 각 개인이 자신들의 주장을 어느 정도까지 요구하느냐가 성공의 관건이다. 대체적으로 임시 해결책이 필요하거나 둘 다 중요한 문제가 있으나 전체가 아닌 어느 정도 포기해도 괜찮은 상태일 때 가능하다.

결국 경쟁과 회피는 자신을 위한 것으로, 경쟁은 갈등해결을 위한 개인의 적극적인 노력이며, 회피는 갈등자체를 인정하지 않거나 다루지 않으려는 가장 소극적인 태도이다. 이에 반해 협력과 순응은 상대를 위한 배려로서 협력은 적극적으로 상대와 함께 동등한 입장에서 갈등 해소를 하기 위한 전략이다. 반면, 순응은 소극적으로 최소한의 자기표현이다. 타협은 자신과 상대가 적극적으로 나설 때만 성공 가능성이 높기 때문에 설득의 기술이 필요하다. **그림 11-1**은 갈등해결 유형의 내용을 도식화한 것이다.

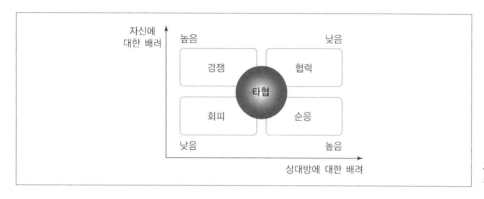

그림 11-1
갈등해결 유형

2 갈등해결을 위한 전략

갈등은 적절하게 관리하고 해결하면 긍정적인 결과를 기대할 수 있다. 체계적으로 또는 조직적으로 갈등을 해결하기 위해서는 갈등 발생원인, 과정, 연관성, 당사자들의 입장을 파악하여 그에 맞는 대책을 세워야 한다. 또한 자신이 겪은 갈등은 피드백을 통해서 갈등의 유형과 원인을 통계화한다면 갈등의 패턴과 자신의 삶의 방식을 정량화할 수 있을 것이다.

1) 갈등전략

(1) 협상

루빈과 브론Rubin & Brown이 제시하는 협상Negotiation의 특성은 다음과 같다.

첫째, 복수이상의 당사자나 의사결정 주체이다.
둘째, 상호 간의 상반되는 이해관계이다.
셋째, 이해 당사자들 간의 자발적 협상관계이다.
넷째, 불완전한 정보 속에서 상대의 정보를 탐색하는 상호작용이다.
다섯째, 파워를 인과관계와 관련된 능력으로 본다.

협상은 기본적으로 둘 이상의 의사결정권을 가진 사람들이 서로 상반되는 갈등의 이해관계를 해결하기 위해 합의점을 찾고 해결대안을 모색하는 공동노력이다. 따라서 서로가 동등한 위치에서 적극적으로 협상에 임해야 하며, 사전에 충분한 상대에 대한 정보와 상대에게 제시할 협상대안을 준비해야 한다. 성공적인 협상을 하기 위해서는 다음과 같은 전략이 있어야 한다.

첫째, 논쟁을 피해야 한다. 협상은 누구의 잘못을 따지거나 변명을 듣는 자리가 아니라 서로의 목적을 달성하기 위해 상대와 주고받는 것에 대면하는 자리이다.

둘째, 상호이익이 보장되어야 한다. 협상은 윈윈게임 Win-Win game이지 윈루즈게임 Win-Lose game이 아니다. 협상에 임할 때는 상대가 나를 위해 포기한 만큼의 뭔가를 채워 줘야 한다. 국제 외교 분쟁에서는 '명분과 실리' 중에서 하나를 선택해야 하는 경우가 많다.

셋째, 감정을 억제해야 한다. 협상은 이성적 사고로 상대의 마음을 읽고 그에 맞는 대책을 순간에 제시해야 하는 '찰나'의 반응을 중요시한다. 어떤 상황에서도 평상심을 잃지 않고 이성적으로 행동해야 한다. 협상에서 감정을 드러내는 쪽이 지는 것이다. 왜냐하면 감정표현은 표면적으로 자신의 생각을 93% 이상을 표출시키는 일종의 비언어적인 표현방식이기 때문이다.

넷째, 대인관계 기술이 있어야 한다. 협상은 인간과 인간이 만나서, 이야기하고, 듣고, 반응을 보이고 최종적으로 합의하는 것이 보편적이다. 만약 대인관계 기술

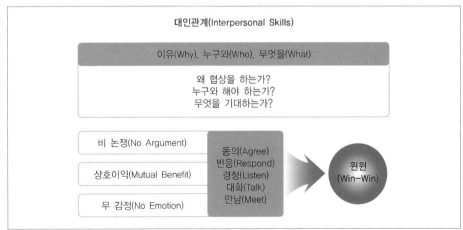

그림 11-2
협상기술

이 부족하면 첫 번째 단계인 만남에서부터 문제에 부닥칠 것이다.

(2) 중재

중재 arbitration는 대립상태에 있는 당사자들이 합의에 도달하지 못한 경우 제3자가 나서서 문제해결을 돕는 행위를 말한다. 문제를 원활하게 해결하기 위해 중재자는 다음과 같은 특성을 가져야 한다.

첫째, 상황을 명확히 판단하고 양쪽이 원하는 바를 정확히 인식하고 있어야 한다. 협상과 달리 중재는 문제에 전혀 이해관계가 없기 때문에 냉철하고 이성적으로 상황을 판단할 수 있다.

둘째, 양쪽이 합의에 도달할 수 있도록 협상을 진행하며 만족하지 못할 경우에는 대안을 제시하여 선택하게 한다. 일반적으로 중재자들은 한 분야의 전문가들이다. 그들의 경험과 지식은 어떤 상황에서나 최선의 대안을 제시할 수 있다.

셋째, 중재자는 고정관념이나 선입관이 없어야 하며 편파적인 행동이나 주장을 하지 말고 합리적이고 이성적인 태도를 지향하여 양쪽으로부터 신뢰를 받아야 한다.

넷째, 중재는 상호성에 입각하여 진행되어야 한다. 중재자는 강제권을 가지고 판결을 내리는 판사가 아니고 중재를 필요로 하는 사람들도 피의자가 아니다. 따라서 중재는 평화스럽고 자연스러운 분위기 속에서 진행되어야 한다.

중재는 대체적으로 협상에 실패한 경우 양쪽 모두로부터 신뢰받는 중립적인 전문가의 도움을 받아 신속하게 문제를 해결하려는 노력이다. 중재가 실패할 경우 대부분 법원에서 강제력을 동원한 재판을 받아야 하는데, 이는 시간과 경비가 소요되므로 판사가 해당분야에 전문성이 없는 경우 한쪽이 불복하여 시비가 발생되기 때문에 협상에 실패하면 중재를 통해 해결해야 한다.

2) 갈등해결 방법

갈등은 적절하게 관리하고 해결하면 긍정적인 결과를 기대할 수 있다. 체계적으로 조직적인 갈등을 해결하기 위해서는 갈등 발생원인, 과정, 연관성, 당사자들의 입장을 파악하여 그에 맞는 대책을 세워야 한다. 또한 자신이 겪은 갈등은 피드백을 통해서 갈등의 유형과 원인을 통계화한다면 갈등의 패턴과 자신의 삶에 방식을 정량화할 수 있을 것이다.

사회갈등은 우리나라가 특히 다른 나라에 비해 높은 수준이다. 경제협력개발기구 OECD 회원국 가운데 우리나라는 터키, 폴란드, 슬로바키아에 이어 사회갈등의 정도가 네 번째로 높은 것으로 나타났다. 우리나라의 갈등지수는 OECD 회원국의 갈등지수 평균보다 무려 61%나 더 높았다. 그럼에도 불구하고 우리나라의 전반적인 갈등관리 역량마저도 아직은 OECD 회원국 중에서 하위그룹에 머물고 있는 실정이다.

갈등의 당사자가 갈등 해결의 의지를 갖지 못할 때 양쪽 모두 양보를 거부하고 파국적 결말로 치닫는 '치킨게임'[25]의 상황이 발생하는데 이를 원윈게임으로 바꾸기 위해서는 갈등의 당사자들이 갈등관리 실패로 발생하는 사회적 비용을 인식하는 것이 필수이다. 치킨게임은 도로 양쪽에서 두 운전자가 상대방을 향해 돌진하다가 먼저 운전대를 꺾는 쪽이 지는 자동차 경기에서 유래되었다. 즉, 국가 간의 군비경쟁이나 여당과 야당의 대치 등 극한갈등을 설명할 때 주로 사용하는 용어로 갈등관리의 필요성과 중요성을 잘 대변해 주는 용어이다. 갈등선도 주체의 다양화는 SNS Social Networking Service의 급속한 전파와 함께 특정하게 이념적, 조직적으로 무장되어 있는 리딩그룹이 없이도 정치 사회적 이슈화에 성공할만큼 갈등의 선도 주체가 다양화되고, 확산 속도도 매우 빨라졌다.

이러한 상황에서는 무엇보다도 상대방의 입장을 서로 이해하고 신뢰하는 분위기를 만드는 것이 중요하다. 문제를 원만하게 해결하기 위해서는 같은 입장에 있는 동반자라는 생각을 갖게 해주는 것이 무엇보다 중요하다.

첫째, 상대를 진정한 파트너로 인정해야 한다. 이를 위해서는 사업의 계획단계부터 상대방을 참여시키고 정보와 지식을 공유해 나가는 것이 필수적이다. 정보

---

25 치킨게임(Chicken Game)은 어느 한쪽이 양보하지 않을 경우 양쪽 모두 파국으로 치닫게 되는 극단적인 게임이론이다. 1950년대 미국 젊은이들 사이에서 유행하던 자동차 게임으로 한밤중에 도로의 양쪽에서 두 명의 경쟁자가 자신의 차를 몰고 정면으로 돌진하다가 충돌 직전에 핸들을 꺾는 사람이 지는 경기이다. 핸들을 꺾는 사람은 치킨이라 불리게 되는데, 치킨은 '겁쟁이'를 뜻하는 미국의 속어이다. 그러나 어느 한 쪽도 핸들을 꺾지 않을 경우 게임에서는 둘 다 승자가 되지만, 결국 충돌함으로써 양쪽 모두 자멸하게 된다. 국제 정치학 분야에 있어서 1950~1970년대 미국과 소련 사이의 극심한 군비 경쟁, 1950~1980년대의 남북한 군비 경쟁 등이 이 게임의 전형적인 사례들이다. 또한 1955년 '제임스 딘(James Dean)'이 주연한 '이유 없는 반항'에서 나오는 자동차 게임과 조정래의 『태백산맥』에서 그려진 기찻길에서 펼쳐지는 담력 싸움도 이 게임의 예라고 할 수 있다.

와 지식을 공유함으로써 정보의 비대칭으로 인한 피해의식이나 오해를 줄일 수 있고, 협조를 쉽게 구할 수 있다. 이렇게 함으로써 자연스럽게 문제 해결에 대한 공동의 책임의식도 부여된다.

둘째, 상대방의 입장을 이해하고 체면을 세워 주어야 한다. 상대방이 나와 의견이 다를 수 있다는 것을 인정해야 한다. 배려가 필수적이며 '차이'를 인정하려는 자세가 무엇보다 중요하다. 동시에 상대방의 체면을 세워 주면서 감정적인 대립 해소를 위해 상대방이 협상을 할 수 있는 입지를 만들어 줄 필요가 있다.

셋째, 과오와 책임을 인정하고 파워를 공유해야 한다. 신뢰 형성의 가장 큰 한계는 과거의 불신에서 기인하는 경우가 대부분이다. 일관성 없이 일방적으로 밀어붙이는 경우가 많아 불신을 자초했다. 과거에 대한 잘못이나 책임을 솔직하게 인정하는 것은 신뢰를 회복하는 데 의외의 큰 힘을 발휘할 수 있다. 상대방과 파워를 공유하고 문제해결의 결정권 일부를 상대방에게 부여하거나 결정에 참여하도록 함으로써 공동의 의사결정을 하고 있다는 느낌을 줄 필요가 있다.

넷째, 일관되고 정직해야 한다. 의도하였든지, 의도하지 않았든지 간에 행위나 주장이 일관성이 없거나 사실과 다를 때 앞으로의 예측 가능성이 불투명하기 때문에 상대방에게 신뢰를 잃어버리는 경우가 많다. 사소한 말이나 사실도 각별히 주의하여 일관성을 확보하는 것이 무엇보다 중요하다.

다섯째, 장기적인 동반자적 관계를 구축해야 한다. 진정한 파트너십 구축을 위해 공식 협의체를 구성하는 등의 제도적 장치를 강구할 필요가 있다. 이해관계는 정보나 지식을 공유하도록 제도화하고 상호 의사소통 채널을 구축하여 정기적인 모임을 공식화할 필요가 있다.

갈등은 굉장히 복잡한 양상을 보인다. 서로 다른 당사자들의 이해관계가 얽혀 있으며 내용도 이해하기 어려운 복잡성을 내포하고 있다. 이러한 복잡한 갈등에 대한 공통의 해결책은 갈등이 되는 사안을 세밀하게 분해하여 쪼개고 분리해야 한다. 그래서 그 속에 얽힌 내용을 정확하게 이해하고 다양한 대안을 강구할 수 있고 만족스러운 합의가 도출될 수 있다.

결국, 문제해결에서는 이성적 분석과 판단을 요구하는 접근이 필요하며, 자기방어의 강화 및 논쟁을 유발시키는 것도 중요한 갈등해결 방법이다.

1. 지역대결의 양상은 정치적 갈등뿐만 아니라 지역발전과 관련된 경제정책을 둘러싼 갈등으로
까지 확대되고 있다. 지역주의는 님비(NIMBY: Not In My Back Yard), 핌피(PIMFY: Please
In My Front Yard)현상 등 입지갈등의 문제와 결합되어 갈등의 내용을 복잡하게 하고 해결을
어렵게 하고 있다.
① 님비현상과 핌비현상이 무엇인지 설명하여라.
② 최근 각 지역에서 일어나는 님비현상과 핌비현상의 구체적인 사례를 각각 하나씩 선정하
여 서술하고, 이러한 지역 이기주의가 발생하는 원인과 해결방안이 무엇인지 사례를 중심
으로 서술하시오.

2. 미국의 카네기 재단에서 5년 동안 사회적으로 성공한 1만 명을 대상으로, "당신이 성공한 비
결은 무엇입니까?"라는 질문으로 설문 조사를 했다고 한다. 조사 결과 85%의 사람들이 좋은
인간관계라고 나왔다고 한다. 또한 하버드 대학교 학생 268명을 72년간 인생 추적연구를 주
도해온 하버드 의대 정신과의 조지 베일런트(Vaillant) 교수는 "삶에서 가장 중요한 것은 인
간관계이며, 행복은 결국 사랑"이라고 결론지었다. 47세 무렵까지 형성되어 있는 인간관계가
이후 생애를 결정하는 데 가장 중요한 변수였다고 한다. 그만큼 인간관계는 성공과 실패를
좌우한다. 그렇다면 직장동료, 부하직원, 그리고 상사들과 어떻게 원만한 대인관계를 이룰 수
있는지 알아보자.

12 »Chapter
글로벌시대의 성공핵심 전략

글로벌시대의 시장 특징은 다양한 문화와 언어로 인해 문화적 준거기준[26]이 변하고 국경 없는 경영을 위해 다양한 전략을 필요로 한다는 것이다. 국가 간 무역철폐를 하고 공동시장 개발을 위해 방대한 시장과 자원을 무기로 회원권끼리 힘을 합쳐 공동시장개발을 위해 모인 '브릭스(브라질·러시아·인도·중국·남아프리카공화국)', 단일통화 사용과 관세동맹 동맹국끼리 자유무역을 도모하는 '유럽공동체'라는 세계경제 정책과 방향에 대해 의견을 나누고 상호협력을 통해 세계경제 흐름을 주도하려는 것이다.

'G7 정상회의'를 통해서 세계는 냉전시대의 무기나 이념을 버리고 자국의 이익과 경제주도를 위한 총성 없는 전쟁을 하고 있는 것은 사실이다. 특히, 세계 최강국인 미국은 '통상법 301조'를 훨씬 강화한 'Super 301'을 제정하여 자국무역보호를 위해 차별적으로 교역상대국을 보복할 수 있는 길을 열어 놨다.

이러한 시장에서 살아남기 위해서는 전략적 사고와 함께 코카콜라, 나이키, 아디다스, 맥도날드, 피자헛과 같은 다국적 기업Multinational corporation 체제를 통한 시장우위를 확보해야 한다. 이제는 물고기 잡는 방법 보다는 잡은 물고기를 제값 받고 팔 수 있는 마케팅전략과 경영전략이 필요한 글로벌시대이기 때문에 성공한 CEO들의 경험과 전략은 우리들에게 시사하는 바가 크다.

---

26 개인이 자기 행동의 옳고 그름 또는 규범이나 가치를 판단하는 데 표준으로 삼는 기준이다.

1 성공한 CEO의 전략

성공한 CEO의 정의는 최소의 투자로 최대결과를 얻거나 자신의 한계를 넘어 괄목한 만한 결과를 얻고 역경 속에서 포기하지 않고 끝까지 자신의 뜻을 관철시킨 CEO일 것이다.

기업가에 대한 정의에 대해 피터 드러커는 "새롭고 이질적인 것을 창조해야 한다. 변혁을 일으키고 새로운 가치를 창조하지 않으면 안 된다. 따라서 기업가란 변화를 탐구하고 변화에 대응하며 또한 변화를 기회로 이용하는 자이다."라고 주장하였고, 베스퍼K.H. Vesper는 기업가의 정의를 '다른 사람들이 발견하지 못한 기회를 찾아내는 인간, 또한 사회의 상식이나 권위에 사로잡히지 않고 새로운 사업을 추진할 수 있는 인간'이라고 하였다.

이런 CEO들을 분석해 보면 표면적으로는 평범한 우리와 별로 다를 것이 없어 보이나 특정 상황에서는 고난과 역경을 두려워하지 않고 자신의 뜻을 관철시키는 뚝심 있는 행보를 보여 왔다. 그 예로 중국의 탕 시아올리Tang Xiaoli는 환경문제에 관심을 갖고 건축자재로 목재대신 친환경재로인 대나무로 자원을 활용하여 사회 참여적 기업가로 성공하였다. 미국인이 가장 존경하는 기업가인 철강 왕 카네기 Andrew Carnegie는 어린나이에 공장과 전신국에서 일하면서도 꿈을 포기하지 않아 결국에는 세계에 최고의 기업가가 되었다. 이 장에서는 과연 이들이 우리와 같은 평범한 범인에서 존경하고 우러러 볼 수 있는 위인이 된 근본적 원인이 무엇인지를 살펴보면서 글로벌시대의 세계시장에서 살아 남기 위한 전략을 분석해 보고자 한다.

한국은 한 때 다른 나라들의 원조 없이는 살 수 없는 빈민국가였다. 현재는 다른 가난한 나라에 원조를 제공하는 국가로 성장하였다. 이것은 새로운 국제환경의 여건에 대처 할 수 있는 적응력과 성숙한 시민의 자질과 요건들을 갖추었다고 볼 수 있다. 글로벌시대에 성공한 국내외 기업가들의 전략을 살펴보면, 최신 미래 트렌드의 자질과 요건을 갖추고, 실제 행동을 현지에 맞게 행동하라는 것이다. 기본적인 디자인은 전 세계적으로 통일시키며 대신 구체적인 실행은 현지에 맞게 차별화시킨다는 것이 글로벌전략의 구체적인 개념이다.

요즘 '세계화 Globalization'와 '지역화 Localization'의 합성어로 글로콜리제이션 Glocalization 이라는 말을 많이 쓴다. 예를 들어, 글로벌제품 전략의 경우 제품의 핵심과정은 전세계적으로 공통되게 하되, 구체적인 제품의 형태는 판매하는 지역에 맞게 약간의 변화를 주자는 것이다. 이 전략의 예로 일본의 토요타를 들 수 있는데 토요타는 미국의 GM보다 모델 수는 훨씬 적으나 시장에 나오는 제품의 수는 훨씬 많다. 그 이유는 바로 토요타가 글로벌 제품전략을 써서 기본 모델 수는 적으나 모델마다 현지시장에 맞는 약간의 변화를 줬기 때문이다. 그럼으로써 규모의 경제를 누릴 수 있으며, 여기서 절약된 돈을 광고 및 판촉에 투자하여 국가별 소비자들의 기호의 차이를 극복하자는 것이 바로 글로벌전략의 핵심이다.

1) 성공한 국내기업(가)의 전략

성공한 국내기업(가)의 성공사례에 대해 살펴보고자 한다. 정주영(1915~2001년) 회장은 누구보다도 먼저 세계시장에 눈을 뜬 글로벌 기업가이다. 1963년에 베트남 호찌민의 상수도 시설 공사 입찰을 시작으로 해외시장으로 눈을 돌린 그는 입찰에 실패했음에도 좌절하지 않고 1965년 태국 고속도로 공사 입찰에 성공하여 해외시장에 진출한 대한민국 1호 기업가가 되었다.

이후 1976에는 사막의 땅 중동에 진출하였고 같은 해에 국내 생산차인 '포니'를 에콰도르에 수출, 1986년에는 '엑셀' 자동차로 자동차 강국인 미국에 진출하였다. 국내 산업 인프라가 형성되기도 전에 그의 마음은 이미 세계시장을 향해 있었고 인재와 일의 중요성에 최우선권을 둔 그의 경영철학은 '오백원 지폐'의 거북선 그림으로 그리스에서 선박수주를 하였고 조선소를 건립하기 위한 차관을 얻기 위해 건립지 백사장 사진을 보여주고 영국은행으로 대출을 받은 그의 사업수완은 인종과 국경에 관계없이 거침없었다. 그의 삶은 검소하였고, 인재육성에 많은 투자를 하였으며, 시련에 굴복하지 않고 오히려 긍정적 태도로 고난을 교과서로 여기고 미래지향적 자세로 기업을 경영하였다. 사업을 진행함에 있어서는 모든 것을 준비해놓고 시작한 것이 아니라 하면서 준비하는 그의 기업정신은 우리에게 '하면 된다!'라는 도전정신과 오늘의 고난은 내일의 희망이 될 수 있다는 교훈을 준다.

유일한(1895~1971년) 회장은 유한양행을 창립한 기업가이다. 무지, 기아, 질병을 3대 적으로 간주한 그는 우리나라 최초로 1936년 '종업원지주제도'를 실시하여 노사일체의 기업으로 자리 잡았고 1968년에 기업을 공개하였으며, 1969년에 전문경영인에게 기업을 승계하였다. 또 이 시대에 대를 이어 세습되는 기업이 아닌 전문인이 경영하게 함으로 참다운 기업가 정신을 보여 주었다. 그의 경영 특징은 소유하기 위한 기업을 경영하는 것이 아닌 근로자가 사회와 함께 나누기 위한 경영방식으로, 자신은 잠시 맡아서 운영하는 청교도적 기업가 정신을 보여 주었다. 이윤을 위해 존재하는 기업이라는 틀을 깨고 사회적 책임을 먼저 생각하는 그의 경영철학은 후세들을 위해 유한공업고등학교와 같은 교육기관을 설립하고 정부로 부터는 모범납세인으로 표창을 받았다. 그뿐만 아니라 손녀의 학자금 1만 달러 이외 모든 것을 사회를 위해 기부한 그의 인품은 후세들에게 존경받을 만하다. 돈을 벌기 위해 일하는 것이 아닌 자신의 능력을 사회와 근로자를 위해 봉사하는 마음으로 일생을 바친 그의 삶은 황금만능주의와 외모지상주의가 대세인 이 시대에 우리에게 시사하는 바가 크다.

  김향수(1912~2003년) 회장은 아남산업을 설립한 기업가이다. 처음에는 자전거 사업에 몰두하였으나 1968년 아직 반도체라는 말이 생소한 시기에 인프라가 전혀 없는 불모지에서 전자사업에 뛰어든 미래지향적 사업가이다. 당시 진공관이나 트랜지스터 라디오나 TV가 일반화되어 있던 시절에 반도체에 투자한다는 것은 커다란 모험일 수밖에 없었다. 하지만 그는 미래를 내다보았고, 그 결과 우리나라 최초로 컬러 TV를 생산·수출까지 하였으며, 후에 유일한 회장처럼 기업공개를 하였다. 미래가 불투명한 시기에 미래 산업을 미리 예측하고, 결정하며, 투자하기까지 그의 결정은 신속 정확하였다. 자신의 영달과 명예를 위해 기업을 운영하는 것이 아닌 사회적 책임을 갖고 기업을 경영하였던 그의 모습에서 우리는 이 시대의 구성원으로써 그의 미래지향적 사고와 결단력은 우리에게 의미하는 바가 크다.

2) 성공한 국외기업(가)의 전략

성공한 국외기업(가)의 성공사례에 대해 살펴보고자 한다. 미국의 GE그룹의 잭 웰치(재임기간 1981~2001년) 회장은 GE그룹을 창업한 기업가는 아니다. GE는 1878년에 발명왕 에디슨이 전기회사로 설립한 회사이다. 제2차 세계대전 이후 GE는 사업 분야를 넓히기 시작하여 90년도 중반에는 가전제품뿐만 아니라 항공, 금융, 의료, 방송NBC시스템 까지 영역을 넓혔으며, 종업원 수 20만 명이 넘는 대기업으로 성장하였다. 잭 웰치의 업적중 하나를 손꼽으라면 아마도 혁신·경영일 것이다. 그는 안주하기보다는 흐르는 변화에 맞춰 변화하기를 원하였고 글로벌시장의 경영 트렌드를 리드하기 위해 4가지 전략을 세워 GE를 세계 최고의 회사로 만들었다.

첫째, '세계화'로 활동영역을 '글로벌시장'으로 하여 품질, 판매, 인재양성을 글로벌화에 맞게 추진하였다.

둘째, 6시그마 Six sigma 전략으로 불량품을 줄이고 품질을 향상시켰다.

셋째, 서비스 전략으로 고객에 대한 친 기업적 마인드를 갖게 하였고, 마지막으로 전자상거래성화를 통해 스마트세계의 고객들을 끌어들였다. 변화를 두려워하지 않고 사내에서 원활한 소통을 강조하며 관리자가 아닌 리더가 되기를 원했던 잭 웰치 회장의 경영방식은 아직도 세계인의 모델링이 되고 있다. 글로벌시대는 빠른 사회변화와 SNS를 통한 신속한 정보교환으로 인해 변화에 수동적으로 적응하는 경영자 보다는 이끄는 경영자를 원한다. 기업계에 새로운 혁신경영 바람을 불러일으킨 잭 웰치 회장은 모든 경영자들의 영원한 모델링이다.

토요타 에이지(재임기간 1967~1982년)는 토요타 그룹의 4대 회장으로 토요타의 부흥을 이끈 중심인물이다. 그의 경영방식은 환경이나 외부의 장애보다는 '사람의 마음'의 제약을 가장 큰 걸림돌로 보았다. 즉, 불경기라고 원망하며 포기하기보다는 자신의 한계에 도전하는 마음으로 주어진 어려움을 이겨내야 한다는 것이다. 1970년 중반 당시 전 세계가 오일쇼크로 자동차 판매가 부진할 때에 그는 현재의 어려움보다는 더 혁신적인 생각으로 내일을 준비해야 한다고 주장했다. 그에게 과거는 실체의 그림자와 같은 것이고, 오직 미래만이 우리가 현재할 수 있는 유일한 것이기 때문에 현재에 안주하지 않고 미래를 향한 끊임없는 노력을 주장했다.

우리는 토요타와 같은 세계 굴지의 회사를 경영하는 경영자가 기업발전을 저해하는 요소가 외부가 아닌 '인간의 마음'이라고 주장하는 것에 주의를 기울여야 한다. 외부장애가 아무리 강해도 당사자가 마음먹기에 따라 신념은 얼마든지 이겨낼 수 있다는 그의 경영철학은 도요타가 세계 일류기업으로 성장하게 된 요인 중 하나라고 생각한다.

도널드 트럼프Donald Trump는 미국 부동산 재벌이자 트럼프의 단체를 운영하는 전문 경영인이다. 그는 호텔, 부동산, 리조트, 그리고 골프장을 운영하는 억만장자이지만 그의 사업이 처음부터 안정된 것은 아니었다. 두 번의 커다란 파산을 하였을 때 모든 사람이 다시는 일어설 수 없을 거라고 했음에도 그는 언제 그랬냐는 듯이 다시 일어났다. 실패를 끝이 아닌 새로운 시작을 위한 준비과정으로 알았고, 결코 낙담하거나 포기하지 않았으며 긍정적으로 자신의 현재 상태에서 할 수 있는 것을 생각하였다.

그로 인해, 다양한 분야에 사업영역을 넓혔고 기업경영을 꿈꾸는 사람들을 위한 전문조언을 아끼지 않았다. 혹자는 그의 성공에 문제가 있다고 평가하지만 우리 눈에 보이는 것으로 판단한다면 그는 자수성가형 억만장자이자 대그룹을 이끄는 전문 경영인일 것이다.

2 자기개발

자기개발은 자신의 잠자는 역량을 깨워 삶을 주도적으로 또는 계획적으로 살아가는 노력이다. 특히 이 시대에서는 시장이 국내에 국한되지 않고 해외시장을 포함한 국제경쟁을 해야 하기 때문에 아날로그 시대와 다른 스펙과 실력을 요구한다. 무엇인가를 시도한다는 것은 두려움이 생길 수 있으며, 우리가 품고 있는 두려움의 양은 인생을 살아 온 횟수에 비례하여 커진다, 매일 우리는 매수자부담법칙 사고방식으로 시장에 접근한다. 글로벌시대에 사는 인재로서는 두려움을 모르는 태도를 보유해야 할 것이다. 이것은 공장에서 미리 프로그램화되어 제작된 기계가 아니라 언어능력, 컴퓨터 운영능력, 대인관계, 리더십과 같은 사회적 기술을 토대로 생활하는 모든 사람들은 원활한 사회생활을 위해 교육적 가치를 우선으로 하여야 한다. 또한, 이성과 감정으로 자신의 사고를 솔직하게 표현할 수 있는 자신감으로 이 사회의 비전을 제시할 수 있는 글로벌인재로서 미래를 준비하는 자기개발을 위해 노력하여야 할 것이다

1) 가치관의 전환

가치는 철학적 의미가 아닌 '자신의 사회적 활용 정도'를 의미한다. 가치는 사회적으로 어느 정도 이용가치가 있다는 의미에서 경쟁력이 있다는 의미를 포함시키며, 가치가 높다는 것은 다른 사람보다 더 좋은 조건에서 자신이 원하는 것을 쟁취할 수 있는 자격을 가졌다는 의미이다. 이런 가치는 생득적으로 얻어지는 것이 아니라 후천적인 노력에 의해 갖추어 지는 것이므로 자신의 삶에 목표에 따라 거기에 맞는 시간과 노력을 투자하는 것이 일반적이다. 사람들이 교육을 받고 사회경험을 쌓는 것은 외면적으로는 가치를 높이고 내면적으로는 개인의 만족도를 높이기 위해서다.

현재 자신의 가치를 알기위해서는 먼저 가치를 구성하는 요소를 알아야 한다. 예를 들면, 미국 달러의 가치를 한국적 가치로 환산하면 1,056원이다. 할아버지 앞에서 재롱떠는 손녀딸의 가치는 무한대이며, 미국의 주식투자의 귀재 워런 버핏 Warren Buffett과 점심을 하려면 40억 원의 가치가 있다. 이와 같이 가치는 대상에 따라 조건에 따라 다른 기준으로 결정된다. 각자의 경우도 가치는 다르게 정해진다. 즉, 가치는 개인이 스스로 정하기보다는 상대에 의해 또는 사회에 의해 정해지는 것이 보통이다. 아울러 사회적 또는 문화적 환경에 따라 가치를 정하는 기준이 달라진다.

사회에서 가치를 판단할 때는 그 사람이 가지고 있는 능력과 조건에 의한다. 대학을 나오고, 자격증을 따고, 토익에 매달리는 것 모두가 사회적 조건에 맞추기 위한 노력이다.

가치를 발전시키기 위해서 또는 자신의 가치를 사회조건에 맞춰 전환시키기 위해서는 자기개발을 필요로 하는 것이다. 올바른 가치전환을 위해 다음 사항들을 고려하여 시도하는 것이 좋다.

첫째, 현재 삶을 재조명한다. 현재까지 당연하게 여긴 것들을 재조명하여 평가한다. 투자한 시간과 노력과 결과를 비교한다.

둘째, 가치기준을 정한다. 자신의 삶에 대한 가치를 스스로 정한다. 자신의 역량, 성격, 장기, 스펙 등을 참고하여 자신의 객관적 가치를 정한다.

셋째, 사회적 가치와 비교한다. 주관적 가치와 사회적 가치와 비교하여 차이를 구한다. 이 차이는 자신이 어느 정도 사회에 적응하고 살아 왔는지를 알려주는 과거지표이며 또한 어느 정도 투자해야 하는지 사회에서 필요로 하는 경쟁력을 갖출 수 있는지를 알려주는 미래 좌표이다.

넷째, 가치전환을 위한 계획을 작성한다. 계획은 구체적으로 능력에 맞게 작성한다.

인간은 저마다 고유의 존재가치가 있다. 그리고 모든 가치는 존중받아야 한다. 하지만 사회생활에서는 효율성과 희소성 법칙에 의해 경제 가치로 환원된다. 우리는 이것을 직업이라고 부른다. 또한 사람들 간에 올바른 품행을 통해 인격적으로 존중받고 인간성을 인정받는다. 우리는 이것을 인품이라 부른다. 이 장에서 말하는 가치는 이런 경제적 인격적 가치를 말한다. 경제적 가치는 직업을 통해 실력을 인정받는 정도로써, 인격적 가치는 인간으로 지켜야할 품위를 어느 정도 지키는지를 나타내는 가치로 볼 수 있다.

또한 자기개발을 위한 퍼스널 브랜드도 상당히 중요하다. 퍼스널 브랜드는 자신만이 할 수 있는 무엇인가를 상대에게 인식시켜, 그것을 생각하면 자신을 떠오르게 하는 것이다. 우리가 쇼핑할 때 카메라하면 캐논이나 니콘이 떠오르듯, 자신만의 전문 특성을 살려 브랜드화시키는 것이 글로벌시대에 매우 중요하다. 요즘같이 경쟁이 치열한 시기에 자신을 각인시키는 일은 무엇보다 중요하다. 성공적인 브랜드화를 위해서는 먼저 브랜드화할 전문분야를 정해야 한다.

첫째, 전문 지식에 맞는 학력을 구비해야 한다.

둘째, 자격증을 구비해야 한다.

셋째, 인턴 활동을 통한 실력을 증진해야 한다.

넷째, 자신만의 브랜드화 프로그램을 개발해야 한다.

다섯째, 싱크탱크를 통한 백그라운드를 만들어야 한다.

일곱째, 이미지 메이킹을 통한 외모 변신-목소리, 의상, 걸음걸이, 자세를 점검해야 한다.

여덟째, 브랜드를 알리기를 시작한다.

글로벌시대의 퍼스널 브랜드는 특별한 사람만을 위한 프로그램이 아니라 현대를 사는 모든 사람에게 필요한 필수 도구이다. 자신을 특성화하고 시장가치를 높이며 계획적인 홍보활동을 통해 자신을 알림으로써 경쟁사회에서 상대보다 우위를 차지하고 먼저 선택될 수 있는 기회를 갖게 하기 때문이다.

2) 역량개발

인간은 저마다 가지고 있는 역량을 다 파악하는 것은 불가능하다. 왜냐하면 대부분의 사람들은 안정된 환경을 원하기 때문에 우리는 매일 익숙한 일을 반복하거나 검증되며 자신이 경험한 일에 한해서 역량을 발휘한다. 도전적이고 미래 지향적인 삶을 원하는 긍정적 마인드를 갖는다면 자신 안에 있는 잠자는 역량을 깨워 불확실한 미래를 대비하는 태도를 취해야 한다. 역량개발을 위해 사전에 취해야 할 것은 다음과 같다.

첫째, 정체성이다. 모든 일에 시작은 정체성을 찾는 일이다. 최소한 자기 자신을 알며 삶의 목적을 파악한 후 자신의 능력에 맞게 계획하고 실행하려는 최소한의 노력이기도 하다.

둘째, 감정조정이다. 감정을 자신이 원하는 대로 조정하는 것은 불가능하다. 그러나 최소한 필요한 순간에는 감정보다는 이성적 판단을 할 수 있도록 감정조절이 가능한 이성적 성향을 가져야 한다.

셋째, 장점부각이다. 긍정적 마음으로 자신의 장점을 최대한 살리는 것이 좋다.

넷째, 시간투자이다. 역량개발은 단시간에 해결될 문제가 아니다. 따라서 전략적으로 계획을 세워서 자신에게 맞는 프로그램을 만들어 시행하는 것이 좋다. 시간은 투자한 만큼 그에 합당한 열매를 준다.

다섯째, 시행착오이다. 역량을 알기 위해서는 많은 경험을 쌓아야 한다. 역량은 정적인 것이 아닌 역동적인 것이기 때문에 행동을 통해서 자신의 능력과 성향을 알게 된다. 한 번의 실패 또는 기대치 이하의 결과가 나왔을 때 포기하지 않고 계속 시행해야 한다.

역량개발은 아직 광산에 묻혀 있는 원석과 같다. 노련한 광부들은 경험에 의해 금맥만 보고 매장량을 산출하여 투자대비 이익을 계산하여 채굴할 것을 정한다. 우리의 미래도 아직 채굴되지 않은 금광 속의 원석과 같기 때문에 역량개발을 통해 감춰진 자신의 역량을 인식하고 개발시킨다면 그것에 투자한 시간과 노력만큼의 보상을 충분히 받게 될 것이다.

이 시대가 요구하는 인재를 양성하는 기준은 현재 많은 차이를 보이지만 계속 새로운 세상이 도래되기 때문에 앞으로 미래 세상에 적응하기 위해서는 끊임없는 능력이 필요하다. 과거의 기준에서는 많이 아는 것에 대한 지식을 중요하게 여기었으나 현재는 얼마나 융통성 있게 빨리 효율적으로 해결할 수 있는 능력이 있는지가 더 중요한 시기이다. 기업에서 바라 본 선발기준도 얼마나 배웠는가의 학력수준이 아니라 얼마나 문제해결능력과 변화대처능력을 가진 인재인지가 되었으며 이 기준이 기업이 원하는 첫 번째 기준이 되었다.

세상의 변화는 빛의 속도로 빨라지고 있다. 5천년부터 인류 문명이 시작하여 산업혁명을 거쳐 현재 소셜네트워킹 SNS에 이르기까지 인류의 생산성과 인간의 빠른 변화 속도는 경쟁력시대 사회에서 원하는 변화형 인재를 찾길 원한다. 따라서 변화하는 세상에 즉각 대응할 수 있는 능력의 확보가 절실히 필요하며 스스로 혁신하고 새로운 세상에 관심을 기울여할 할 때가 되었다.

글로벌 세상에서 요구하는 인재의 조건은 바로 세상을 꿰뚫어 볼 수 있는 통찰력과 예측력을 가진 인재이다. 앞으로의 세상은 어떻게 변화할지를 예측하고 이에 맞는 전략을 기획하는 인재가 우선순위이며 기업이 원하는 인재일 것이다. 아울러 글로벌 인재는 변화에 쉽게 대응할 수 있는 포용력을 가진 인간과 적어도 글로벌 능력은 특정한 한 분야에 국한되지 않고 융합할 수 있는 능력을 가진 즉, 미래세상을 바라볼 줄 아는 역량을 개발하는 인재만이 필요한 시대이다.

3) 도전의식

미국의 빌 게이츠와 같은 가치개척자는 기업문화 풍토가 마련되어 있을 때 가능한 것이다. 마이크로소프트, 인텔, 야후, 소프트뱅크 등은 정보통신산업의 선두기업들이며 미래와 희망의 상징이다.

세계 정보통신의 거대한 변화는 바로 21세기의 시금석이 아닐 수 없다. 마이크로소프트가 다양한 지식개발상품인 운영프로그램·네트워크·콘텐츠 등을 쏟아내면서 21세기를 지식정보와 인터넷시장을 석권하고 있는 바로 지식정보화시대로 규정되는 미래이다. 즉 컴퓨터와 인터넷을 통해 지구촌이 일일생활정보권으로 이어져 네트워크 분야가 지식정보 IT산업으로 판도를 주도하는 시대인 것이다.

미국의 도전의식은 지식정보산업이었고 앞으로도 미국의 세계 최고 위치도 지식정보산업으로 가능케 할 것으로 예상된다. 이러한 변화를 수용하고 자극했던 미국은 빌 게이츠·선마이크로시스템·아마존 등 거대기업을 일구어 냈다. 이미 그들은 아메리칸 드림을 재현했고 세계 최고의 갑부들로 활약하고 있다.

이제 한국사회도 지식정보화시대가 도래했으며 이 분야에 도전할수록 살아남기만 한다면 한국경제의 엄청난 성공을 확신할 수 있다. 하지만 한국의 현실은 아직도 시장 전반에 걸친 주도권이 정부의 결정에 묶여 있는 상태이다. 그러면서도 정작 정부의 구조와 공무원의 행태는 까다로운 인허가 및 행정절차로 인해 가치산업을 하기에 온갖 설립요건을 제시해 놓고 있다.

정작 한국의 기술은 비싼 외국인력, 조립 제작 및 부품산업 수준에서 시장점유율을 놓고 판매 경쟁을 벌이는 데 급급하다. 이는 미래 한국의 지식정보산업은 외국기업이나 정보체제에 흡수 또는 종속될 수 있을 것이다.

창의력이나 상상력이 시급한 지금 모험정신으로 개척에 나아가 가치산업의 토양을 만들어야 한다.

최근 문화산업 인프라와 시설기반의 확충 및 제공, 금융·세제 지원, 전문 고급인력의 양성과 배치, 지적재산권의 확보와 가치의 축적 등에 각별한 정책역량이 활발하고 있다. 날이 갈수록 취업의 문은 좁아지고 경쟁은 더욱 치열해지고 있다. 가장 큰 이유는 기업의 경영환경이 급변하고 있고 글로벌 경쟁이 치열해짐에 따라 미래에 대한 불확실성이 커지고 있기 때문이다. 이로 인하여 기업채용방법의 요구수준도 변화하고 있다. 과거 I, T형 인재가 주목을 받던 시대에서 멀티플레이가 가능한 파이형(π) 인재 융향형과 분석적이면서도 창의적인 양뇌형 인재를 선호하고 있는 추세이다. 이러한 이유로 자신만의 차별적 변별력을 높일 수 있는 취업 전략 없이는 지금과 같은 치열한 취업전쟁에서 결코 생존할 수 없다.

취업 전략 수립을 위하여 경영 전략의 대가인 하버드 대학교 마이클 포터 교수가 제시하는 세 가지 관점에서의 경영 전략을 취업 전략 수립에 접목시켜 볼 필요가 있다. 첫째, 차별성이다. 남과 똑같은 능력과 경력으로는 자신을 부각시킬 수 없다. 둘째, 집중전략이다. 즉, 목표도 없이 급한 마음에 이것저것 모든 것에 투자하기보다는 선택과 집중을 통해 남과 차별적인 요소에 많은 시간을 투자해야 한다. 셋째, 나의 적성과 능력, 그리고 눈높이에 맞아야 하는 것이다. 이러한 관점에서 자신만의 취업전략을 세우고 취업을 준비하는 자만이 치열한 취업경쟁에서 승리할 수 있다.

4) 인재조건

글로벌시대의 인재조건은 조직에 바람직한 인간형이다. 요즘처럼 변화와 혁신이 강조되는 시기에 그만큼 공사 조직을 막론하고 날로 심화되는 글로벌 경쟁 체제 속에서 저마다의 조직목표 달성과 생존이 더욱 힘들어지고 있기 때문일 것이다. 변화와 혁신은 그 자체에 목적이 있다기보다 궁극적으로 조직의 성과 향상에 있다고 볼 때 조직 구성원의 역할과 성취를 바람직한 방향으로 극대화하는 것이 중요하다. 결국 변화와 혁신의 중심에는 '사람'이 자리하고 있는 것이다.

'무라야마 노부루'는 조직 내의 인간형을 4가지로 제시한 바 있는데 이를 살펴보면 다음과 같다.

첫째, '삶은 개구리형'이다. 이는 차가운 냄비 물속에 들어가 있는 개구리가 냄비에 서서히 가해지는 열로 물이 조금씩 뜨거워지는 것을 체감하지 못하고 결국 삶아져 죽고 마는 것처럼 조직 내외의 환경변화에 둔감하여 조직에서 도태되어가는 사람을 일컫는다.

둘째, '민들레형'이다. 한 직장에 적응하여 뿌리내리지 못하고 이곳저곳을 떠도는 인간형이다. 정년이 보장된 공공조직에서는 재직은 하되 직무에 속마음을 붙이지 못하고 늘 다른 것에 관심이 더 많은 유형도 여기에 해당된다.

셋째, '다나카형'이다. 이는 학벌도 없는 평범한 회사원 출신으로 2002년 노벨화학상을 수상한 '다나카 고이치'처럼 자신의 직무에 대한 몰입과 열정, 끊임없는 노력으로 어느 한 분야의 장인이나 전문가로 성장해 나가는 유형이다.

넷째, '피카소형'이다. 자신의 그림 스타일을 여러 차례 바꾸어 나간 끝에 자신만의 독특한 미술 세계를 만들어 낸 피카소는 변화를 스스로 주도해 나가는 인간형이다.

우리가 지향해야 할 바람직한 인간형은 어떤 유형인지 고려해 볼 필요가 있다. 글로벌시대의 변화와 혁신을 주도할 리더의 조건은 현대의 모든 경영조직에서는 다양한 현장 전문지식을 필요로 한다. 따라서 학벌이 중요한 것이 아니라 열정을 갖고 자기의 직무를 수행하는 가운데 축적되는 살아 있는 지식을 갖춘 전문가가 더 소중하다. 그리고 변화를 감지하고 변화되는 환경이 요구하는 역량과 행태를 스스로 쌓고 변화시켜 나가는 주도적인 인재가 필요한 것이다.

이러한 사회의 인재양성에 대한 시각은 오늘날 인재의 자질과 관련하여 인성, 교양, 예술 등 기초 소양에 대한 교육적 요구가 국가 정책 차원에서 중점적으로 반영되고 있다는 점이다. 지식, 정보 사회를 맞이하는 창의적이고 정보화·사회화가 요구하는 다양한 문제해결 능력 및 정보처리 능력을 개발해야 한다.

글로벌 기업인 GE의 전 회장이었던 잭 월치가 후임 회장을 선임할 때의 이야기는 진정 필요한 인재와 리더의 덕목이 무엇인지를 시사해 준다. 잭 월치 회장이 후임 회장을 누구로 낙점하는 당시 세계 유수의 기업과 경제, 금융계의 초미의 관심사였는데 평소 예상되는 후계자 군으로 거의 주목받지 못했던 제프리이 멜트가 후계자로 선임되어 많은 사람들을 놀라게 했다. 거의 무명에 가까운 그를 지명한 이유를 묻자 잭 월치는 첫째, 제프리이 멜트가 변화를 추구하는 마인드를 가졌다는 것이고 둘째, 그가 호기심이 많다는 것이었다.

세계 최고의 다국적 기업의 총수를 선임한 기준치고는 너무 싱겁지 않은가? 그러나 호기심이 없으면 시장과 고객의 변화에 둔감할 수밖에 없을 것이고 이는 시장에서 자사 상품의 판매기회의 상실로 이어질 것이니 기업의 생존에 심각한 위협을 받을 것이 자명하다는 것이다. 지속가능한 기업 성장과 생존을 담보할 수 있는 호기심과 변화, 혁신의 마인드를 갖춘 그에게 대권을 넘겨 준 것은 정말 혜

안의 기준이 아니었나 싶다. 아는 만큼 보이고 볼 수 있는 만큼 사랑하게 된다. 자신의 직무에 대해 호기심과 열정을 가질 때 더 높은 역량을 축적하면서 애정과 자부도 커지게 되는 것이다.

1. 지금 세계는 '여성 전성시대' 이다. 독일의 앙겔라 메르켈 총리, 국제통화기금(IMF)의 크리스틴 라가르드 총재, 그리고 2013 '경제 대통령' 이라는 미 연방준비제도 의장에 재닛 옐런 부의장이 지명되자 '여성 삼두(三頭) 정치의 서막' 이라고 외신들은 보도했다. 또한 IBM의 지니 로메티, 펩시의 인드라 누이, 듀폰의 엘런 쿨먼, 야후의 머리사 메이어, 휼렛패커드의 멕 휘트먼, 제록스의 어설라 번스, 샘스클럽의 로절린드 브루어에 이어 최근 GM 수장에 메리 바라가 오르면서 미국 여성 CEO시대를 맞이하는 분위기다. 반면, 한국은 10대 그룹 계열사 중 오너 가족을 빼면 여성 사장은 한 명도 없다. 2013년 3월 8일 '여성의 날' 에 영국 경제주간지 이코노미스트가 발표한 유리천장지수(Glass Ceiling Index)를 보면 우리나라는 경제협력개발기구(OECD) 26개 국가 중 최하위를 기록했다. 이 지수는 여성의 고학력(대학 이상) 비율(23%), 여성의 노동 참여 비율(23%), 여성과 남성의 임금 격차(23%), 여성의 고위직 비율(23%), 평균 임금에서 보육 비용(8%) 등 5가지 지표를 분석해 구성됐다. 또한 2013년 CEO 스코어 조사에 따르면 상장 기업 중 여성 CEO는 13명(0.73%)이었다. 지난 수십 년 동안 한국 여성들의 경제 활동이 급증함에 따라 여성 경제활동 비율이 전체의 50% 가까이 육박함에도 불구하고 기업 CEO 중 여성 비율은 불과 1%도 안 되는 기형적인 상황이라고 할 수 있다.
   ① '유리천장(glass ceiling)' 현상은 무엇이며, 이 현상이 발생하는 원인은 무엇인가?
   ② 여성 CEO를 육성할 수 있는 근본대책에 알아보자.

2. 글로벌시대의 인재조건은 조직에 바람직한 인간형이다. 요즘처럼 변화와 혁신이 강조되는 시기에 그만큼 기업조직을 막론하고 날로 심화되는 글로벌 경쟁 체제 속에서 조직의 목표 달성과 생존이 더욱 힘들어 지고 있다. 변화와 혁신은 그 자체에 목적이 있기보다는 궁극적으로 조직의 성과 향상에 있다.
   ① 조직 구성원의 바람직한 역할과 성취를 극대화하는 방안이 무엇인지 알아보자.
   ② 자신의 정체성, 가치관, 그리고 비전에 대하여 의견을 제시하여라.

참고문헌 ━━━━━━━━━

국내 및 국외문헌

고미야 가즈유키 저, 조두섭 역(2007). 도요타 경영정신. 청림출판사.

공명숙(2013). 21세기를 사는 부모를 위한 자녀양육지침서. (주)에세이퍼블리싱.

국제미래학회(2013). 미래가 보인다. 박영사.

김남순 외(2012). 글로벌시대의 문제해결능력. 생능출판사.

김성수(2004). 성공한 창업자의 기업가 정신. 삼영사.

김천기 외(2013). 다문화교육의 이해와 실천. 교육과학사.

김한원 외(2003). 한국경제의 거목들. 삼우반.

대통령자문지속가능발전위원회(2005). 공공갈등관리의 이론과 기법 下. 논형.

마스다 다카유키 저, 이상술 역(2004). 한눈에 보는 세계 분쟁 지도. 해나무.

마이클 럼 저, 공명숙 역(2013). 성공이 늦어질 뿐 실패는 없다. (주)에세이퍼블리싱.

마이클 T. 스나르 & D, 닐 스나르 지음, 감계동 외 옮김(2011). 세계화의 도전과 대응 글로벌
    이슈. 명인문화사.

박양수(2011). 경제전망의 실제. 한티미디어.

박영숙(2010). 2020 미래교육보고서. 경향미디어.

박영숙 외(2011). 유엔미래보고서. 교보문고.

박재복(2005). 한류, 글로벌시대의 문화경쟁력. 삼성경제연구소.

박준 외(2009). 한국의 사회갈등과 경제적 비용, CEO informaton 710호. 삼성경제연구소.

실벵 다르니, 마튜 르 루 저, 민병숙 역(2006). 세상을 바꾸는 대안기업가 80인. 마고북스.

아시아경제신문(2010). 재계 100년-미래경영 3.0. 창업주 DNA서 찾는다. FKI미디어.

원용진(1996). 대중문화의 패러다임. 한나래.

유필화 외(2014). 글로벌시대의 경영학. 오래.

이성록(2007), 비영리 민간조직 갈등관리론. 미디어숲.

이순배 외(2011). 사회복지실천기술론. (주)교문사.

존 어데어 저, 엄길청 역(1999). 성공하는 리더는 혼자 뛰지 않는다. 예사랑.

최봉기(2004). 정책학. 박영사.

행정학용어 표준화연구회(2011). 이해하기 쉽게 쓴 행정학 용어사전. 새정보미디어.

A. H. Maslow(2013). A theory of human motivation, Psychological Bulletin. 50, pp. 370-396.

A. J. Dubrin & R. d. Ireland(1993). *Management & Organization*. 2nd ed, South-Western, p. 321.

Adam Smith(1910). *An Inquiry into the Nature and Causes of the Wealth of Nations*. London: J. M. Dutton.

Bruce E. Moon(2000). *Dilemmas of International Trade*. Second edition, Boulder: Westview.

Business Week(1984). The New Breed of Strategic Planner. *Business Week*, pp. 62-68.

David Perlman(2003). Ozone Hole's Growth Rate Slows Down, *San Francisco Chronicle*, p. 3.

E. D. Hollender(1981). Leadership and power, in G. Lindzey & E. Aronson, eds., *The Handbook of Social Psychology*. 3rd eds, New York: Random House, pp. 485-537.

E. J. Hogendoorn(1997). A Chemical Weapons Atlas. *Bulletin of Atomic Scientists*.

F. E. Fiedler & M. M. Chemers(1974). *Leadership and Effective Management*. Glenview, Ill: Scott, Foresman,

F. E. Fiedler(1967). *A Theory of Leadership Effectiveness*. New York: McGraw-Hill.

F. E. Fiedler(1976). The leadership game: Matching the man to the situation, *Organizational Dynamics*. pp. 6-16.

G. R. Jones and J. M. Geroge(2005). *Contemporary Management*. 4th. ed, McGraw-Hill, p. 26.

H. Mintzberg(1974). The Manager's Job: Folklore and Fact, *Harvard Business Review*, pp. 49-61.

J. Colinx & J. Porras(1994). Built to Last, *Harper Business*.

J. Greenberg & R. A. Baron(2010). *Behavior in Organizations*. 4th ed, Allyn & Bacon, p. 489.

J. Scott Armstrong(1982). The Value of Formal Planning for Strategic Decisions: Review of Empirial Research. *Strategic Management Journal*, no. 3, pp. 197-211.

R. B. Dunham(1984). *Organizational Behavior: People and Process in Management*, Richard D. Irwin, Inc.

R. L. Daft(2005). *New Era of Management.* International ed, Thompson, p.91.

Robert Gilpin(2000). *The Challenge of Global Capitalism: The World Economy in the 21st Century.* Princeton: Orinceton University Press, p. 167.

국내 및 국외논문

광주광역시유아교육진흥원(2013), 글로벌시대 관리자 역량강화를 위한 리더십 향상. 23.

노선화(2004). 초등사회과에서 다문화교육을 위한 교수-학습방안에 관한 연구. 청주교육대학교 교육대학원 석사논문.

박천웅(2012). 한국사회의 다문화 현실 비판과 정책적 과제. 선교와 신학.

법무부(2011). 출입국 외국인정책 통계월보. 법무부.

서혁(2007). 다문화 가정 현황 및 한국어교육지원 방안, 인간연구, 2.

설동훈(2009). 다문화가족의 중장기 전망 및 대책 연구: 다문화가족의 장례인구추계 및 사회경제적 효과분석을 중심으로. 서울: 보건복지부.

양옥승(1997). 다문화주의의 적용. 교육연구, 5.

이계삼(2012). Organic Things Embedded System, 한양대학교 첨단융합구조연구실, TOD 기반 U-City계획의 교통에너지소비량 추정모형 개발, 한양대학교 건설환경공학과 박사학위 논문집.

이장우(2014). 창조경제 구현을 위한 교육의 변화. 교육정책 네트워크 정보센터, 현안문제진단.

이철(2004). 글로벌 경제시대와 한국기업의 세계화 전략. 서강대학교 경영대학 연구논문.

장영희(1997). 유아를 위한 다문화 교육의 개념 및 교수방법에 대한 이론적 고찰, 성신연구논문집, 35.

조혜영 외(2011). 다문화가정 자녀의 학업수행에 관한 문화 기술적 연구. 교육사회학연구 18(2).

최관경(2007). 다문화시대의 교육적 과제-무엇을 위한 다문화 교육인가. 초등교육연구.

최영희(2013). 공공부문 갈등관리에 관한 연구. 연세대학교 행정대학원.

타다 다케시(2004). 글로벌시대와 다문화 공생시대에 대응하는 인재육성. 국제이해교육 한·일 공동연구논문.

한석실(2008). 다문화시대 유아교육자의 역할. 제32회 유아교육학술대회 및 연수.

홍윤기(2005). 21세기 한국 메가트렌드 시리즈 Ⅱ, 글로벌 네트워크 시대의 국가와 민족, 정보통신정책연구원(KISDI), 05-08.

ILO(International Labor Organization). *World Labour Report*(Geneva: ILO, 1996). p. 185.

Zachary S. Davis,(1993). *Non-Proliferation Regimes: A Comparative Analysis of Policies to Control the Spread of Nuclear, Chemical, and Biological Weapons and Missile.* Washington, DC: Congressional Research Service.

웹사이트

http://theme.archives.go.kr/next/photo/supplies03List.do

http://www.nabo.go.kr/Sub/01Report/04_01_04_Contents.jsp

https://www.climate.go.kr:8005/index.html

http://www.dgn.or.kr

http://www.mospa.go.kr/frt/a01/frtMain.do

http://news.naver.com/main/read.nhn?mode=LSD&mid=sec&sid1=102&oid=001&aid=0006007224

http://unrecruit.mofa.go.kr/unrecruit/index.jsp

http://www.econoj.com/news/articleView.html?idxno=340

http://plug.hani.co.kr/futures/1487098

http://www.hankyung.com/news/app/newsview.php?aid

www.kipe.re.kr

http://www.ecolink.or.kr/

http://www.hkbs.co.kr/

찾아보기 ━━━━━━━━

저자소개

이순배

아주대학교 대학원 사회복지학 석사
광운대학교 대학원 행정학과 사회복지학 박사

현재 가천대학교 교양학부 교수(전 IT 학부
　　　겸임교수)
　　　협성대학교 대학원 외래교수
　　　한국보육교사교육원 교학처장

저서 사회복지실천기술론(2011)
　　　레크리에이션과 민속놀이(2010)
　　　자연 친환경 프로그램(2008)
　　　현대인에게 활력을 주는 레크리에이션(2006)
　　　사회복지실천론(2005)
　　　월간유아(2006~현재)
　　　그 외 다수

강성주

세종대학교 대학원 경영학 석·박사

현재 서강대학교 평생교육원 경영학과, 사회
　　　복지학과 주임교수
　　　충북대학교 국제경영학과 초빙교수
　　　산업관리공단 투자심사위원
　　　직업능력개발원 심사위원
　　　행정안전부 자문위원

저서 경영학원론(2010)
　　　마케팅원론(2010)
　　　전자상거래 이해(2005)
　　　변화와 혁신의 경영학(2011)
　　　사회복지실천기술론(2005)
　　　텔레마케팅관리사 필기, 실기(2013)
　　　회계원리(2011)
　　　그 외 다수

공명숙

한성대학교 교육대학원 교육학 석사
한성대학교 대학원 행정학과 정책학 박사
한성대학교 교육대학원 겸임교수
한성대학교 행정학과 외래교수
한서대학교 간호학과 외래교수

현재 가천대학교 교양학부 외래교수
　　　디지털 서울문화예술대학교 상담심리학
　　　과 외래교수
　　　한국원격평생교육원 전임교수

저서 21세기를 사는 부모를 위한 자녀양육
　　　지침서(2009)
　　　성공이 늦어질 뿐 실패는 없다(2010)

남윤정

가천대학교 행정대학원 사회복지학과 상담학
석사

현재 사단법인 한국다문화복지협회 전문강사
　　　방과 후 논술 전문강사
　　　대학입시 언어논술강사

글로벌시대의
문제해결방법

2014년 2월 26일 초판 인쇄
2014년 3월 5일 초판 발행

지은이 이순배 · 공명숙 · 강성주 · 남윤정
펴낸이 류제동
펴낸곳 ㈜교문사

전무이사 양계성 | 편집부장 모은영 | 책임진행 김소영 | 표지디자인 이혜진 | 본문디자인 · 편집 디자인이투이
제작 김선형 | 홍보 김미선 | 영업 이진석 · 정용섭 · 송기윤
출력 현대미디어 | 인쇄 동화인쇄 | 제본 한진제본

주소 413-756 경기도 파주시 교하읍 문발리 출판문화정보산업단지 536-2
전화 031-955-6111(代) | 팩스 031-955-0955
등록 1960. 10. 28. 제406-2006-000035호
홈페이지 www.kyomunsa.co.kr | E-mail webmaster@kyomunsa.co.kr

ISBN 978-89-363-1392-0 (93340)
값 15,000원